◎ 黔西南州科学技术局项目（课题编号：2021-2-44）资助

兴义民族师范学院学科建设（方向为：心理健康教育）资助

易 地 搬 迁

青少年心理健康

发展特点及对策

谢玲平　著

黄河出版传媒集团

阳光出版社

图书在版编目（CIP）数据

易地搬迁青少年心理健康发展特点及对策 / 谢玲平著. -- 银川 : 阳光出版社, 2024.10

ISBN 978-7-5525-7520-0

Ⅰ. G444

中国国家版本馆CIP数据核字第2024JW8276号

易地搬迁青少年心理健康发展特点及对策

谢玲平　著

责任编辑　薛　雪
封面设计　琉　璃
责任印制　岳建宁

黄河出版传媒集团　阳光出版社　出版发行

出 版 人　薛文斌
地　　址　宁夏银川市北京东路139号出版大厦（750001）
网　　址　http: //ssp.yrpubm.com
网上书店　http: //shop129132959.taobao.com
电子信箱　yangguangchubanshe@163.com
邮购电话　0951-5047283
经　　销　全国新华书店
印刷装订　文畅阁印刷有限公司
印刷委托书号　（宁）0031082

开　　本　710 mm×1000 mm　1/16
印　　张　16
字　　数　300千字
版　　次　2024年10月第1版
印　　次　2024年10月第1次印刷
书　　号　ISBN 978-7-5525-7520-0
定　　价　78.00元

　　在扶贫工作中，易地搬迁是一项重要举措。在这一过程中，青少年作为社会的未来和希望，他们的心理健康问题日益凸显，成为社会各界关注的焦点。

　　青少年时期是个体从儿童向成人过渡的关键时期，这一时期的心理发展具有复杂性和多变性，对个体的未来具有深远影响。因此，深入研究易地搬迁青少年的心理健康发展特点及对策，不仅具有重大的理论价值，更具有重要的现实意义。我国高度重视青少年的心理健康问题，出台了一系列相关政策，旨在加强青少年心理健康教育和服务，促进他们的健康成长。例如，《全面加强和改进新时代学生心理健康工作专项行动计划（2023—2025年）》就强调了多部门联合、医教体融合、家校社协同，共同促进学生心理健康的重要性。这一政策的出台，为易地搬迁青少年的心理健康发展提供了有力的政策保障。

　　易地搬迁对青少年来说，是一次重大的生活变化。他们不仅要面对新环境的适应挑战，还要承受来自家庭、学校以及同龄人等多重关系网络的重构压力。这些压力往往会对他们的心理健康产生深远的影响。一方面，搬迁本身带来的不确定性和动荡感会对青少年的安全感造成冲击，导致他们出现焦虑、抑郁等心理问题。另一方面，新环境的适应问题也会对他们的自信心和自尊心构成挑战，进一步加剧其心理问题的发展。因此，深入研究易地搬迁青少年的心理健康发展特点，对于揭示这一特殊群体在迁移过程中的心理变化规律，具有重要的意义。

首先，从理论层面来看，易地搬迁青少年的心理健康问题研究有助于丰富心理学和社会学的研究领域。心理学作为一门研究人类心理现象及其规律的学科，对于揭示个体在不同环境下的心理变化规律具有重要意义。而社会学则关注社会结构、社会关系以及社会变迁对个体心理的影响。将心理学和社会学的研究方法相结合，可以更加全面地揭示易地搬迁青少年的心理健康问题及其成因。此外，通过深入研究易地搬迁青少年的心理健康发展特点，我们还可以构建适用于这一特殊群体的心理健康干预模型，为后续的干预提供科学依据。

其次，从实践层面来看，易地搬迁青少年的心理健康问题研究具有重要的现实意义。一方面，通过科学的心理健康干预，我们可以帮助易地搬迁青少年更好地适应新环境，提高他们的心理适应能力，降低心理问题的发生率。这不仅可以促进他们的身心健康发展，还可以提高他们的学习效率和社交能力，从而提升易地搬迁青少年群体心理健康水平。另一方面，加强易地搬迁青少年的心理健康教育和服务，还可以促进家庭关系的和谐。家庭是青少年心理健康的重要支持系统，通过加强家庭教育和亲子沟通，我们可以帮助家长更好地理解和支持孩子的心理健康发展，为青少年的健康成长提供有力保障。同时，这对高质量推进易地扶贫搬迁后续扶持工作也有积极意义。

总之，深入研究易地搬迁青少年的心理健康问题具有重要的理论意义和现实意义。本书旨在通过系统的研究和分析为这一特殊群体的心理健康发展提供有益的借鉴和指导。

希望本书的出版能够引起社会各界对易地搬迁青少年心理健康问题的关注和重视，为他们的健康成长贡献一份力量。同时，也期待更多的学者和专家能够关注这一研究领域，共同推动易地搬迁青少年心理健康问题的研究和解决，共同为易地搬迁青少年的心理健康发展提供更有力的支持。

目 录

第十二章 对策与展望

第一章

易地搬迁青少年的心理健康

一、心理健康概述

1. 心理健康的概念界定

对于心理健康的概念，国内外学者的见解并不统一，人本主义心理学家马斯洛认为心理健康的人应该是积极向上的，有自我实现需求的倾向；罗杰斯认为心理健康是各种自我之间的和谐关系，这些自我包括主观自我、客观自我、社会自我和理想自我（宋怡景，2019）；我国学者指出个体心理障碍产生的主要原因是基本需要的缺失而导致了消极的自我概念（刘华山，2001）；心理健康是个体在良好的生理状态上外部社会和谐与自我和谐所表现出的个人主观幸福感（王登封，2003）；叶一舵（2016）指出心理健康是一种状态，心理健康应该兼顾内外两个方面，从内部来看，心理健康的人心理机能健全、人格结构完整，能积极地满足自我的需要，从外部来看，心理健康的人的行为符合规范，与他人能保持一种亲和的状态。

综上所述，心理健康是指个体在良好的生理状态下，积极地满足自我的需求，且各种自我之间处于一种和谐的关系。

2. 心理健康的相关研究

有关青少年的心理健康问题备受关注。王运彩（2005）对安阳市的部分初中学校进行了抽样调查，结果表明：初中生的心理健康问题主要体现在敌对、强迫、人际关系敏感三个方面；李英华等人（2007）对高中学生的研究发现，高中生有心理问题者占2.7%，其中存在学习焦虑者比例高达50.8%，男生比女生存在的心理问题少，非重点学校的学生心理健康状况比重点学校学生心理健康状况好，高二年级学生的心理健康状况比高一、高三年级的学生好；徐莉（2016）发现，有明显心理问题的小学生占10%，初中生占15%，高中生占20%。通过这些数据我们发现，在青少年群体中，随着年龄的增大，心理健康水平降低了，且女生的心理问题多于男生，这一现象值得我们去关注和思考。

近些年在社交媒体对青少年心理健康的影响、心理健康干预、学业压力对心理健康的影响、心理健康的跨文化比较等方面均有研究成果。社交媒体在青少年群体中的普及引起了研究人员的广泛关注。Smith等人（2018）发现，过度使用社交媒体与青少年抑郁症状的增加相关。Jones等人（2020）的研究表明，社交媒体上的负面比较与青少年自尊心变弱之间存在显著关联。尽管如此，也有一些研究发现社交媒体对青少年心理健康可能有积极影响，比如促进社交联系和支持（Gross et al., 2019）。

针对青少年心理健康问题的干预和预防措施也受到了研究者的关注。Robinson等人（2017）通过系统回顾发现，基于互联网的干预方案对青少年焦虑和抑郁的效果可能显著。此外，家庭和学校的干预项目也被证明对改善青少年心理健康具有积极影响（Miller et al., 2021）。青少年面临的学业压力是导致心理健康问题的重要因素之一。有研究表明，家庭和学校的支持可以缓解学业压力对青少年心理健康的负面影响（Chen et al., 2020）。青少年的性健康问题也是影响其心理健康的重要因素之一。Brown等人（2018）发现，性教育对青少年的性健康知识和行为有积极影响，并可能降低青少年心理健康问题的发生率。然而，文化因素对性健康教育的影响仍然是一个值得关注的问题（Gonzalez et al., 2021）。跨文化研究可以帮助我们更好地理解不同文化背景下青少年心理健康问题的特点和差异。一项跨国研究发现，不同文化背景下青少年心理健康问题的发生率和发生类型存在显著差异，这可能与文化观念、社会支持等因素有关（Li et al., 2023）。

搬迁对青少年心理健康产生的影响，主要体现在以下几个方面。首先，搬迁可能导致个体面临新的环境和社交网络，从而增加适应压力，引发焦虑和抑郁（Evans et al., 2018）。其次，搬迁可能打破个体原有的社会支持系统，使得个体感到孤独和无助。再次，搬迁还可能导致个体失去稳定性和归属感，增加心理健康问题的发生风险（Levitt et al.，2020）。

同时易地搬迁对心理健康影响的程度可能受到多种因素的调节。首先，个体的社会经济地位可能影响搬迁对心理健康的影响。研究表明，低社会经济地位的个体更容易受到搬迁事件的负面影响（Anderson et al.，2017）。其次，搬迁的原因和目的不同其对心理健康的影响也不同。例如，由于工作原因搬迁可能导致的心理压力与因家庭变故而搬迁所引发的心理问题有所不同（Mancini et al.，2021）。再次，搬迁前后的社会支持和相应资源不同，搬迁对心理健康的影响也不同（Holt-Lunstad et al.，2018）。

针对搬迁事件可能对心理健康产生的负面影响，研究人员提出了一些可能的干预措施。首先，及早识别搬迁后可能出现的心理健康问题，并提供相应的心理健康服务和支持是重要的干预措施（Milam et al.，2018）。其次，加强社区和邻里关系，提升社会支持系统的功能，可能有助于减轻搬迁对心理健康的负面影响（Bjereld et al.，2020）。再次，提供搬迁前后的心理健康教育和应对技能培训，帮助个体更好地应对搬迁事件，也是一种重要的干预策略（Cummings et al.，2019）。

易地扶贫搬迁对于青少年来说是一个生活转变，它可能对个体的心理健康产生积极或消极的影响。研究表明，搬迁可通过打破社会支持系统、增加适应压力等机制影响个体的心理健康。搬迁对心理健康影响的程度受到个体社会经济地位、搬迁原因和目的以及社会支持等因素的调节。针对搬迁可能带来的心理健康问题，提供及早的心理健康服务和支持，加强社会支持系统，提供心理健康教育和应对技能培训等措施可有助于减轻其负面影响。

二、研究设计

1. 研究被试

贵州省在"十三五"期间实施易地搬迁 188 万人，是全国搬迁规模最大、人数最多的省份。为了阻断贫困代际传递，贵州加大了教育扶贫保障力度，完成新建、改扩建搬迁安置点配套学校 669 所。因此本研究采用随机抽样的方式，选取了贵州省扶贫搬迁人口最多的黔西南布依族苗族自治州内 4 所易地搬迁安置点学校的青少年作为调研对象，4所学校分别为晴隆县第六小学、晴隆县沙子镇第二小学、晴隆县第六中学以及晴隆民族中学。向小学五年级至高三年级扶贫搬迁学生，共发放问卷600份，回收问卷600份，回收率为100%，其中有效问卷550份，有效率为91.7%。其中，男生231人、女生319人；五年级学生62人、六年级学生74人、七年级学生90人、八年级学生95人、九年级学生86人、高一年级学生47人、高二年级学生49人、高三年级学生47人。具体调研对象情况见表1-1。

表1-1　被试在人口学变量上的分布情况

变量	分类	人数/人	占比
性别	男性	231	42.0%
	女性	319	58.0%
学段	小学	136	24.7%
	初中	271	49.3%
	高中	143	26.0%
是否为独生子女	独生子女	35	6.4%
	非独生子女	515	93.6%
是否为班干部	是	133	24.2%
	否	417	75.8%

2. 研究工具

选用十二项健康量表作为工具。该量表是Goldberg等编制的，共12题，消极条目与积极条目各一半，采用的是1~4的4级评分，得分越高，说明心理健康状况越好。该问卷的Cronbach's α系数为0.702，这说明该量表的一致性信度较好。

三、易地搬迁青少年心理健康的特点

1. 易地搬迁青少年心理健康的基本状况

为了更好地了解易地搬迁青少年心理健康的基本情况，对易地搬迁青少年心理健康基本状况进行描述性统计，结果见表1-2。

表1-2　易地搬迁青少年心理健康基本状况（n=550）

维度	平均数	标准差	每题平均数
心理健康	38.34	5.77	3.20

表1-2显示，易地搬迁青少年心理健康总的平均数为38.34，每题平均数为3.20，《十二项健康量表》采用的是4级评分，则理论中值为2.5，从数据上可知，心理健康总均分高于检验值，说明易地搬迁青少年的心理健康基本状况较好。

根据易地搬迁青少年心理健康的每题平均数绘制出直方图，见图1-1。

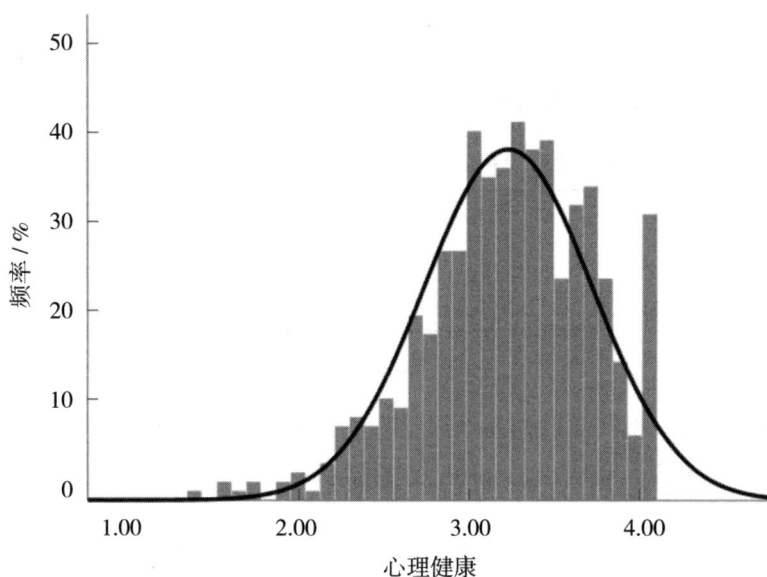

图1-1　易地搬迁青少年心理健康总体情况分布图

从图1-1可以看出易地搬迁青少年心理健康呈负偏态分布，偏度为-0.563，峰度为0.383。

2. 易地搬迁青少年心理健康在性别上的差异分析

为了探讨易地搬迁青少年心理健康在性别上的差异，以心理健康为因变量，性别为自变量进行独立样本t检验，结果见表1-3。

表1-3　易地搬迁青少年心理健康在性别上的差异分析（M±SD）

维度	性别		t	p
	男性（n=231）	女性（n=319）		
心理健康	38.76±5.51	38.04±5.94	−1.433	0.153

表1-3显示，易地搬迁青少年心理健康在性别上无显著差异（$p > 0.05$）。

3. 易地搬迁青少年心理健康在学段上的差异分析

为探讨易地搬迁青少年心理健康在学段上的差异，以心理健康为因变量，学段为自变量，采用单因素方差分析的方法对不同学段的易地搬迁青少年的心理健康进行差异检验，结果见表1-4。

表1-4　易地搬迁青少年心理健康在学段上的差异分析（M±SD）

维度	学段			F	LSD
	①小学（n=136）	②初中（n=271）	③高中（n=143）		
心理健康	40.84±6.05	37.50±5.45	37.57±5.44	17.925***	①>②③

注：*表示$p < 0.05$，**表示$p < 0.01$，***表示$p < 0.001$；下同。

表1-4显示，不同学段的易地搬迁青少年心理健康有显著差异，小学生的心理健康得分最高，说明小学生的心理健康状况好于初、高中学生。

4. 易地搬迁青少年心理健康在是否为班干部上的差异分析

为了探讨易地搬迁青少年心理健康在是否为班干部上的差异，以心理健康为因变量，是否为班干部为自变量进行独立样本t检验，结果见表1-5。

表1-5　易地搬迁青少年心理健康在是否为班干部上的差异分析（M±SD）

维度	班干部 （n=133）	非班干部 （n=417）	t	p
心理健康	39.29±5.09	38.04±5.95	−2.169	0.031

表1-5显示，易地搬迁青少年心理健康在是否为班干部上有显著差异（$p < 0.05$），且班干部学生的心理健康状况比非班干部学生的好。

5. 易地搬迁青少年心理健康在学习氛围与秩序上的差异分析

为探讨易地搬迁青少年心理健康在学习氛围与秩序上的差异，以心理健康为因变量，学习氛围与秩序为自变量进行单因素方差分析，并对有显著差异的变量作事后检验，结果见表1-6。

表1-6　易地搬迁青少年心理健康在学习氛围与秩序上的差异分析（M±SD）

维度	学习氛围与秩序			F	LSD
	①较好（n=313）	②一般（n=206）	③较差（n=31）		
心理健康	39.15±5.53	37.79±5.50	33.87±7.46	13.935***	①＞②＞③

表1-6显示，易地搬迁青少年心理健康在不同的学习氛围与秩序上有显著差异（$p < 0.001$），学习氛围与秩序越好，学生心理健康状况越好，具体的趋势分布如图1-2所示。

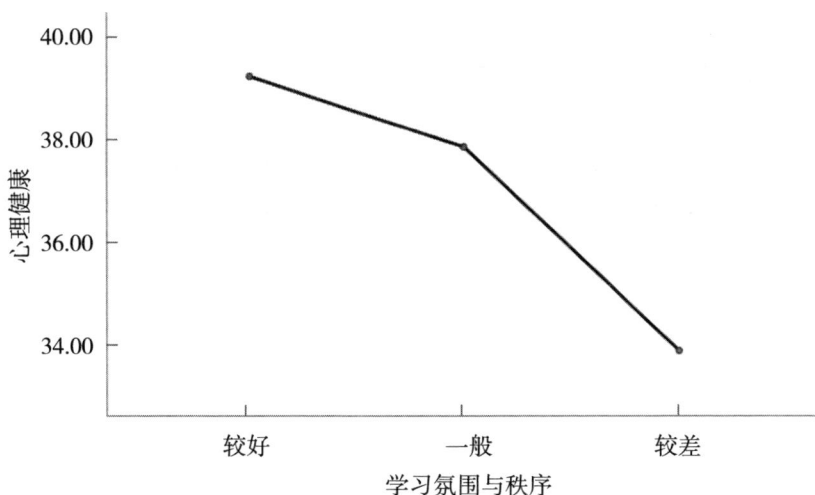

图1-2　易地搬迁青少年心理健康在学习氛围与秩序上趋势分布图

6. 易地搬迁青少年心理健康在是否为独生子女上的差异分析

为探讨易地搬迁青少年心理健康在是否为独生子女上的差异，以心理健康为因变量，是否为独生子女为自变量进行独立样本t检验，结果见表1-7。

表1-7 易地搬迁青少年心理健康在是否为独生子女上的差异分析（M±SD）

维度	独生子女 （n=35）	非独生子女 （n=515）	t	p
心理健康	40.23±4.53	38.22±5.83	2.002	0.046

表1-7显示，易地搬迁青少年心理健康在是否为独生子女上有显著差异（$p < 0.05$），独生子女心理健康状况比非独生子女心理健康状况要好。

7. 易地搬迁青少年心理健康在学习成绩上的差异分析

为探讨易地搬迁青少年心理健康在学习成绩上的差异，以心理健康为因变量，学习成绩为自变量，采用单因素方差分析方法进行差异检验，结果见表1-8。

表1-8 易地搬迁青少年心理健康在学习成绩上的差异分析（M±SD）

维度	学习成绩			F	LSD
	①差（n=203）	②中（n=248）	③好（n=99）		
心理健康	36.78±5.92	38.94±5.66	40.06±4.97	13.781***	②③>①

表1-8显示，易地搬迁青少年心理健康在学习成绩上有显著差异，学习成绩比较好的青少年，其心理健康水平比较高，心理健康状况也比较好，学习成绩中等和较好的青少年心理健康的水平都高于学习成绩差的青少年。具体的趋势分布如图1-3所示。

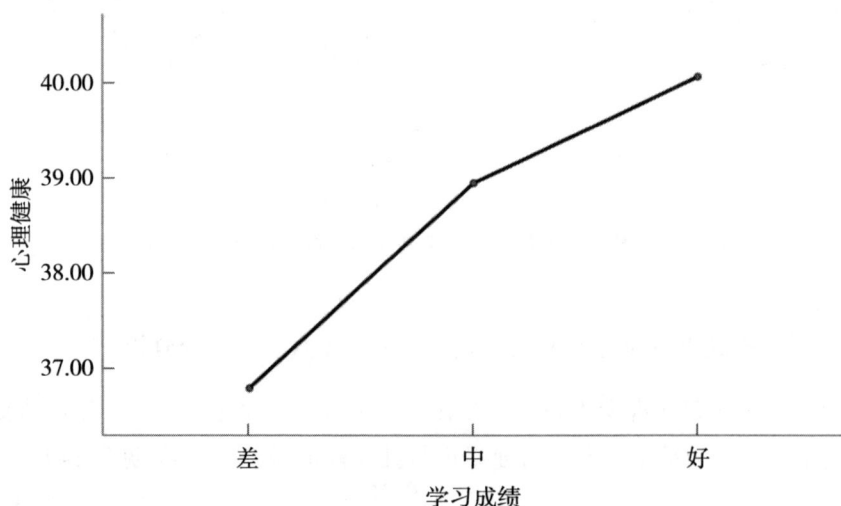

图1-3 易地搬迁青少年心理健康在学习成绩上趋势分布图

8. 易地搬迁青少年心理健康在父亲文化程度上的差异分析

为探讨易地搬迁青少年心理健康在父亲文化程度上的差异，以心理健康为因变量，父亲文化程度为自变量，采用单因素方差分析方法进行差异检验，结果见表1–9。

表1–9　易地搬迁青少年心理健康在父亲文化程度上的差异分析（M±SD）

维度	父亲文化程度			F
	初中及以下（n=458）	高中（n=69）	大专及以上（n=23）	
心理健康	38.30±5.67	38.52±6.17	38.70±6.80	0.089

表1–9显示，易地搬迁青少年心理健康在父亲文化程度上均没有显著差异。

9. 易地搬迁青少年心理健康在母亲文化程度上的差异分析

为探讨易地搬迁青少年心理健康在母亲文化程度上的差异，以心理健康为因变量，母亲文化程度为自变量，采用单因素方差分析方法进行差异检验，结果见表1–10。

表1–10　易地搬迁青少年心理健康在母亲文化程度上的差异分析（M±SD）

维度	母亲文化程度			F
	初中及以下（n=493）	高中（n=42）	大专及以上（n=15）	
心理健康	38.23±5.76	39.60±4.86	38.67±8.01	1.112

表1–10显示，易地搬迁青少年心理健康在母亲文化程度上均没有显著差异。

10. 易地搬迁青少年心理健康在父母外出情况上的差异分析

为探讨易地搬迁青少年心理健康在父母外出情况上的差异，以心理健康为因变量，父母外出情况为自变量，采用单因素方差分析方法进行差异检验，结果见表1–11。

表1–11　易地搬迁青少年心理健康在父母外出情况上的差异分析（M±SD）

维度	父母外出情况				F
	父母都在家（n=246）	父母都在外（n=170）	父亲在外（n=90）	母亲在外（n=44）	
心理健康	38.50±5.93	38.15±5.69	38.14±6.13	38.64±4.37	0.199

表1-11显示，易地搬迁青少年心理健康在父母外出情况上均没有显著差异。

11. 易地搬迁青少年心理健康在自评师生关系情况上的差异分析

为探讨易地搬迁青少年心理健康在自评师生关系情况上的差异，以心理健康为因变量，自评师生关系为自变量，采用单因素方差分析方法进行差异检验，结果见表1-12。

表1-12 易地搬迁青少年心理健康在自评师生关系情况上的差异分析（M±SD）

维度	自评师生关系			F	LSD
	①关系较好（n=258）	②关系一般（n=250）	③关系较差（n=42）		
心理健康	39.56±5.29	37.89±5.61	33.55±6.70	22.674[***]	①>②>③

表1-12显示，易地搬迁青少年的心理健康在自评师生关系情况上有显著差异，易地搬迁青少年自认为师生关系比较好的，其心理健康得分均显著高于师生关系一般的和较差的青少年，同时自评师生关系一般的青少年，其心理健康得分显著高于自评师生关系较差的青少年。具体的趋势分布如图1-4所示。

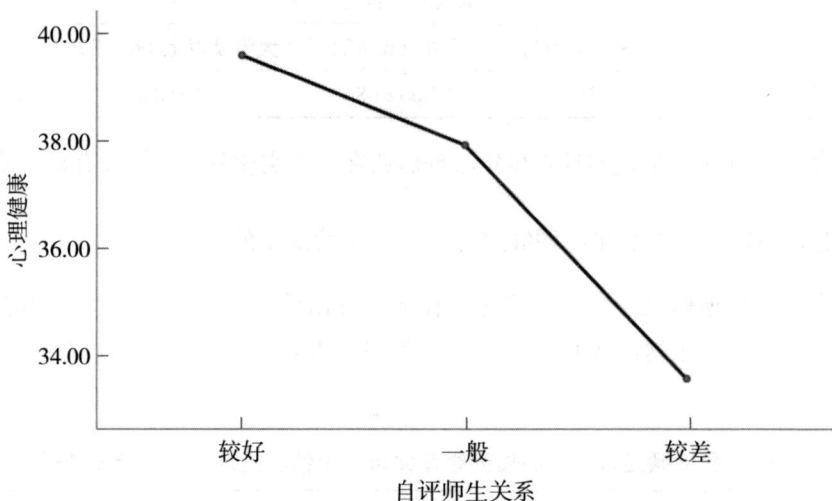

图1-4 易地搬迁青少年心理健康在自评师生关系上趋势分布图

12. 易地搬迁青少年心理健康在自评同学关系情况上的差异分析

为探讨易地搬迁青少年心理健康在自评同学关系情况上的差异，以心理健康为因变量，自评同学关系为自变量，采用单因素方差分析方法进行差异检验，结果见表1–13。

表1–13 易地搬迁青少年心理健康在自评同学关系情况上的差异分析（M±SD）

维度	自评同学关系			F	LSD
	①关系较好（n=387）	②关系一般（n=152）	③关系较差（n=11）		
心理健康	39.11±5.40	36.63±5.89	35.18±10.11	12.191***	①＞②③

表1–13显示，易地搬迁青少年的心理健康在自评同学关系情况上有显著差异，易地搬迁青少年自认为同学关系比较好的，其心理健康得分均显著高于师生关系一般的和较差的青少年。具体的趋势分布如图1–5所示。

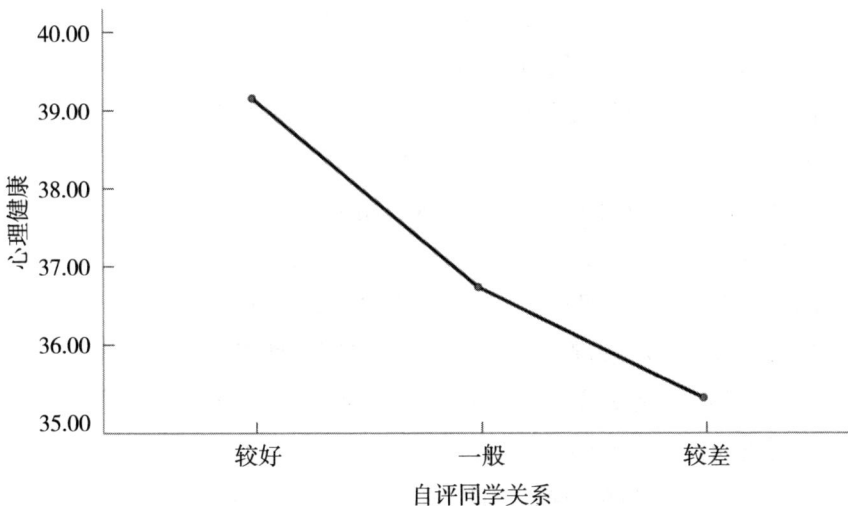

图1–5 易地搬迁青少年心理健康在自评同学关系上趋势分布图

四、易地搬迁青少年心理健康特点的分析与讨论

在总体情况上，易地搬迁青少年的心理健康状况较好，这与郑丽娜等（2014）的研究结果一致。近年来，易地搬迁青少年这一特殊群体引起了社会各界的关注，同时也引起学校的高度重视，比起其他学生，社会、学校及老师

会给予他们更多的关怀与照顾，使他们能更好地适应新环境，心理及各方面相对较少受到搬迁带来的不良影响。

在性别上，易地搬迁青少年心理健康不存在显著差异，这与郑丽娜等（2014）、李英华等（2007）的研究结果不一致。这一结果产生的原因分析如下：近年来，越来越多的家长与学校开始重视学生的心理健康问题，当发现学生出现一些心理问题，他们会对其进行及时的疏导，男生与女生的心理健康不存在显著差异。

在学段上，不同的易地搬迁青少年心理健康存在显著差异，小学生的心理健康状况要好于初、高中学生。初、高中的学生做事容易冲动，对事情的后果又无法自己解决，如果心理具有封闭性，不愿意向别人倾诉，就会陷入焦虑与不安中，因而心中的顾虑与烦恼也随之增加，其心理的发展具有独立与依赖、自觉与被动等矛盾的特点，易产生各种心理健康问题，因此小学生比初、高中学生心理健康状况要好。

在是否为班干部方面，易地搬迁青少年心理健康存在显著差异，班干部的心理健康状况好于非班干部，这与鹿孟颖（2019）的研究结果一致。一方面，班干部的任务主要是为班级服务，在此过程中无论是在学习上还是生活中对别人的帮助也能够对自己的心态调节起到积极作用；另一方面，担任班干部能够使学生更加全面、客观地去思考问题，而不是面对困难后就处在消极的情绪当中，且担任班干部能增强其自信，他们会感觉自己是优秀的，从而增强他们的抗挫折能力，因此是班干部的学生的心理健康状况好于非班干部的学生。

易地搬迁青少年心理健康在不同的学习氛围与秩序上存在显著差异，学习氛围与秩序越好，其心理健康水平越高。其原因是：良好的学习氛围与秩序，不仅能够促进同伴关系和师生关系的发展，还能让学生养成良好的生活与学习习惯，遇到问题师生共同解决，因此其心理健康水平更高。

第二章

易地搬迁青少年的自尊

一、自尊概述

1. 自尊的概念界定

关于自尊的概念界定，美国心理学之父James（1983）最早对自尊进行了研究，提出了一个著名的公式：自尊＝成功/抱负，他认为个体的自尊水平取决于实际成就与潜在抱负水平之比。Buttom（1997）认为自尊是个体对自己的一种态度，这种态度既有积极的也有消极的。Wang等（2001）认为，自尊则是个体关于自我的一种评价性的和情感性的体验。

黄希庭（1998）提出自尊即为自我价值感，是个体在社会生活中，认知和评价作为客体的自我对社会主体，以及作为主体的自我的正向自我情感体验。林崇德（2002）从社会评价和自尊之间的关系角度分析，认为自尊感是社会评价与个人的自尊需要之间相互关系的反映。田录梅等（2005）从文化差异的角度分析，认为自尊是不能接受别人对自己的侮辱等。张静（2002）认为自尊是个体在实践的过程中获得的关于自我的积极情感性的体验。

综上所述，不同学者对自尊的界定也有不同，但是多数是从个体出发的。

2. 自尊的相关研究

在相关的研究中，Harter（1982）发现：自尊水平与外貌的相关度高达70%~80%。Coopersmith（1967）认为内外控人格对自尊有显著影响，认为内控人格的人具有更高的自尊。Robinson 等（2001）对自尊的相关研究指出，拥有高自尊水平的个体其情绪表现得更为稳定，而且同时具有比较高的谨慎性和外向性。也有学者得出父母支持能够显著正向预测青少年的自尊水平（Rueger et al.，2010）。

赵冬梅（2006）通过对大专学生的调查研究发现，男生的自尊发展水平显著高于女生的自尊发展水平。乐国安等（2011）认为良好的亲子关系能够使子女更加积极地认识自己、更加自信，对于子女自我意识和自我评价都有积极的影响。吕春明等人（2007）在研究中发现不同家庭结构影响着自尊发展水平。自尊还与传统欺凌、网络欺凌呈显著负相关（刘琳，2014），自尊与中学生心理素质和同伴关系之间呈显著正相关，心理素质显著正向预测自尊与同伴关系，自尊显著正向预测同伴关系（刘广增 等，2016）。张永欣等人（2010）总结自尊的毕生发展认为，自尊会受到个体所处环境的影响。此外，张雪纯（2014）总结影响自尊的因素（自身因素和外在因素），自身因素主要包括年龄、性别、外表、归因风格、心理韧性等；外在因素主要包括家庭因素（包括亲子关系、父母教养方式、家庭结构等）、学校因素（包括同伴关系、师生关系、学业成绩等）和社会环境因素。

二、研究设计

1. 研究被试

研究被试同第一章。

2. 研究工具

研究采用 Rosenberg 自尊量表（RSES）。该量表是由 Rosenberg 编制、王孟成等修订的，量表共 10 个题项，包括 5 个正向题项和 5 个反向题项，是当前用来测量个体自尊应用最广的一个单维量表。采用 4 级计分，很不符合计"1"、不符合计"2"、符合计"3"，非常符合计"4"，数值越大代表自尊越强。在本研究中 RSES 的 Cronbach's α 为 0.702。

三、易地搬迁青少年自尊的特点

1. 易地搬迁青少年自尊的基本状况

为了更好地了解易地搬迁青少年自尊的基本情况，对易地搬迁青少年自尊进行描述性统计，结果见表2-1。

表2-1　易地搬迁青少年自尊基本状况（n=550）

维度	平均数	标准差	每题平均数
自尊	26.36	4.66	2.64

表2-1显示，易地搬迁青少年自尊的平均数为26.36，每题平均数为2.64。自尊量表采用4点计分方式，则理论中值为2.5。从数据分析上看自尊题项平均数与理论中值相当。这说明易地搬迁青少年自尊处于中等水平。

根据易地搬迁青少年自尊的平均数绘制出次数分布的直方图，见图2-1。

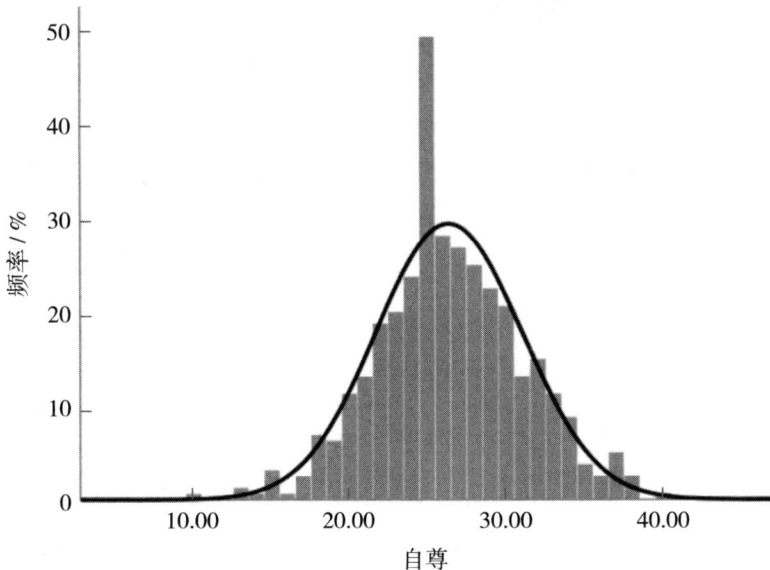

图2-1　易地搬迁青少年自尊总体情况分布图

从图2-1可以看出易地搬迁青少年自尊基本呈正态分布，偏度为0.017，峰度为0.245。

2. 易地搬迁青少年自尊在性别上的差异分析

为探讨易地搬迁青少年自尊在性别上的差异，以自尊为因变量，性别为自变量，采用独立样本 t 检验的方法对不同性别的易地搬迁青少年自尊进行差异检验，结果见表2-2。

表2-2　易地搬迁青少年自尊在性别上的差异分析（M±SD）

维度	性别		t	p
	男性（n=231）	女性（n=319）		
自尊	26.74±4.30	26.08±4.89	1.640	0.102

表2-2显示，易地搬迁青少年的自尊在性别上无显著差异。

3. 易地搬迁青少年自尊在学段上的差异分析

为探讨易地搬迁青少年自尊在学段上的差异，以自尊为因变量，学段为自变量，采用单因素方差分析方法进行差异检验，结果见表2-3。

表2-3　易地搬迁青少年自尊在学段上的差异分析（M±SD）

维度	学段			F	POST HOC
	①小学（n=136）	②初中（n=271）	③高中（n=143）		
自尊	26.21±4.24	25.79±4.65	27.57±4.85	7.086***	③>①②

表2-3显示，自尊在学段上有显著差异，高中生的自尊水平显著高于初中生和小学生。

4. 易地搬迁青少年自尊在是否为班干部上的差异分析

为探讨易地搬迁青少年自尊在是否为班干部上的差异，以自尊为因变量，是否为班干部为自变量，采用独立样本 t 检验的方法进行差异检验，结果见表2-4。

表2-4　易地搬迁青少年自尊在是否为班干部上的差异分析（M±SD）

维度	班干部（n=133）	非班干部（n=417）	t	p
自尊	27.19±5.03	26.09±4.51	2.369	0.018

表2-4显示，自尊在是否为班干部上有显著差异，作为班干部的青少年其

自尊水平要显著高于非班干部的青少年。

5. 易地搬迁青少年自尊在学习氛围与秩序上的差异分析

为探讨易地搬迁青少年自尊在学习氛围与秩序上的差异，以自尊为因变量，学习氛围与秩序为自变量，采用单因素方差分析方法进行差异检验，结果见表2-5。

表2-5　易地搬迁青少年自尊在学习氛围与秩序上的差异分析（M±SD）

维度	学习氛围与秩序			F
	①较好（n= 313）	②一般（n= 206）	③较差（n= 31）	
自尊	26.52±4.80	26.26±4.46	25.35±4.53	0.966

表2-5显示，青少年自尊在学习氛围与秩序上没有显著差异，说明在不同学习氛围与秩序下青少年的自尊差不多。

6. 易地搬迁青少年自尊在是否为独生子女上的差异分析

为探讨易地搬迁青少年自尊在是否为独生子女上的差异，以自尊为因变量，是否为独生子女为自变量进行独立样本t检验，结果见表2-6。

表2-6　易地搬迁青少年自尊在是否为独生子女上的差异分析（M±SD）

维度	独生子女 （n=35）	非独生子女 （n=515）	t	p
自尊	26.89±4.92	26.32±4.64	0.692	0.489

表2-6显示，易地搬迁青少年自尊及其各维度在是否为独生子女上没有显著差异。

7. 易地搬迁青少年自尊在学习成绩上的差异分析

为探讨易地搬迁青少年自尊在学习成绩上的差异，以自尊为因变量，学习成绩为自变量，采用单因素方差分析方法进行差异检验，结果见表2-7。

表2-7　易地搬迁青少年自尊在学习成绩上的差异分析（M±SD）

维度	学习成绩			F	LSD
	①差（n=203）	②中（n=248）	③好（n=99）		
自尊	25.54±4.70	26.29±4.45	28.21±4.60	11.443***	③>①②

表2-7显示，易地搬迁青少年自尊在学习成绩上有显著差异，主要表现在学习成绩好的青少年其自尊得分显著高于学习成绩中等和学习成绩较差的青少年。具体的趋势分布如图2-2所示。

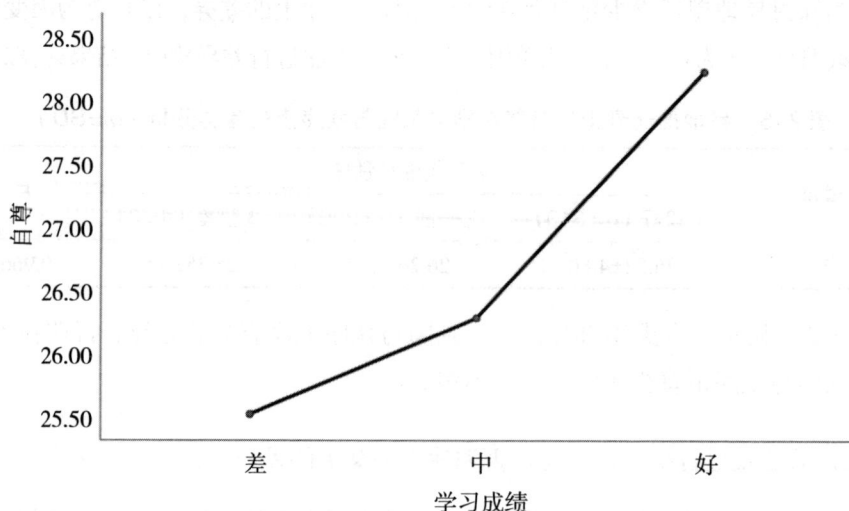

图2-2　易地搬迁青少年自尊在学习成绩上趋势分布图

8. 易地搬迁青少年自尊在父亲文化程度上的差异分析

为探讨易地搬迁青少年自尊在父亲文化程度上的差异，以自尊为因变量，父亲文化程度为自变量，采用单因素方差分析方法进行差异检验，结果见表2-8。

表2-8　易地搬迁青少年自尊在父亲文化程度上的差异分析（M±SD）

维度	父亲文化程度			F
	初中及以下（n=458）	高中（n=69）	大专及以上（n=23）	
自尊	26.30±4.58	26.62±4.87	26.70±5.66	0.206

表2-8显示，易地搬迁青少年自尊在父亲文化程度上没有显著差异。

9. 易地搬迁青少年自尊在母亲文化程度上的差异分析

为探讨易地搬迁青少年自尊在母亲文化程度上的差异，以自尊为因变量，母亲文化程度为自变量，采用单因素方差分析方法进行差异检验，结果见表2-9。

表2-9   易地搬迁青少年自尊在母亲文化程度上的差异分析（M±SD）

维度	母亲文化程度			F
	初中及以下（n=493）	高中（n=42）	大专及以上（n=15）	
自尊	26.29±4.67	27.02±4.43	26.73±4.98	0.529

表2-9显示，易地搬迁青少年自尊在母亲文化程度上没有显著差异。

10. 易地搬迁青少年自尊在父母外出情况上的差异分析

为探讨易地搬迁青少年自尊在父母外出情况上的差异，以自尊为因变量，父母外出情况为自变量，采用单因素方差分析方法进行差异检验，结果见表2-10。

表2-10   易地搬迁青少年自尊在父母外出情况上的差异分析（M±SD）

维度	父母外出情况				F
	父母都在家（n=246）	父母都在外（n=170）	父亲在外（n=90）	母亲在外（n=44）	
自尊	26.40±4.84	26.31±4.57	26.34±4.58	26.34±4.22	0.015

表2-10显示，易地搬迁青少年自尊在父母外出情况上均没有显著差异。

11. 易地搬迁青少年自尊在自评师生关系情况上的差异分析

为探讨易地搬迁青少年自尊在自评师生关系情况上的差异，以自尊为因变量，自评师生关系为自变量，采用单因素方差分析方法进行差异检验，结果见表2-11。

表2-11   易地搬迁青少年自尊在自评师生关系情况上的差异分析（M±SD）

维度	自评师生关系			F	LSD
	①关系较好（n=258）	②关系一般（n=250）	③关系较差（n=42）		
自尊	26.93±4.81	25.99±4.50	25.02±4.23	4.499*	①>②③

表2-11显示，易地搬迁青少年自尊在自评师生关系情况上有显著差异，认为师生关系较好的易地搬迁青少年，其自尊得分显著高于认为师生关系一般的和较差的青少年。具体的趋势分布如图2-3所示。

12. 易地搬迁青少年自尊在自评同学关系情况上的差异分析

为探讨易地搬迁青少年自尊在自评同学关系情况上的差异，以自尊为因变量，自评同学关系为自变量，采用单因素方差分析方法进行差异检验，结果见表2-12。

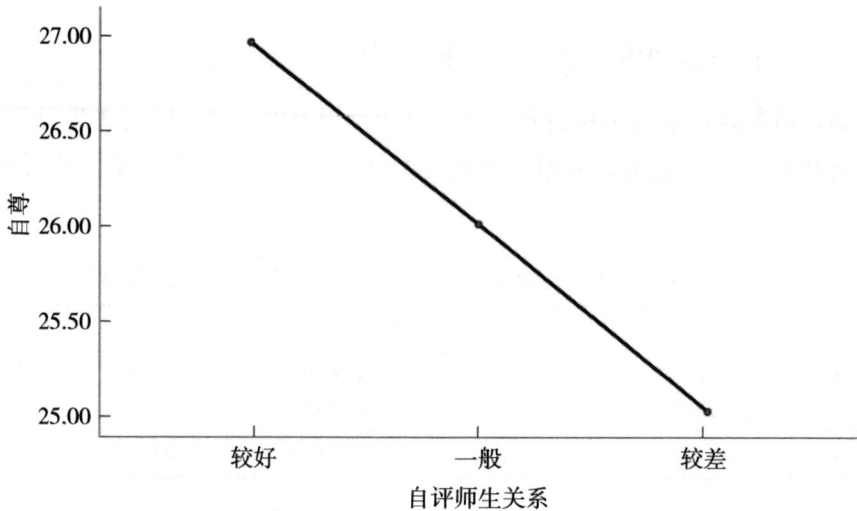

图2-3　易地搬迁青少年自尊在自评师生关系上趋势分布图

表2-12　易地搬迁青少年自尊在自评同学关系情况上的差异分析（M±SD）

维度	自评同学关系			F	LSD
	①关系较好（n=387）	②关系一般（n=152）	③关系较差（n=11）		
自尊	26.73±4.76	25.52±4.34	25.00±3.85	4.186*	①>②

表2-12显示，易地搬迁青少年的自尊在自评同学关系情况上有显著差异。认为同学关系比较好的易地搬迁青少年的自尊总分显著高于认为同学关系一般的青少年。具体的趋势分布如图2-4所示。

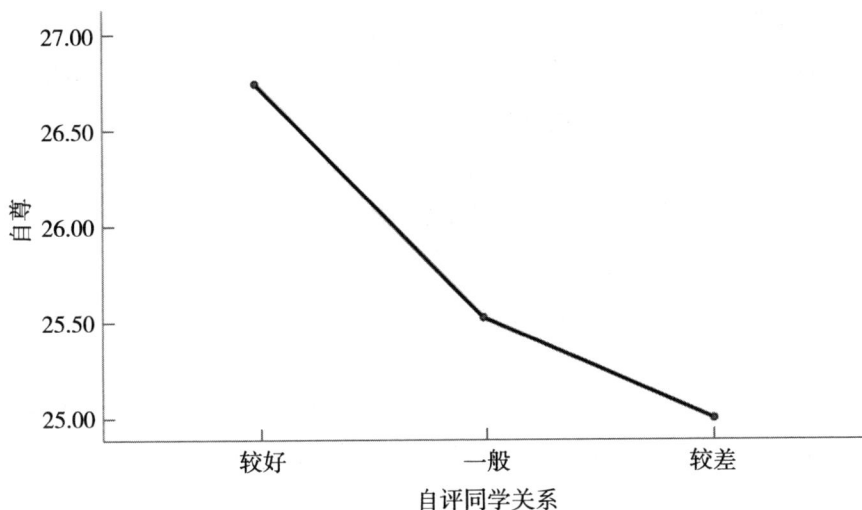

图2-4　易地搬迁青少年自尊在自评同学关系上趋势分布图

四、易地搬迁青少年自尊特点的分析与讨论

易地搬迁青少年的自尊在性别上并没有显著差异，这与杨智，陈宛玉、王蒙蒙以及赵东妍等人的研究结果一致。杨智（2015）的研究表明了儿童的自尊在男女性别上并没有显著差异。王蒙蒙（2019）的研究也表明自尊在性别上没有显著差异。赵东妍（2019）在对不同群体自尊水平差异的元分析中发现，男生和女生之间自尊水平的差异不大。但是范舒怡（2020）研究却表明小学生自尊在不同性别之间存在着显著差异。在小学的时候，学生的心理相对初中时期来说更加的脆弱，且并不能很好地调适自己的心情，在遭受挫折之后，很容易产生自卑的情绪心理，而女生情感细腻，更不容易走出来，因此小学生的自尊在性别上更容易产生差异。

在高中阶段，青少年的自尊通常呈现出更大的波动和差异。一方面，高中学业压力更大，学生需要面对学业中的各种挑战，一些学生可能因为考试成绩、升学压力等问题而产生自尊问题。另一方面，青少年的社交圈子更加广泛，社会地位和人际关系对他们的自尊影响更为重要，一些学生可能因为人际关系问题而产生自尊问题。此外，高中阶段的青少年面临着更多的身份认同和未来规划的问题，他们对自己的未来发展和社会角色有更多的疑惑和不安，这也会影响到他们的自尊。

担任班干部需要具备一定的领导能力和责任感，而这些素质的培养过程本身就有助于青少年的自尊提升。通过担任班干部，青少年会得到更多的机会去展现自己、肯定自己，从而提升自尊。担任班干部可以得到同学们的认可和尊重，这种社交认同会增强青少年对自己的信心和自尊心。在同学中具有一定的社交地位，可以增强青少年的自我价值感和自信心。一些学校重视学生的领导能力和综合素质，在选拔班干部时给予充分的重视，这种学校文化会激发学生的自信心和自尊心。学校对班干部的重视和赞扬会让青少年感到自己的价值得到认可，从而提升自尊。

通常情况下，学习成绩优异的青少年倾向于拥有较高的自尊。这是因为他们的成功经验会增强他们对自己能力的信心和自尊心，他们会认为自己在学业上有所成就，值得自豪。相反，学习成绩较差的青少年往往会面临自尊下降的风险。他们可能会感到自己无法达到他人或家长的期望，产生自卑感和挫败感，从而影响到他们的自尊心。通常情况下，学习成绩优异的青少年倾向于拥有较高的自尊。这是因为他们的成功经验会增强他们对自己能力的信心和自尊心，他们会认为自己在学业上有所成就，值得自豪。

青少年的自尊在师生关系中会表现出不同程度的差别，这受到师生之间互动的质量、师生之间的互动方式以及学校文化等因素的影响。与支持和理解学生的老师建立良好的师生关系有助于提高青少年的自尊。在这种关系中，学生感受到了尊重、认可和支持，他们的成就受到鼓励和赞扬，这有助于增强他们的自信心和自尊感。与冷漠、苛刻或批评性的老师建立负面的师生关系会对青少年的自尊产生负面影响。在这种关系中，学生可能会感受到被忽视、被歧视或被责备，这可能导致他们的自尊下降。

建立良好的同学关系有助于提高青少年的自尊。与支持、友善和理解自己的同学建立积极的关系，可以增强自我认同感和社交认同感，从而提升自尊。与冷漠、敌对或排斥自己的同学建立负面的关系可能会对自尊产生负面影响。在这种情况下，青少年可能会感受到被孤立、被排斥或被嘲笑，这可能导致自尊下降。

第三章

易地搬迁青少年的品行问题

一、品行问题概述

1. 品行问题的概念界定

通过查阅大量文献，我们会发现对于品行问题行为的界定有很多，McMahon等（1998）认为品行问题是个体对社会或家庭的违背、不服从和攻击性行为，也称为反社会行为；美国精神病学家协会认为，品行问题是重复或持续地对他人权利或社会规范进行侵犯的行为（APA，1994）；APA（美国心理协会）针对青少年提出品行问题是指侵犯他人权利或违反与年龄相称的主要社会准则的现象（APA，1994）；学者王淑琴（2012）认为有品行问题的学生是指那些道德观念不清晰、不遵守道德规则、有道德过错、危害社会治安，甚至触及刑法的学生；张俊涛等（2009）认为品行问题行为可以根据其行为损害的对象和主体获益的情况分为三类，即违规行为、成瘾行为和攻击行为。

综上所述，品行问题行为是指个体不断出现侵犯他人权利或社会规范，违反与其年龄相称的社会准则，具有不服从和攻击性的行为。

2. 品行问题的相关研究

在品行问题方面，国内大部分文献是以品行问题倾向作为品行问题的某一方面来进行研究的，少部分是以品行问题行为倾向作为研究的对象来进行研究。

青少年的品行问题是与学业失败、欺负行为等有害健康和社会成就相联系的。Campbell 等（2009）的研究结果表明，高攻击个体道德发展水平处于初级阶段，他们会有更多的不道德行为，为了获取利益他们更可能违反道德，这些品行问题行为的出现可能与他们道德发展水平较低有关。杨美荣等（2012）在研究心理虐待与忽视对初中生品行问题行为倾向的影响时发现，童年虐待经历容易增加其人际问题的危险性，出现低自尊、攻击暴力行为甚至反社会行为，在特定情况下，受到心理虐待与忽视的青少年更加容易出现成瘾、违规、攻击等反社会性行为，这可能对认知、情感、躯体等产生负面影响，且在青少年初中时期的叛逆阶段，父母的冷漠态度很容易增加品行问题行为的倾向。徐贤明和钱胜（2012）的研究发现，心理韧性对留守儿童品行问题倾向起着显著的保护作用，女生心理韧性强于男生，且在品行问题倾向上男生高于女生。陈奇等人（2013）的研究发现，在中、小学生中，女性的心理与行为异常少于男性，从品行问题因子上来分析，男性多于女性，高年级学生多于低年级。以90后学生作为研究对象发现，注重家庭教养方式的家庭，子女的品行问题较少；在早期发现青少年品行问题行为倾向有助于预防和纠正品行问题行为（汤苏艳，2014）。以上的研究均表明了不良的环境以及教养方式容易增加品行问题行为的倾向。

二、研究设计

1. 研究被试

研究被试同第一章。

2. 研究工具

品行问题行为问卷。该量表是由张俊涛等人（2009）编制的，共14题，采用李克特5点计分，问卷包括3个维度：违规倾向有6题（分别为题目1、5、6、8、9、14），成瘾行为有4题（分别为题目2、3、10、12），攻击倾向有4题（分别为题目4、7、11、13），各个问题总分即为品行问题行为倾向。通过验证性因素分析，GFI=0.974，AGFI=0.964，RMSEA=0.042，且内部一致性系数为0.797，说明该量表的信效度良好。

三、易地搬迁青少年品行问题的特点

1. 易地搬迁青少年品行问题的基本状况

为了更好地了解易地搬迁青少年品行问题的基本情况，对易地搬迁青少年品行问题总分及各维度进行描述性分析，结果如表3–1所示。

表3–1　易地搬迁青少年品行问题基本状况（n=550）

维度	平均数	标准差	每题平均数
违规倾向	9.19	3.15	1.53
成瘾倾向	4.42	1.32	1.11
攻击行为	5.49	2.20	1.37
品行问题总分	19.09	5.55	1.36

表3–1显示，易地搬迁青少年品行问题总的平均数为19.09，每题平均数为1.36，《青少年品行问题行为倾向量表》采用5点计分，则理论中值为3，从数据上来看，品行问题总分及其各维度的平均数均小于中间值，这说明易地搬迁青少年的品行处于较低的水平。

根据易地搬迁青少年品行问题总分的平均数绘制出次数分布的直方图，见图3–1。

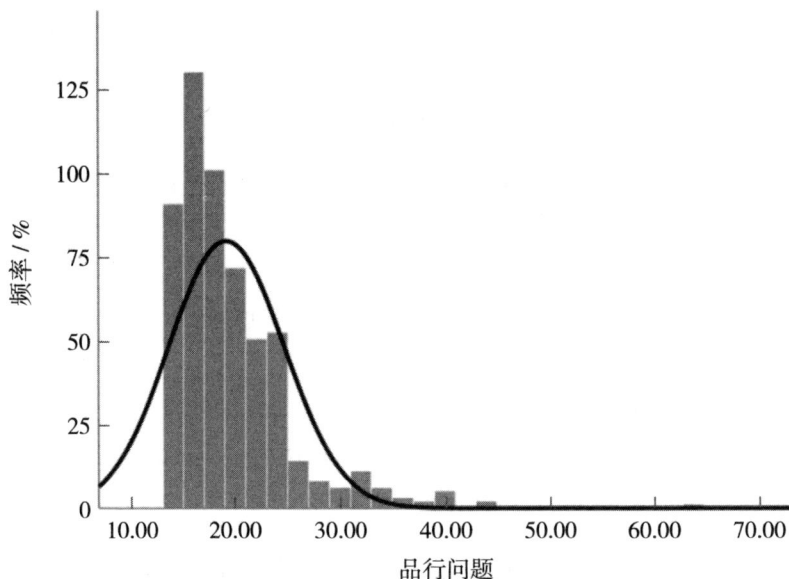

图3–1　易地搬迁青少年品行问题总分的总体情况分布图

从图3-1可以看出易地搬迁青少年品行问题总分呈正偏态分布，偏度为2.341，峰度为9.425。

2.易地搬迁青少年品行问题在性别上的差异分析

为探讨易地搬迁青少年品行问题在性别上的差异，以品行问题行为及各维度为因变量，性别为自变量进行独立样本 t 检验，结果如表3-2所示。

表3-2　易地搬迁青少年品行问题在性别上的差异分析（M±SD）

维度	性别		t	p
	男性（n=231）	女性（n=319）		
违规倾向	9.84±3.73	8.71±2.55	4.00	0.000
成瘾倾向	4.73±1.84	4.20±0.66	4.17	0.000
攻击行为	5.76±2.44	5.29±1.98	2.43	0.016
品行问题总分	20.33±6.76	18.20±4.27	4.23	0.000

表3-2显示，易地搬迁青少年品行问题及各维度在性别上有显著差异（$p <$ 0.05），且男性的品行问题显著多于女性。

3.易地搬迁青少年品行问题在学段上的差异分析

为了探讨易地搬迁青少年品行问题在学段上的差异，以品行问题及各维度为因变量，学段为自变量，采用单因素方差分析的方法对不同学段的易地搬迁青少年的品行问题进行差异检验，结果见表3-3。

表3-3　易地搬迁青少年品行问题在学段上的差异分析（M±SD）

维度	学段			F	LSD
	①小学（n=136）	②初中（n=271）	③高中（n=143）		
违规倾向	8.28±2.47	9.54±3.30	9.38±3.27	7.78***	①<②③
成瘾倾向	4.34±1.02	4.48±1.32	4.39±1.55	0.57	
攻击行为	5.35±1.89	5.59±2.30	5.43±2.27	0.59	
品行问题总分	17.97±4.33	19.60±5.83	19.20±5.90	3.99*	①<②

表3-3显示，不同学段的易地搬迁青少年在成瘾倾向与攻击行为上无显著

差异（$p > 0.05$），而在违规倾向与品行问题总分上有显著差异（$p < 0.05$），小学生的违规倾向显著低于初高中学生，在品行问题总分上，小学生的品行问题显著低于初中生。具体的趋势分布如图3-2所示。

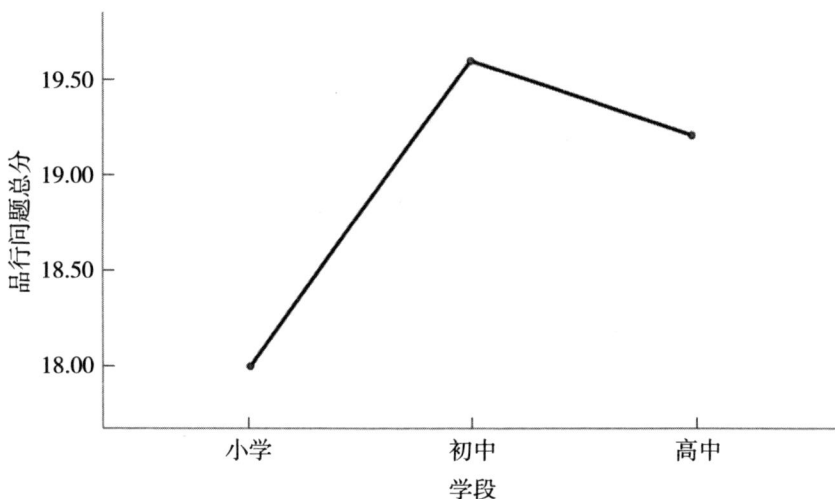

图3-2　易地搬迁青少年品行问题总分在学段上趋势分布图

4. 易地搬迁青少年品行问题在是否为班干部上的差异分析

为探讨易地搬迁青少年品行问题在是否为班干部上的差异，以品行问题及各维度为因变量，是否为班干部为自变量进行独立样本t检验，结果见表3-4。

表3-4　易地搬迁青少年品行问题在是否为班干部上的差异分析（M±SD）

维度	班干部（n=133）	非班干部（n=417）	t	p
违规倾向	9.18±3.11	9.19±3.16	−0.02	0.983
成瘾倾向	4.60±1.83	4.36±1.10	1.41	0.159
攻击行为	5.67±2.31	5.43±2.16	1.10	0.273
品行问题总分	19.45±6.29	18.98±5.29	0.85	0.395

表3-4显示，易地搬迁青少年品行问题及各维度在是否为班干部上无显著差异（$p > 0.05$）。

5. 易地搬迁青少年品行问题在学习氛围与秩序上的差异分析

为探讨易地搬迁青少年品行问题在学习氛围与秩序上的差异，以品行问题及各维度为因变量，学习氛围与秩序为自变量进行单因素方差分析，并对有显著差异的变量作事后检验，结果见表3-5。

表3-5 易地搬迁青少年品行问题在学习氛围与秩序上的差异分析（M±SD）

维度	学习氛围与秩序			F	LSD
	①较好 （n=313）	②一般 （n=206）	③较差 （n=31）		
违规倾向	8.55±2.59	9.58±2.95	12.97±5.67	34.06***	③>②>①
成瘾倾向	4.28±1.01	4.48±1.32	5.45±2.84	11.93***	③>②①
攻击行为	5.14±1.91	5.76±2.22	7.19±3.47	15.62***	③>②>①
品行问题总分	17.97±4.42	19.82±5.37	25.61±10.10	33.03***	③>②>①

表3-5显示，易地搬迁青少年品行问题在不同的学习氛围与秩序上有显著差异（$p < 0.05$），且学习氛围与秩序越差，其品行问题的得分越高。具体的趋势分布如图3-3所示。

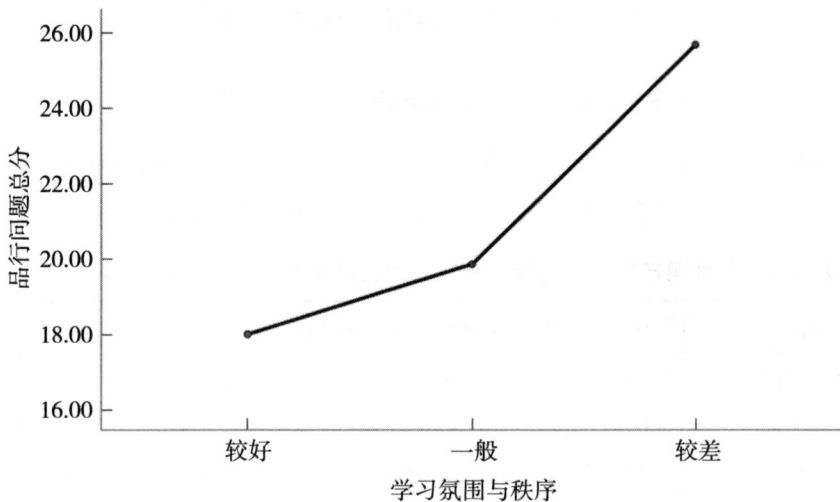

图3-3 易地搬迁青少年品行问题总分在学习氛围与秩序上趋势分布图

6. 易地搬迁青少年品行问题在是否为独生子女上的差异分析

为探讨易地搬迁青少年品行问题在是否为独生子女上的差异，以心理健康为因变量，是否为独生子女为自变量进行独立样本 t 检验，结果见表3-6。

表3-6　易地搬迁青少年品行问题在是否为独生子女上的差异分析（M±SD）

维度	独生子女 （n=35）	非独生子女 （n=515）	t	p
违规倾向	8.63±2.57	9.22±3.18	−1.082	0.280
成瘾倾向	4.60±1.90	4.41±1.27	0.827	0.409
攻击行为	5.26±1.67	5.50±2.23	−0.641	0.522
品行问题总分	18.49±5.04	19.14±5.58	−0.671	0.503

表3-6显示，易地搬迁青少年品行问题及其各维度在是否为独生子女上没有显著差异。

7. 易地搬迁青少年品行问题在学习成绩上的差异分析

为探讨易地搬迁青少年品行问题在学习成绩上的差异，以品行问题为因变量，学习成绩为自变量，采用单因素方差分析方法进行差异检验，结果见表3-7。

表3-7　易地搬迁青少年品行问题在学习成绩上的差异分析（M±SD）

维度	学习成绩			F	LSD
	①差（n=203）	②中（n=248）	③好（n=99）		
违规倾向	9.86±3.64	8.78±2.69	8.82±2.93	7.502***	①>②③
成瘾倾向	4.61±1.67	4.30±1.01	4.34±1.15	3.385*	①>②
攻击行为	5.96±2.50	5.25±1.93	5.12±2.00	7.626***	①>②③
品行问题总分	20.42±6.60	18.33±4.60	18.28±4.84	9.524***	①>②③

表3-7显示，易地搬迁青少年品行问题及其维度在学习成绩上有显著差异，学习成绩比较差的青少年，其品行问题也比较多，学习成绩差的青少年品行问题得分显著高于学习成绩中等和比较好的青少年。在违规行为和攻击行为上也是如此，学习成绩差的青少年违规行为和攻击行为得分显著高于学习成绩中等和比较好的青少年。而在成瘾倾向上，学习成绩差的青少年成瘾倾向得分显著高于学习成绩中等的青少年。具体的趋势分布如图3-4所示。

8. 易地搬迁青少年品行问题在父亲文化程度上的差异分析

为探讨易地搬迁青少年品行问题在父亲文化程度上的差异，以品行问题为因变量，父亲文化程度为自变量，采用单因素方差分析方法进行差异检验，结果见表3–8。

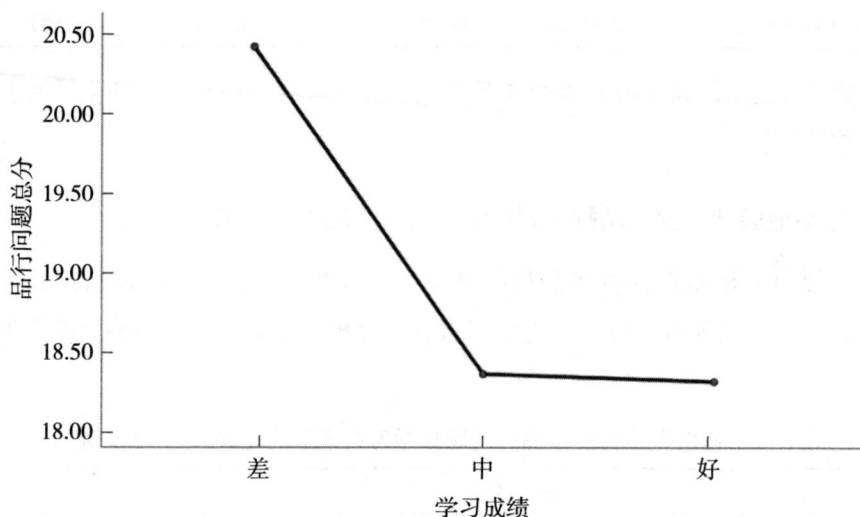

图3–4　易地搬迁青少年品行问题总分在学习成绩上趋势分布图

表3–8　易地搬迁青少年品行问题在父亲文化程度上的差异分析（M±SD）

维度	父亲文化程度			F
	初中及以下（n=458）	高中（n=69）	大专及以上（n=23）	
违规倾向	9.16±3.14	9.16±2.76	9.83±4.36	0.496
成瘾倾向	4.41±1.24	4.36±1.03	4.91±2.79	1.707
攻击行为	5.42±2.09	5.68±2.30	6.22±3.54	1.752
品行问题总分	18.98±5.33	19.20±4.85	20.96±10.08	1.401

表3–8显示，易地搬迁青少年品行问题在父亲文化程度上均没有显著差异。

9. 易地搬迁青少年品行问题在母亲文化程度上的差异分析

为探讨易地搬迁青少年品行问题在母亲文化程度上的差异，以品行问题为因变量，母亲文化程度为自变量，采用单因素方差分析方法进行差异检验，结果见表3-9。

表3-9 易地搬迁青少年品行问题在母亲文化程度上的差异分析（M±SD）

维度	母亲文化程度			F
	初中及以下（n=493）	高中（n=42）	大专及以上（n=15）	
违规倾向	9.12±3.09	9.74±2.95	9.80±5.12	1.041
成瘾倾向	4.39±1.17	4.57±1.65	5.13±3.34	2.644
攻击行为	5.44±2.12	5.71±2.16	6.47±3.98	1.847
品行问题总分	18.95±5.23	20.02±5.58	21.40±12.05	2.071

表3-9显示，易地搬迁青少年品行问题在母亲文化程度上均没有显著差异。

10. 易地搬迁青少年品行问题在父母外出情况上的差异分析

为探讨易地搬迁青少年品行问题在父母外出情况上的差异，以品行问题为因变量，父母外出情况为自变量，采用单因素方差分析方法进行差异检验，结果见表3-10。

表3-10 易地搬迁青少年品行问题在父母外出情况上的差异分析（M±SD）

维度	父母外出情况				F
	父母都在家（n=246）	父母都在外（n=170）	父亲在外（n=90）	母亲在外（n=44）	
违规倾向	8.96±2.97	9.36±2.95	9.74±4.13	8.61±2.33	2.048
成瘾倾向	4.40±1.26	4.34±1.06	4.73±1.95	4.20±0.70	2.325
攻击行为	5.44±2.14	5.42±2.04	5.90±2.81	5.16±1.45	1.482
品行问题总分	18.80±5.05	19.12±4.81	20.38±8.26	17.98±3.22	2.444

表3-10显示，易地搬迁青少年品行问题在父母外出情况上均没有显著差异。

11. 易地搬迁青少年品行问题在自评师生关系情况上的差异分析

为探讨易地搬迁青少年品行问题在自评师生关系情况上的差异，以品行问题为因变量，自评师生关系为自变量，采用单因素方差分析方法进行差异检验，结果见表3-11。

表3-11　易地搬迁青少年品行问题在自评师生关系情况上的差异分析（M±SD）

维度	自评师生关系			F	LSD
	①关系较好（n=258）	②关系一般（n=250）	③关系较差（n=42）		
违规倾向	8.38±2.37	9.46±3.00	12.45±5.22	36.039***	③>②>①
成瘾倾向	4.27±0.93	4.44±1.28	5.24±2.65	10.207***	③>①②
攻击行为	5.13±1.95	5.67±2.14	6.57±3.26	9.688***	③>②>①
品行问题总分	17.78±4.43	19.58±5.14	24.26±9.73	29.090***	③>②>①

表3-11显示，易地搬迁青少年的品行问题及其各维度在自评师生关系情况上有显著差异，自认为师生关系比较差的易地搬迁青少年，其品行问题总分、违规倾向得分、成瘾倾向得分和攻击行为得分均显著高于师生关系一般的和较好的青少年，同时自评师生关系一般的青少年，其品行问题总分、违规倾向得分和攻击行为得分显著高于师生关系较好的。具体的趋势分布如图3-5所示。

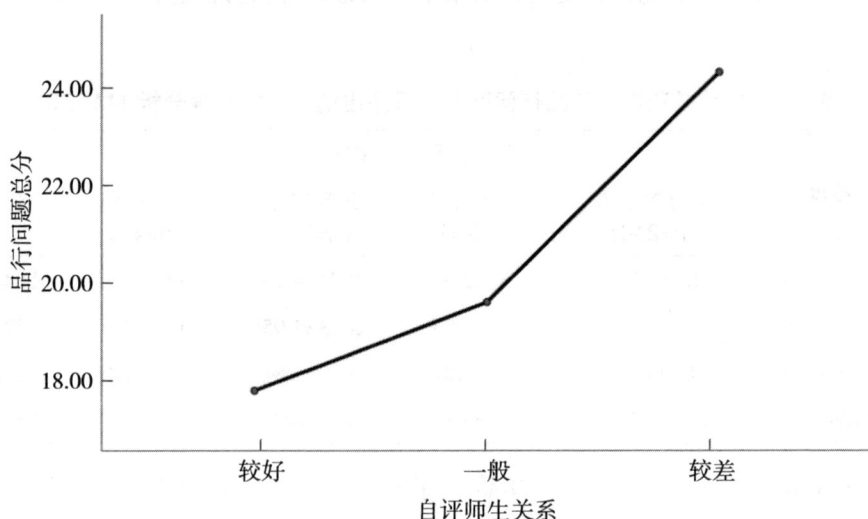

图3-5　易地搬迁青少年品行问题总分在自评师生关系上的趋势分布图

12. 易地搬迁青少年品行问题在自评同学关系情况上的差异分析

为探讨易地搬迁青少年品行问题在自评同学关系情况上的差异，以品行问题为因变量，自评同学关系为自变量，采用单因素方差分析方法进行差异检验，结果见表3-12。

表3-12 易地搬迁青少年品行问题在自评同学关系情况上的差异分析（M±SD）

维度	自评同学关系			F	LSD
	①关系较好（n=387）	②关系一般（n=152）	③关系较差（n=11）		
违规倾向	8.81±2.78	9.96±3.44	11.82±6.63	11.700***	②③>①
成瘾倾向	4.38±1.21	4.47±1.21	5.36±3.91	3.149*	③>①②
攻击行为	5.35±2.03	5.74±2.36	6.82±4.24	3.866*	③>①
品行问题总分	18.53±4.90	20.17±5.84	24.00±13.85	9.431***	③>②>①

　　表3-12显示，易地搬迁青少年的品行问题及其各维度在自评同学关系情况上有显著差异，认为同学关系比较差的易地搬迁青少年，其品行问题总分和成瘾倾向得分均显著高于同学关系较好的和一般的青少年，同时，认为同学关系一般的易地搬迁青少年，其品行问题总分显著高于同学关系较好的青少年；认为同学关系一般的和比较差的易地搬迁青少年，其违规倾向得分显著高于同学关系较好的青少年；认为同学关系比较差的易地搬迁青少年，其攻击行为得分显著高于同学关系较好的青少年。具体的趋势分布如图3-6所示。

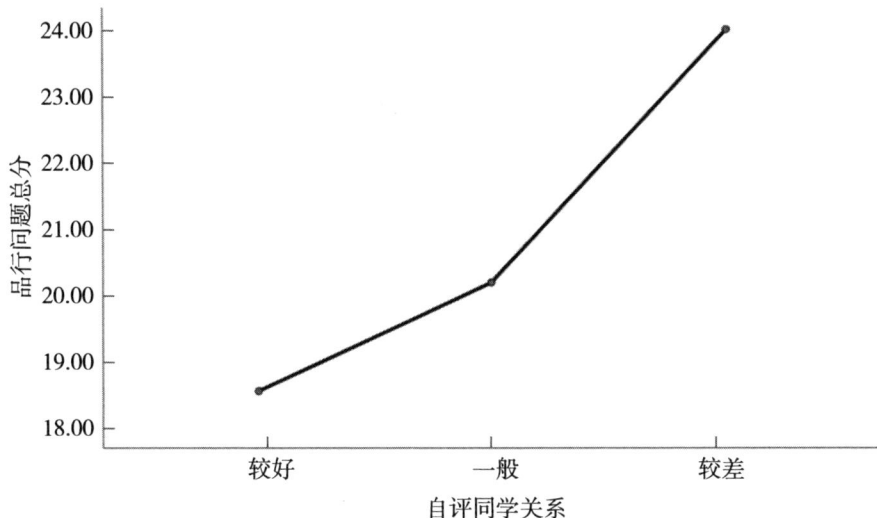

图3-6 易地搬迁青少年品行问题总分在自评同学关系上的趋势分布图

四、易地搬迁青少年品行问题特点的分析与讨论

在总体情况上，易地搬迁青少年的品行问题水平偏低，这与汤苏艳（2014）的研究结果一致。随着社会的发展，学校已不再是唯分数论，注重的是学生全面发展，学校更加重视学生的品德教育，严肃对待学生的违纪违规行为。

易地搬迁青少年中男生的品行问题行为倾向高于女生，这与已有的研究结果一致（宋健，2018；陆小英，2001）。一方面，在同龄青少年群体中，男生的心智发育晚于女生，女生一般较为成熟和听话，比男生更好管教。另一方面，社会的性别角色对男、女生的期望不同，女生都被期望成为温柔、被照顾的角色，男生则被要求成为独立和坚强的角色，男生就更有心理压力，因此男生比女生会出现更多的品行问题行为。

易地搬迁青少年在违规倾向与品行问题总分上存在显著差异，且初、高中青少年的违规倾向高于小学的青少年，初中的品行问题高于小学的。这与陈奇等（2013）的研究结果不一致。随着年级的增高，对于初、高中生来说，心理上还没有完全成熟，在生理上和心理上的变化很大，接触到的新事物也逐渐增多，也逐渐有了自己的想法，对外界事物更加好奇，更加急于去探索，如果阻碍这种强烈的好奇心，他们就会产生反抗以及不满，因而会出现更多的违规行为。

易地搬迁青少年品行问题在是否为班干部上不存在显著差异。这一结果产生的原因分析如下：班干部确实能做到以身作则，但随着家长和老师对学习成绩的越来越看重，作为班干部大多都愿意把精力和时间用在学习上，因此品行问题在是否为班干部上不存在显著差异。

易地搬迁青少年品行问题在不同的学习氛围与秩序上存在显著差异，且学习氛围与秩序越差，其品行问题的得分越高，则品行问题越严重，这一结果产生的原因分析如下：环境、氛围是塑造人格的重要因素，如果学习氛围与秩序不好，那么学生也会出现各种问题，特别是跟风行为，在这样的环境中，爱学习、守规则的学生反倒会与班级里的其他学生显得格格不入，因此一个良好的学习氛围与秩序就显得尤为重要。

第四章

易地搬迁青少年的学校适应

一、学校适应概述

1. 学校适应的概念界定

学校适应的概念所包含的内容广泛而复杂，具有多维性。由于不同研究者采取的方法不同，研究的着力点不同，对其无法达成共识，导致学校适应的定义一直没有被大家统一运用。学者 Birch 等人（1997）认为学校适应不仅指学生的学校表现，而且包括学生对学校的情感或态度及其参与学校活动的程度。Ladd 等人（1997）认为学校适应就是在学校背景下愉快地参与学校活动并获得学业成功的状况。国内学者也对学校适应进行了诸多界定。刘万伦等人（2005）提出，学校适应是指学生在学校内所表现出的学业成就、活动参与、情感发展、人际关系等多方面的状态。陈君（2003）认为学校适应不应只依靠学生个体去实现，而是通过教师、学校环境、学校活动与学生这四者之间的相互作用产生的。聂丽芳（2010）认为学校适应是指个体适应学校环境的能力，即学生在学校情境下，通过积极地调整自己的行为方式和心理，使其行为方式符合学校规范，有良好的师生关系、同伴关系，能愉快地参与学校生活，最终取得良好学习成绩的过程。

综上所述，对于学校适应的概念并无统一的界定。学校适应是指学生在学校环境下，能够积极参与学校活动、符合学校规范、与老师同学相处融洽并取得良好学业成绩的过程。

2. 学校适应的相关研究

从已有的文献来看，早期学校适应的研究主要考查学生的辍学率或缺勤率，而现在的学校适应很多研究则考查学生的行为、情感和学业等方面的适应情况（宋爱芬 等，2007）。

目前，对于学校适应的研究主要集中在流动儿童、留守儿童、农民工随迁子女的学校适应这一方面。对于易地搬迁地区学校适应的研究很少。已有的学校适应研究成果中大多采取比较法来对农民工子女学校适应问题进行研究，如把农民工随迁子女与本地儿童、流动儿童及留守儿童等进行对比，其中以随迁子女与本地儿童学校适应的比较研究居多。孙晓莉（2006）通过对比了解流动儿童与本地儿童的学校适应，发现流动儿童比本地儿童的适应问题更多，其中同伴之间的交往对流动儿童的学校适应有着重要影响。丁芳等（2012）的研究结果发现，那些就读于初中的流动儿童与本地儿童有着显著的差异，这些差异主要集中于他们的任务取向、行为和同伴交往。

二、研究设计

1. 研究工具结构

在结合大量有关量表编制的文章基础上，主要参考张红艳（2014）有关农民工随迁子女学校适应量表的相关内容，自编"易地搬迁青少年学校适应量表"。两位心理学领域专家，四位心理学相关专业的高校教师，以及两位在易地搬迁学校工作的一线教师对量表内容、量表结构以及题目表述的可理解性做出了评议，对一些题目的提问形式做了适当改变，对问卷的整体结构做了相应调整。在问卷发放之前也不断地对问卷进行修改，最后形成了"易地搬迁青少年学校适应量表"。

易地搬迁青少年学校适应量表由四个维度组成，即学业适应、新家庭学习环境适应、师生关系适应、同伴关系适应。学业适应主要包括学习态度、学习习惯与方法、学习行为方面的遵守与适应等；新家庭学习环境适应是指青少年在经过易地搬迁后，在新的家庭环境下学习设备、学习氛围、家长的监督等家庭学习环境；师生关系适应是指易地搬迁青少年在学校与老师的关系、与老师相处时的舒适度等；同伴关系适应反映的是与同学关系的好坏，社交能力等。易地搬迁青少年学校适应量表最初形成了31个题项，采用5级计分，"很不符合"计为1，"不太符合"计为2，"不确定"计为3，"比较符合"计为4，"非常符合"计为5。

本研究采用随机抽样方式，抽取贵州省扶贫搬迁人口最多的黔西南布依族苗族自治州内5所易地搬迁安置点学校的中小学生作为调研对象。被试为小学五年级至高三年级易地搬迁学生，共发放问卷600份，回收问卷600份，回收率为100%，其中有效问卷为550份，有效率为91.7%，其中，男生231人，女生319人；五年级学生62人，六年级学生74人，七年级学生90人，八年级学生95人，九年级学生86人，高一年级学生47人，高二年级学生49人，高三年级学生47人。

2. 效度分析

（1）探索性因素分析。

对回收数据中的一半被试进行探索性因素分析，结果显示KMO值为0.913，Bartlett球形检验的值为$\chi^2=6\,529.970$，$p < 0.001$，适合对数据进行探索性因素分析。采用主成分分析和最大方差法进行正交旋转，结合特征根与碎石图进行因子的提取，根据以下标准：①载荷小于0.40的项目；②因素分析得到的维度归属与原来假设不一致的项目；③多负荷或双重负荷严重的项目。同时结合条目本身的内容及其与所在维度之间的关系，删除不合适的条目，进行多次探索性因素分析后，删除16个条目，最终保留15个条目，得到4个因子，累积方差解释率为64.246%。根据问卷编制的构想与条目的含义，分别将4个因子命名为：①师生关系适应，包含4个条目，涉及易地搬迁青少年与学校教师之间的关系，包括教师对学生的态度和行为以及学生对教师的态度和行为等；②同伴关系适应，包含4个条目，涉及易地搬迁青少年在与同学和朋友社交时产生的意义感和价值感，包括社交能力和孤独感等；③学业适应，包含4个条目，涉及易地搬迁青少年在学业上满足现实发展的需要，包括学习态度、学习方法等；④新家庭学习环境适应，包含3个条目，涉及易地搬迁青少年在搬迁后家庭学习硬件和软件方面的情况，包括搬迁后家庭的学习环境、家长对学习的态度等。具

体各个条目的因子载荷与共同度见表4-1。

表4-1　易地搬迁青少年学校适应量表探索性因素分析性的项目载荷与共同度表

项目	因子1	因子2	因子3	因子4	共同度
1.我每次都会按时完成作业，不拖沓。			0.775		0.647
2.我的学习目的很明确。			0.787		0.706
3.没有别人的督促，我也会努力学习。			0.816		0.728
4.我会自觉制订学习计划和规定学习时间。			0.655		0.643
8.我有自己单独的、不受他人打扰的学习房间。				0.692	0.588
9.家长非常关心我的考试成绩。				0.695	0.659
10.在完成家庭作业的过程中，有家长的辅导或监督。				0.530	0.560
12.在课堂上，老师经常提问我。	0.733				0.582
13.我会主动帮助老师做事情。	0.724				0.630
16.当我遇到问题或一些困难的时候，我会主动寻求老师帮助。	0.663				0.598
17.我觉得老师非常喜欢我。	0.721				0.615
19.在学校我很容易交到朋友。		0.788			0.672
20.我会主动和同学们一起学习、一起游戏。		0.757			0.634
21.在班上，我能很容易加入同学们的谈话或者活动。		0.800			0.705
22.在班上，跟我要好的朋友多。		0.791			0.672

（2）验证性因素分析。

在探索性因素分析的基础上，采用回收数据中的一半被试的数据，对四因子结构进行验证性因素分析，采用最大似然法，验证量表的结构效度，同时采用AMOS23.0对易地搬迁青少年学校适应的四因子结构模型进行验证（图4-1）。

根据验证性因素分析一半样本对易地搬迁青少年学校适应量表的评定，使用AMOS23.0对上述探索性因素分析确定的易地搬迁青少年学校适应的模型结构进行验证。结果发现，在温忠麟等人（2004）建议报告的拟合指标上，易地搬迁青少年学校适应的结构方程模型的拟合指数均达到比较理想的标准，具体见表4-2。

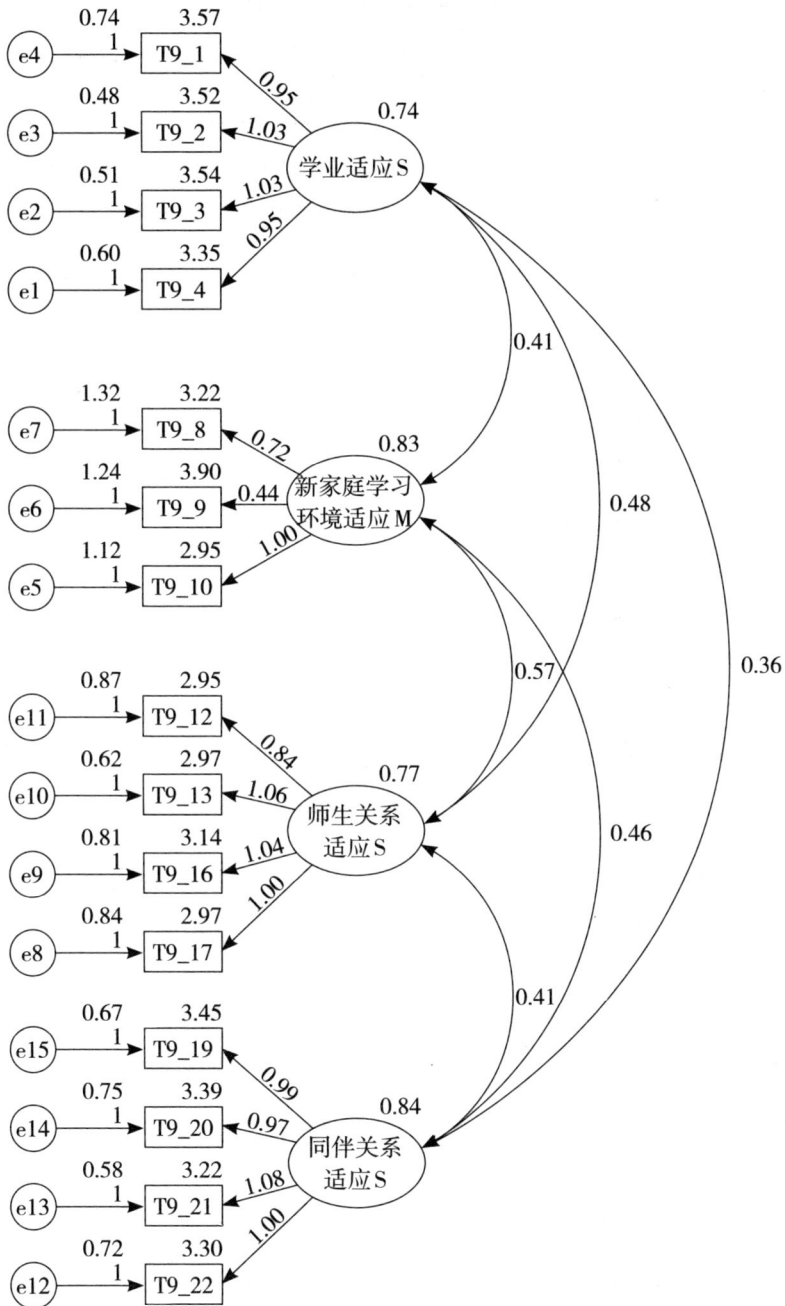

图4-1 易地搬迁青少年学校适应的四因子模型

表4-2　易地搬迁青少年学校适应量表的模型拟合指数

模型	χ^2	df	χ^2/df	RMSEA	CFI	TLI	SRMR
四因子结构	261.082	84	3.108	0.062	0.940	0.926	0.049 4

由表4-2可知，易地搬迁青少年学校适应的四因子模型拟合情况均达到了理想水平。各个条目在所属因子上的标准化因子载荷见表4-3。

表4-3　易地搬迁青少年学校适应量表各条目所属因子载荷表

项目	所属因子	因子载荷
1.我每次都会按时完成作业，不拖沓。	学业适应	0.687
2.我的学习目的很明确。	学业适应	0.787
3.没有别人的督促，我也会努力学习。	学业适应	0.783
4.我会自觉制订学习计划和规定学习时间。	学业适应	0.742
8.我有自己单独的、不受他人打扰的学习房间。	新家庭学习环境适应	0.499
9.家长非常关心我的考试成绩。	新家庭学习环境适应	0.340
10.在完成家庭作业的过程中，有家长的辅导或监督。	新家庭学习环境适应	0.652
12.在课堂上，老师经常提问我。	师生关系适应	0.624
13.我会主动帮助老师做事情。	师生关系适应	0.763
16.当我遇到问题或一些困难的时候，我会主动寻求老师帮助。	师生关系适应	0.711
17.我觉得老师非常喜欢我。	师生关系适应	0.693
19.在学校我很容易交到朋友。	同伴关系适应	0.744
20.我会主动和同学们一起学习、一起游戏。	同伴关系适应	0.714
21.在班上，我能很容易加入同学们的谈话或者活动。	同伴关系适应	0.792
22.在班上，跟我要好的朋友多。	同伴关系适应	0.733

如表4-3所示，易地搬迁青少年学校适应的15个条目在各所属因子上的标准化因子载荷在0.340~0.792（$p < 0.001$）。

（3）效标效度分析。

选取与易地搬迁青少年个人特质密切相关的自尊与心理健康作为效标，具体结果见表4-4。

表4-4　易地搬迁青少年学校适应量表总分及各维度与效标之间的相关分析表

项目	自尊	心理健康	学业适应	新家庭学习环境适应	师生关系适应	同伴关系适应	学校适应
自尊	1						
心理健康	0.477***	1					
学业适应	0.314***	0.418***	1				
新家庭学习环境适应	0.186***	0.339***	0.379***	1			
师生关系适应	0.225***	0.463***	0.515***	0.432***	1		
同伴关系适应	0.356***	0.373***	0.391***	0.367***	0.414***	1	
学校适应总分	0.368***	0.534***	0.771***	0.675***	0.798***	0.747***	1

由表4-4可知，易地搬迁青少年学校适应量表总分及各维度的得分与自尊、心理健康均呈显著正相关，其中易地搬迁青少年学校适应量表总分及各维度的得分与自尊相关系数在0.186~0.477，$p < 0.001$；易地搬迁青少年学校适应量表总分及各维度的得分与心理健康相关系数在0.339~0.534，$p < 0.001$。

3. 信度分析

分析易地搬迁青少年学校适应总量表及各维度的信度，具体该量表的内部一致性信度见表4-5。

表4-5　易地搬迁青少年学校适应总量表及各维度信度分析表

因子名	Cronbach's α
学业适应	0.835
新家庭学习环境适应	0.596
师生关系适应	0.790
同伴关系适应	0.834
学校适应总量表	0.867

如表4-5所示，易地搬迁学校适应总量表的Cronbach's α 为0.867，有四个分维度：学业适应、新家庭学习环境适应、师生关系适应、同伴关系适应，其Cronbach's α 分别为0.835、0.596、0.790、0.834。

4. 易地搬迁青少年学校适应量表

根据易地搬迁青少年学校适应研究工具的设计，该量表根据易地搬迁青少年这一特殊群体的心理特点，结合张红艳（2014）有关农民工随迁子女学校适应量表的相关内容修订形成，采用Likert5级计分。该量表有15个条目，4个因子，其中，学业适应有4个条目、新家庭学习环境适应有3个条目、师生关系适应有4个条目、同伴关系适应有4个条目。该量表的内部一致性Cronbach's α系数为0.867。

三、易地搬迁青少年学校适应的特点

1. 易地搬迁青少年学校适应的基本状况

为了更好地了解易地搬迁青少年学校适应的基本情况，对易地搬迁青少年学校适应进行描述性统计，结果见表4-6。

表4-6　易地搬迁青少年学校适应基本状况（n=550）

维度	平均数	标准差	每题平均数
学业适应	13.98	3.78	3.50
新家庭学习环境适应	10.07	2.77	3.36
师生关系适应	12.04	3.89	3.01
同伴关系适应	13.36	4.06	3.34
学校适应总分	49.45	10.92	3.30

表4-6显示，易地搬迁青少年学校适应总的平均数为49.45，每题平均数为3.30。学校适应采用5点计分方式，则理论中值为3。从数据分析上看，学校适应题项平均数略高于理论值。这说明易地搬迁青少年学校适应处于中等水平。

根据易地搬迁青少年学校适应的平均数来绘制出次数分布的直方图，见图4-2。从图4-2可以看出，易地搬迁青少年学校适应基本呈正态分布，偏度为0.094，峰度为0.093。

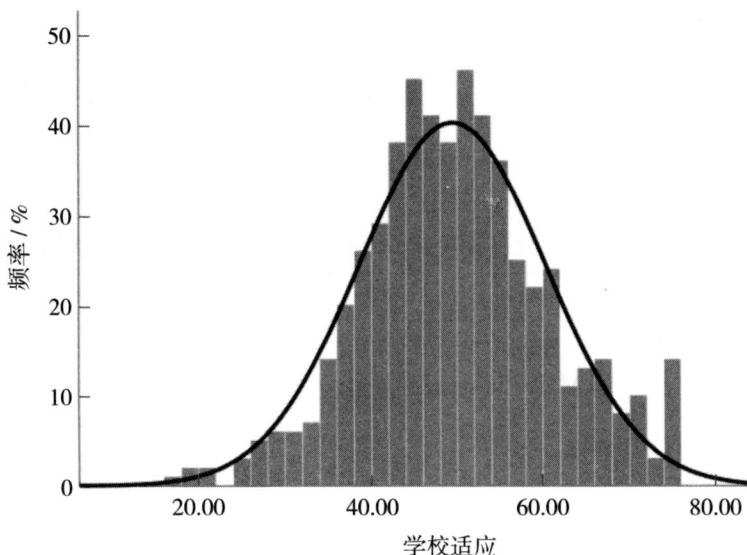

图4-2　易地搬迁青少年学校适应的总体情况分布图

2. 易地搬迁青少年学校适应在性别上的差异分析

为探讨易地搬迁青少年学校适应在性别上的差异，以学校适应及各维度为因变量，性别为自变量，采用独立样本 t 检验的方法对不同性别的易地搬迁青少年学校适应进行差异检验，结果见表4-7。

表4-7　易地搬迁青少年学校适应在性别上的差异分析（M±SD）

维度	男性（n=231）	女性（n=319）	t	p
学业适应	13.67±4.03	14.20±3.57	−1.600	0.111
新家庭学习环境适应	10.21±2.85	9.97±2.70	0.989	0.324
师生关系适应	11.96±4.09	12.09±3.75	−0.390	0.700
同伴关系适应	13.39±4.25	13.34±3.92	0.130	0.898
学校适应总分	49.23±11.25	49.60±10.68	−0.400	0.688

表4-7显示，易地搬迁青少年的学校适应及各维度在性别上无显著差异（$p >$ 0.05）。

3. 易地搬迁青少年学校适应在学段上的差异分析

为探讨易地搬迁青少年学校适应在学段上的差异，以学校适应及各维度为因变量，学段为自变量，采用单因素方差分析方法进行差异检验，结果见表4-8。

表4-8　易地搬迁青少年学校适应在学段上的差异分析（M±SD）

维度	学段			F	POST HOC
	①小学（n=136）	②初中（n=271）	③高中（n=143）		
学业适应	14.97±4.15	13.84±3.60	13.29±3.56	7.39***	①>②③
新家庭学习环境适应	10.76±3.16	9.88±2.52	9.78±2.72	5.72**	①>②③
师生关系适应	13.27±4.53	11.57±3.57	11.75±3.58	9.49***	①>②③
同伴关系适应	13.66±4.63	13.30±3.81	13.21±3.95	0.51	
学校适应总分	52.66±12.94	48.58±9.67	48.04±10.51	8.15***	①>②③

表4-8显示，除了同伴关系适应在学段上无显著差异（$p > 0.05$）外，学校适应与其他维度在学段上有显著差异（$p < 0.05$），且小学生的学校适应高于初中生和高中生。具体的趋势分布如图4-3所示。

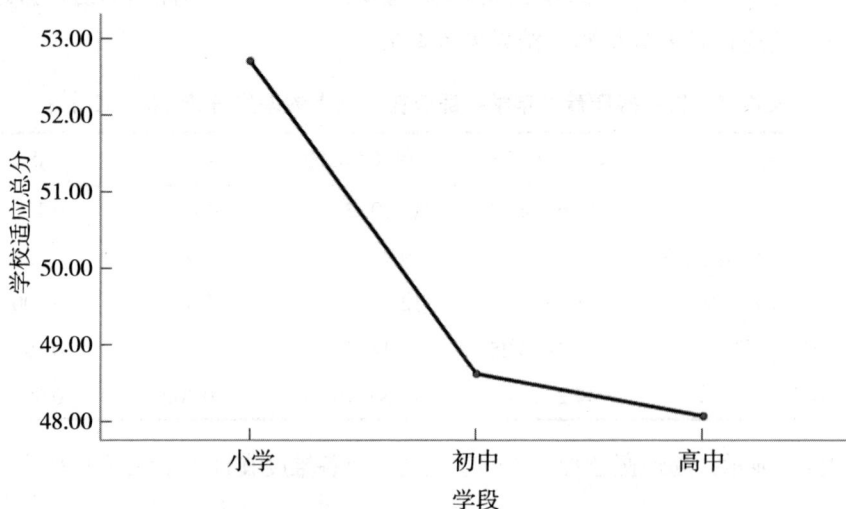

图4-3　易地搬迁青少年学校适应总分在学段上的趋势分布图

4. 易地搬迁青少年学校适应在是否为班干部上的差异分析

为探讨易地搬迁青少年学校适应在是否为班干部上的差异，以学校适应及各维度为因变量，是否班为干部为自变量，采用独立样本 t 检验的方法进行差异检验，结果见表4-9。

表4-9 易地搬迁青少年学校适应在是否为班干部上的差异分析（M±SD）

维度	班干部（n=133）	非班干部（n=417）	t	p
学业适应	14.56±3.83	13.79±3.74	2.061	0.040
新家庭学习环境适应	10.12±2.93	10.06±2.72	0.236	0.813
师生关系适应	12.79±3.56	11.80±3.97	2.575	0.010
同伴关系适应	14.10±4.20	13.13±3.99	2.407	0.016
学校适应总分	51.57±10.66	48.77±10.92	2.588	0.010

表4-9显示，除了新家庭学习环境适应维度在是否为班干部上无显著差异（$p > 0.05$）外，学校适应及其他各维度在是否为班干部上有显著差异（$p < 0.05$），且班干部的学校适应高于非班干部青少年。

5. 易地搬迁青少年学校适应在学习氛围与秩序上的差异分析

为探讨易地搬迁青少年学校适应在学习氛围与秩序上的差异，以学校适应及各维度为因变量，学习氛围与秩序为自变量，采用单因素方差分析方法进行差异检验，结果见表4-10。

表4-10 易地搬迁青少年学校适应在学习氛围与秩序上的差异分析（M±SD）

维度	学习氛围与秩序			F	POST HOC
	①较好（n= 313）	②一般（n= 206）	③较差（n= 31）		
学业适应	14.58±3.66	13.47±3.62	11.23±4.36	14.85***	①>②>③
新家庭学习环境适应	10.19±2.68	10.00±2.80	9.29±3.31	1.60	
师生关系适应	12.36±3.75	11.78±3.93	10.45±4.63	4.11*	①>③
同伴关系适应	13.67±4.08	13.23±3.89	11.19±4.33	5.52**	①②>③
学校适应总分	50.80±10.82	48.49±10.40	42.16±11.97	10.45***	①>②>③

表4-10显示，除了新家庭学习环境适应维度在学习氛围与秩序上无显著差异（$p > 0.05$）外，其他各维度在学校的学习氛围与秩序上有显著差异（$p < 0.05$）。在学业适应和学校适应总分维度中，较好的学习氛围与秩序高于一般和较差的，同时一般的学习氛围与秩序高于较差的；在师生关系维度中，较好的学习氛围与秩序高于较差的；在同伴关系适应维度中，较好和一般的学习氛围与秩序高于较差的。具体的趋势分布如图4-4所示。

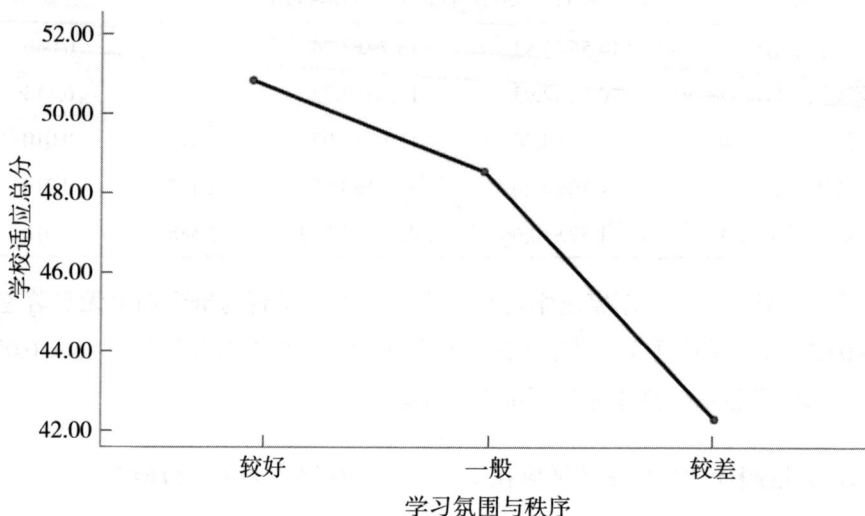

图4-4　易地搬迁青少年学校适应总分在学习氛围与秩序上的趋势分布图

6. 易地搬迁青少年学校适应在是否为独生子女上的差异分析

为探讨易地搬迁青少年学校适应在是否为独生子女上的差异，以学校适应为因变量，是否为独生子女为自变量进行独立样本t检验，结果见表4-11。

表4-11　易地搬迁青少年学校适应在是否为独生子女上的差异分析（M±SD）

维度	独生子女 （n=35）	非独生子女 （n=515）	t	p
学业适应	13.97±4.51	13.25±0.85	−0.011	0.991
新家庭学习环境适应	9.71±3.24	10.10±2.73	−0.788	0.431
师生关系适应	11.80±3.48	12.05±3.92	−0.371	0.711
同伴关系适应	14.14±4.23	13.31±4.04	1.174	0.241
学校适应总分	49.63±10.59	49.44±10.95	0.100	0.920

表4-11显示，易地搬迁青少年学校适应及其各维度在是否为独生子女上没有显著差异。

7.易地搬迁青少年学校适应在学习成绩上的差异分析

为探讨易地搬迁青少年学校适应在学习成绩上的差异，以学校适应为因变量，学习成绩为自变量，采用单因素方差分析方法进行差异检验，结果见表4-12。

表4-12　易地搬迁青少年学校适应在学习成绩上的差异分析（M±SD）

维度	学习成绩			F	LSD
	①差（n＝203）	②中（n＝248）	③好（n＝99）		
学业适应	12.30±3.98	14.82±3.31	15.30±3.21	36.514***	③②>①
新家庭学习环境适应	9.52±2.81	10.56±2.76	9.96±2.47	8.235***	②>①
师生关系适应	11.21±4.00	12.48±3.70	12.62±3.90	7.430***	③②>①
同伴关系适应	12.45±3.97	13.64±4.02	14.56±3.96	10.340***	③②>①
学校适应总分	45.48±11.15	51.50±10.20	52.43±9.84	23.231***	③②>①

表4-12显示，易地搬迁青少年学校适应在学习成绩上有显著差异，主要表现在学习成绩比较好和中等的青少年，其学业适应、师生关系适应、同伴关系适应和学校适应总分显著高于学习成绩比较差的青少年；在新家庭学习环境适应上，学习成绩中等青少年的新家庭学习环境适应得分显著高于学习成绩比较差的青少年。具体的趋势分布如图4-5所示。

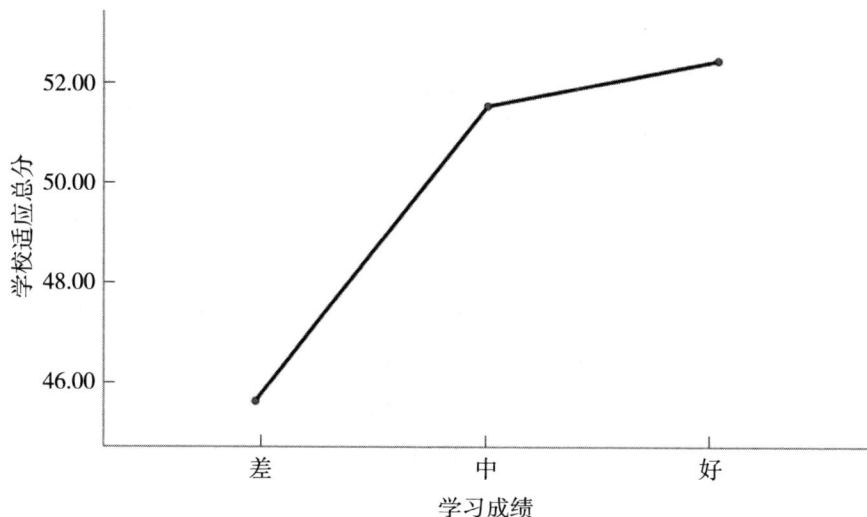

图4-5　易地搬迁青少年学校适应总分在学习成绩上的趋势分布图

8. 易地搬迁青少年学校适应在父亲文化程度上的差异分析

为探讨易地搬迁青少年学校适应在父亲文化程度上的差异，以学校适应为因变量，父亲文化程度为自变量，采用单因素方差分析方法进行差异检验，结果见表4-13。

表4-13 易地搬迁青少年学校适应在父亲文化程度上的差异分析（M±SD）

维度	初中及以下（n=458）	高中（n=69）	大专及以上（n=23）	F
学业适应	14.06±3.73	13.54±4.11	13.70±3.66	0.641
新家庭学习环境适应	10.12±2.81	9.71±2.54	10.13±2.62	0.670
师生关系适应	11.91±3.99	12.54±2.76	12.96±3.30	1.437
同伴关系适应	13.32±4.10	13.28±3.73	14.43±4.22	0.840
学校适应总分	49.42±11.07	49.06±10.54	51.22±9.03	0.347

表4-13显示，易地搬迁青少年学校适应及其各维度在父亲文化程度上没有显著差异。

9. 易地搬迁青少年学校适应在母亲文化程度上的差异分析

为探讨易地搬迁青少年学校适应在母亲文化程度上的差异，以学校适应为因变量，母亲文化程度为自变量，采用单因素方差分析方法进行差异检验，结果见表4-14。

表4-14 易地搬迁青少年学校适应在母亲文化程度上的差异分析（M±SD）

维度	①初中及以下（n=493）	②高中（n=42）	③大专及以上（n=15）	F	LSD
学业适应	13.98±3.72	14.10±3.81	13.53±5.46	0.124	
新家庭学习环境适应	9.99±2.74	10.88±2.61	10.27±3.86	2.027	
师生关系适应	11.89±3.93	12.98±3.17	14.07±3.86	3.625*	③>①
同伴关系适应	13.25±4.04	14.19±3.90	14.93±4.76	2.213	
学校适应总分	49.12±10.80	52.14±10.71	52.80±14.17	2.222	

表4-14显示，易地搬迁青少年学校适应及其各维度在母亲文化程度上的显著差异主要体现在师生关系适应上，母亲文化程度为大专及以上的青少年，其师生关系适应显著高于母亲文化程度为初中及以下的青少年。具体的趋势分布如图4-6所示。

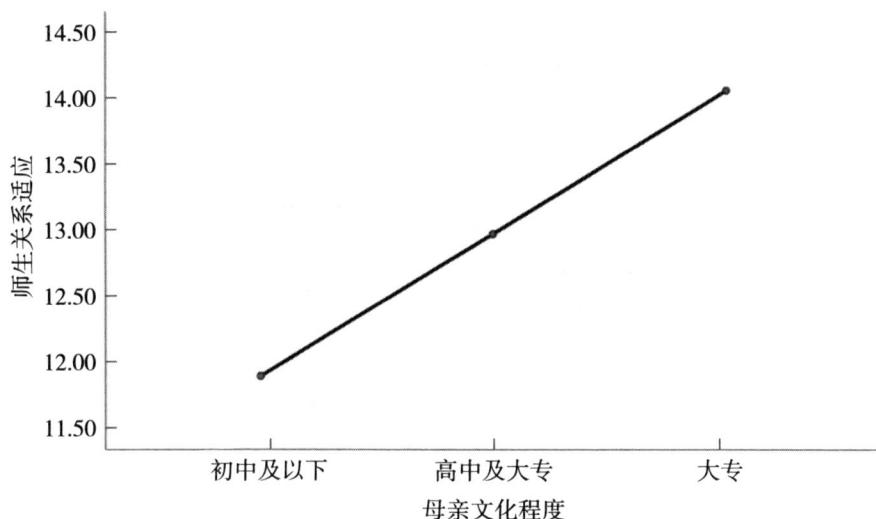

图4-6　易地搬迁青少年师生关系适应在母亲文化程度上的趋势分布图

10. 易地搬迁青少年学校适应在父母外出情况上的差异分析

为探讨易地搬迁青少年学校适应在父母外出情况上的差异，以学校适应为因变量，父母外出情况为自变量，采用单因素方差分析方法进行差异检验，结果见表4-15。

表4-15　易地搬迁青少年学校适应在父母外出情况上的差异分析（M±SD）

维度	父母外出情况				F
	父母都在家（n=246）	父母都在外（n=170）	父亲在外（n=90）	母亲在外（n=44）	
学业适应	13.83±3.99	14.29±3.45	13.88±3.78	13.82±3.79	0.577
新家庭学习环境适应	10.11±2.89	10.19±2.65	9.86±2.79	9.84±2.44	0.407
师生关系适应	12.09±4.01	11.98±3.89	12.31±3.86	11.41±3.31	0.553
同伴关系适应	13.44±4.17	13.49±3.81	13.27±4.24	12.61±4.01	0.607
学校适应总分	49.46±11.28	49.96±10.41	49.31±11.23	47.68±10.28	0.514

表4-15显示，易地搬迁青少年学校适应在父母外出情况上均没有显著差异。

11. 易地搬迁青少年学校适应在自评师生关系情况上的差异分析

为探讨易地搬迁青少年学校适应在自评师生关系情况上的差异，以学校适应为因变量，自评师生关系为自变量，采用单因素方差分析方法进行差异检验，结果见表4-16。

表4-16 易地搬迁青少年学校适应在自评师生关系情况上的差异分析（M±SD）

维度	自评师生关系			F	LSD
	①关系较好 (n=258)	②关系一般 (n=250)	③关系较差 (n=42)		
学业适应	14.88±3.53	13.60±3.66	10.67±3.77	27.193***	①>②>③
新家庭学习环境适应	10.23±2.85	10.06±2.64	9.14±2.88	2.803*	①②>③
师生关系适应	12.90±3.59	11.61±3.86	9.26±4.21	19.847***	①>②>③
同伴关系适应	14.23±3.87	13.00±3.98	10.21±3.81	21.021***	①>②>③
学校适应总分	52.25±10.45	48.27±10.48	39.29±8.98	31.241***	①>②>③

表4-16显示，易地搬迁青少年学校适应及其各维度在自评师生关系情况上有显著差异，认为师生关系好的青少年，其学校适应总分、学业适应得分、师生关系适应得分、同伴关系适应得分均高于认为师生关系一般和较差的青少年，同时认为师生关系一般的青少年的学校适应总分、学业适应得分、师生关系适应得分、同伴关系适应得分均高于认为师生关系较差的青少年；认为师生关系比较好和一般的青少年，其新家庭学习环境适应的得分均显著高于认为师生关系较差的青少年。具体的趋势分布如图4-7所示。

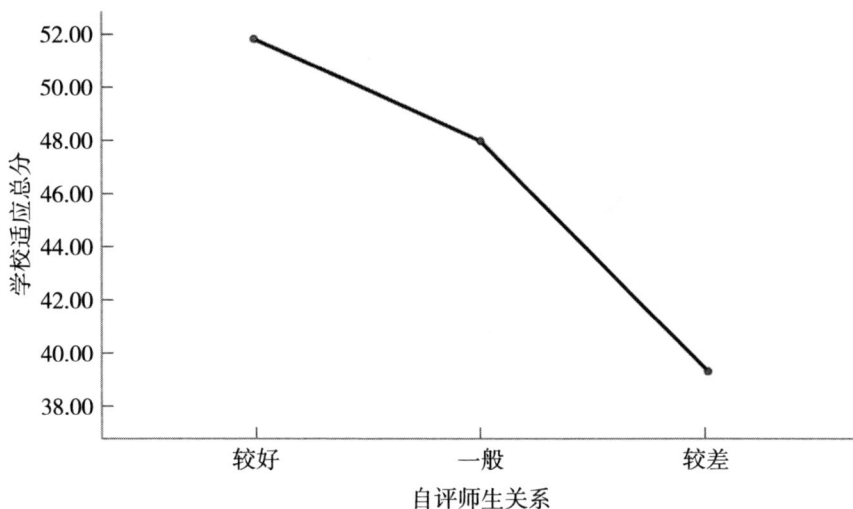

图4-7　易地搬迁青少年学校适应总分在自评师生关系上的趋势分布图

12. 易地搬迁青少年学校适应在自评同学关系情况上的差异分析

为探讨易地搬迁青少年学校适应在自评同学关系情况上的差异，以学校适应为因变量，自评同学关系为自变量，采用单因素方差分析方法进行差异检验，结果见表4-17。

表4-17　易地搬迁青少年学校适应在自评同学关系情况上的差异分析（M±SD）

维度	自评同学关系			F	LSD
	①关系较好（n=387）	②关系一般（n=152）	③关系较差（n=11）		
学业适应	14.37±3.63	13.08±3.93	12.64±4.59	7.244***	①>②
新家庭学习环境适应	10.27±2.72	9.69±2.75	8.18±3.66	5.119**	①>②③
师生关系适应	12.46±3.85	11.02±3.76	11.27±4.86	7.848***	①>②
同伴关系适应	14.21±3.77	11.47±3.88	9.91±5.63	32.236***	①>②③
学校适应总分	51.31±10.39	45.26±10.88	42.00±11.30	20.770***	①>②③

表4-17显示，易地搬迁青少年的学校适应及其各维度在自评同学关系情况上有显著差异。认为同学关系比较好的易地搬迁青少年，其学校适应总分、新家庭学习环境适应得分和同伴关系适应得分均显著高于认为同学关系一般和

较差的青少年。认为同学关系比较好的易地搬迁青少年，其学业适应得分和师生关系得分均显著高于认为同学关系一般的青少年。具体的趋势分布如图4-8所示。

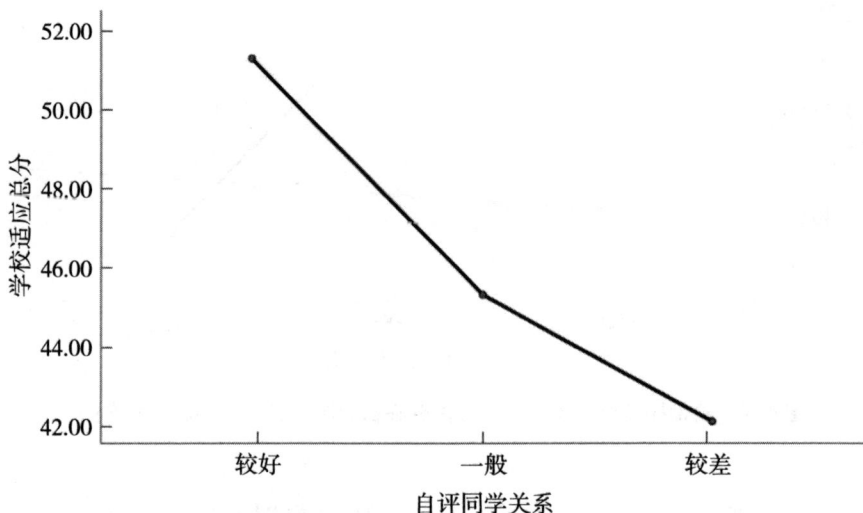

图4-8　易地搬迁青少年学校适应总分在自评同学关系上的趋势分布图

四、易地搬迁青少年学校适应特点的分析与讨论

在总体情况上，易地搬迁青少年学校适应整体上处于中等水平。这说明了易地搬迁青少年的学校适应良好，这与研究者郑丽娜等人（2014）、张翼（2014）、赵婷（2017）的研究结果一致。这可能与所选取的被试有关。对于易地搬迁青少年来说，家庭背景、生活经历等外在因素都大致相同，同学之间更容易沟通和相处，同伴关系更融洽，少有被排斥和歧视的现象，在这种环境中学习不会感到太大的压力。因此易地搬迁青少年学校适应整体处于中等水平。

易地搬迁青少年学校适应在性别上不存在显著差异。在这些研究中，国内的研究并没有得出统一的结论。郑丽娜等人（2014）、孙晓莉（2006）、宋晓燕（2012）的研究结论显示，学校适应在性别上存在显著差异，并且女生的学校适应高于男生。赵婷（2017）、张红艳（2014）的研究结果显示，学校适应在性别上不存在显著差异。其原因是虽然男、女生本身会存在差异，女生心思细腻，观察、语言表达和记忆能力强于男生，但对于学校适应来说，易地搬迁青少年到新的学习环境中，男、女生面临的适应问题都是相同的，他们同样会表现出各类的行为问题和适应问题，因此易地搬迁青少年学校适应在性别上不存在显著差异。

易地搬迁青少年学校适应在学段上存在显著差异。具体表现为小学生的学校适应高于初中生和高中生。这一研究与宋爱芬等（2007）、张娜（2019）、覃露（2019）的研究结果是一致的。其原因是，易地搬迁青少年到了一个新的环境后，他们开始模仿周围同学的学习方式来适应学习。小学生年龄比较小，模仿能力较强，他们很快就能适应新的环境。而初、高中生已步入了青春期，他们羞于去模仿，所以融入新学校的速度比小学生还要慢；并且初、高中阶段比小学阶段的学业压力大、学业任务重。因此初、高中学生的学校适应状况比小学生要差。

易地搬迁青少年学校适应在是否为班干部上存在显著差异，且班干部学生的学校适应高于非班干部学生，这一研究与郑丽娜等人（2014）的研究结果是一致的。其原因是：班干部是班主任通过民主方式选举产生的，他们通常具有性格比较活泼、交往广泛等特点，与同学、老师有更多的交流，因此班干部学生比非班干部学生能更快适应学校。

易地搬迁青少年学校适应在学习氛围与秩序上存在显著差异。具体表现为除了新家庭学习环境适应维度在学习氛围与秩序上不存在显著差异外，其他各维度均存在显著差异，总体情况为学习氛围与秩序越好，青少年学校适应就越好。其原因是易地搬迁青少年到了新环境后，家庭的学习环境、家长对青少年的学习态度大体相同。因此，新家庭学习环境适应维度在学习氛围与秩序上不存在显著差异，在学校里，青少年会根据学校的学习氛围与秩序的好坏来适应学校，青少年对学校的氛围感知好，就会越快适应学校。

第五章

易地搬迁青少年的学业状况

一般情况下，从影响青少年的学业表现和学习体验两个方面来研究青少年学业状况，这就包括了学习沉醉感和积极学业情绪两方面。学习沉醉感更多指的是学生在学习过程中对任务的专注和沉浸，这种状态可以显著提高学习效果和学业成就。积极学业情绪则涉及学生在学习过程中体验到的愉悦、满足和自信等情感，这些情绪不仅能增强学习动机，还能改善心理健康和学业表现。综合学习沉醉感和积极学业情绪两个方面，能够比较全面地理解青少年在学业上的表现和挑战。

一、学习沉醉感概述

1. 学习沉醉感的概念界定

沉醉感是与体验相联系的一种心理现象，国内对沉醉感这一概念的研究甚少。这一概念最早是由学者于20世纪60年代提出来的，也称其为最佳体验，他认为沉醉感或沉浸感是人们对某一活动或事物表现出浓厚的兴趣并能推动个体完全投入某项活动或事物的一种情绪体验（Carr, 2013）。Lohn（2004）认为沉醉感是指一个人完全沉浸在某种活动当中而无视其他事物存在的状态，以对当前活动的集中注意力、意识和行为的融合、失去自我意识、时间知觉扭曲等为主要特点。

综上所述，学习沉醉感是指一个人对当前学习任务集中精力、专心致志、完全沉浸在学习活动中而不受其他事物的影响。

2. 学习沉醉感的相关研究

目前，国内外对于沉醉感的研究主要集中在虚拟空间中的沉醉感，如网络成瘾、网络游戏、网络购物等，以及沉醉感出现的影响因素。而对于现实生活中的沉醉感研究很少。在现实生活中，沉醉感主要体现在与人际沟通、休闲或体育活动的关系上。在网络成瘾上，沉醉感得分与网络游戏和网络社交呈显著正相关，且结构方程模型的结果表明沉醉感也可以显著预测网络游戏成瘾和网络社交成瘾（Chuang，2006）。魏华等人（2016）研究证实了沉醉感对网络成瘾的显著预测作用。

网络游戏中的沉浸式体验可以使玩家更专注于游戏，网络游戏中的沉浸体验感越强烈，那么玩家就会再次想要参加游戏，两者呈显著正相关（石海梅，2005）。在网络购物上，丛芳的研究发现网络购物中沉浸式体验程度越高，那么其购买行为也越高，两者呈显著正相关（丛芳，2008）。对于沉醉感出现的影响因素，早期沉浸理论认为挑战与技巧是影响沉醉感的主要因素，如果挑战太高，参与者对环境缺少控制能力，会产生焦虑或挫折感；反之，挑战太低，参与者会觉得无聊甚至失去兴趣，沉醉状态则主要发生在两者平衡的情况下（陶侃，2009）。有研究者在自我决定的理论框架下探讨了沉醉感的产生——自我决定理论认为自主需要是个体一项重要的基本需要，自主需要的满足程度越高，个体相应的内部动机和行为倾向水平就会越高（刘丽虹 等，2010）。

二、积极学业情绪概述

1. 积极学业情绪的概念界定

学业情绪这一概念是由德国心理学家Pekrun等人在2002年正式提出的，学业情绪指的是与学生的学业活动与学业结果直接相关的情绪体验。俞国良和董妍（2005）的研究指出学业情绪指学生学业成功或失败和在课堂学习过程的各种情绪体验，学业情绪又被划分为积极学业情绪和消极学业情绪。积极学业情绪是一种能够反映与环境相关的愉快情感，高兴、喜悦、满足等（Lee，1989）。在教育背景下，学业情绪是指学生的情绪，指在教学或学习过程中，与学生学业相关的各种情绪体验，高兴、厌倦、气愤等都是学业情绪。根据唤醒度划分，积极的学业情绪可分为积极高唤醒学业情绪（如高兴、自豪）和积极低唤醒学业情绪（如满足、平静）(董妍 等，2007)。

综上所述，积极学业情绪为学生在教学和学习过程中产生的有利于学习动机的产生，自主学习能力提升的正性情绪，如高兴、自豪、满足等。

2. 积极学业情绪的相关研究

学者们关于学业情绪的研究主体主要是大学阶段和中学阶段学生，关于青少年学业情绪的研究比较多，主要是关于学业情绪与其他变量关系的相关研究。

关于积极学业情绪人口学变量方面的研究。性别上，有学者的研究是女生比男生体验到更多的积极学业情绪（钱玲，2013；王雪，2019)，而王妍(2009)和高龙娟(2018)的研究中学业情绪没有显著的性别差异。学段上，不同学段的学生在积极学业情绪上有显著差异，初中生体验到的积极学业情绪多于高中生（钱玲，2013)。是否为班干部上，高龙娟(2018)的研究显示担任班干部学生的积极学业情绪明显高于非班干部学生。

关于学业情绪的影响因素包括了自我评价、控制能力、成就目标、社会环境、学校、教师、家长、同伴等（李春荣，2019)。Pekrun(2002)的学业情绪"控制—价值"理论指出环境会对个体的学业情绪产生影响，个体对学习过程的自控能力和自身对学习活动的价值评估也会影响学业情绪的产生。当学生认为自己目前的学习是有价值的，通过自己的努力可以促进学习，取得好成绩，他们会体验到成功的喜悦，从而获得更多的积极情绪。个人的成就目标也影响着学业情绪，心理健康、学习投入等与积极学业情绪的产生显著相关（魏茜 等，2018；冯春莹 等，2017；王庆玲，2019)。有研究指出，个体的学业情绪同时受到来自家庭和学校的影响，其中包括班级环境与课堂氛围等（徐先彩，2009)。徐速(2013)的研究发现学业情绪与家庭因素存在相关性，家庭支持与积极学业情绪存在显著正相关。在学校环境中，学校适应与积极学业情绪显著正相关（陈懋慈，2019)，班级中学习环境对学习成功感有非常重要的作用（汪品淳，2012)，学校的氛围能够正向预测积极学业情绪（李文桃，2017)。

三、研究设计

1. 研究被试

研究被试同第一章。

2. 研究工具

学习沉醉感问卷。采用雷雳、马晓辉等人于2011年编制的《学习沉醉感问卷》，该量表包括四个维度：学习目标清晰（包括题目2、5、8）、投入体验和享受（包括题目1、6、7、12）、自我意识减弱（包括题目3、9、10）、时间感知扭曲（包括题目4、11），采用5点评分法，即"从未体验过"到"总是体验到"记为1~5。将量表全部题项得分累加起来计算平均数得到量表题项平均值，这从整体上表示该儿童能在学习过程中体验到沉醉感的程度，如果得分较高说明其更享受学习的过程，能通过学习体验到更多的积极情感。该量表的Cronbach's α为0.85，具有较好内部信度。

积极学业情绪问卷。采用董妍和俞国良（2007）编制的学业情绪问卷，该问卷包括积极高唤醒、积极低唤醒、消极高唤醒、消极低唤醒四类学业情绪，共72个题项。本次采用积极高唤醒学业情绪16个题项，自豪（包括题目4、16、23、25、30）、高兴（包括题目1、5、10、12、13、19、24）、希望（包括题目3、8、9、26）；积极低唤醒学业情绪14个题项，满足（包括题目2、6、7、18、27）、平静（包括题目11、14、15、17）、放松（包括题目20、21、22、28、29）。一共30个题项。问卷的计分方式采用5点计分，从1（完全不符合）到5（完全符合）。数值越大，表明情绪体验强度越高。在本研究中，该量表的Cronbach's α为0.87。

四、易地搬迁青少年学习沉醉感的特点

1. 易地搬迁青少年学习沉醉感的基本状况

为了更好地了解易地搬迁青少年学习沉醉感的基本情况，对易地搬迁青少年学习沉醉感及各维度进行描述性统计，结果见表5-1。

表5-1   易地搬迁青少年学习沉醉感的基本状况（n=550）

维度	平均数	标准差	每题平均数
学习目标清晰	9.97	2.94	3.32
投入体验和享受	13.09	4.15	3.27
自我意识减弱	8.71	3.34	2.90
时间感扭曲	7.01	2.24	3.52
学习沉醉感总分	38.77	10.22	3.23

表5-1显示，易地搬迁青少年学习沉醉感总分的平均数为38.77，每题平均数为3.23。《学习沉醉感量表》采用5点计分方式，则理论中值为3。从数据分析上看青少年学习沉醉感题项平均数略高于理论值，这说明易地搬迁青少年学习沉醉感处于中等偏上水平。

根据易地搬迁青少年学习沉醉感总分的平均数绘制出频数分布的直方图，见图5-1。

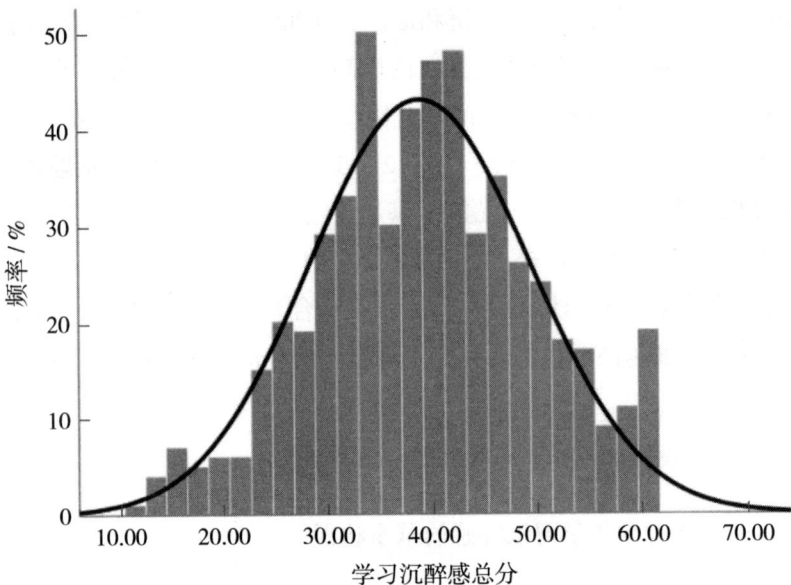

图5-1   易地搬迁青少年学习沉醉感总分的总体情况分布图

从图5-1可以看出易地搬迁青少年学习沉醉感总分基本呈正态分布，偏度为 –0.037，峰度为 –0.297。

2. 易地搬迁青少年学习沉醉感在性别上的差异分析

为探讨易地搬迁青少年学习沉醉感在性别上的差异，以学习沉醉感及各维度为因变量，性别为自变量，采用独立样本 t 检验的方法对不同性别的易地搬迁青少年学习沉醉感进行差异检验，结果见表5-2。

表5-2　易地搬迁青少年学习沉醉感在性别上的差异分析（M±SD）

维度	男性（n=231）	女性（n=319）	t	p
学习目标清晰	9.90±3.14	10.02±2.80	−0.46	0.645
投入体验和享受	12.40±4.47	13.59±3.83	−3.29	0.001
自我意识减弱	8.62±3.54	8.77±3.18	−0.53	0.597
时间感知扭曲	6.86±2.38	7.12±2.13	−1.31	0.191
学习沉醉感总分	37.77±11.08	39.50±9.49	−1.92	0.056

表5-2显示，易地搬迁青少年学习沉醉感中的投入体验和享受在性别上有显著差异（$p < 0.05$），即女生的投入体验和享受高于男生，易地搬迁青少年学习沉醉感总分、学习目标清晰、自我意识减弱、时间感知扭曲在性别上无显著差异（$p > 0.05$）。

3. 易地搬迁青少年学习沉醉感在学段上的差异分析

为探讨易地搬迁青少年学习沉醉感在学段上的差异，以学习沉醉感及各维度为因变量，学段为自变量，采用单因素方差分析方法进行差异检验，结果见表5-3。

表5-3　易地搬迁青少年学习沉醉感在学段上的差异分析（M±SD）

维度	学段			F	POST HOC
	①小学（n=136）	②初中（n=271）	③高中（n=143）		
学习目标清晰	9.86±3.97	9.93±2.52	10.14±2.52	0.37	
投入体验和享受	12.40±5.27	12.97±3.77	13.96±3.46	5.22**	①②<③
自我意识减弱	8.57±4.03	8.45±3.04	9.33±3.07	3.42*	②<③
时间感知扭曲	6.33±2.59	6.95±2.07	7.77±1.95	15.34***	①<②<③
学习沉醉感总分	37.15±14.00	38.31±8.58	41.20±8.25	6.15**	①②<③

表5-3显示，除了学习目标清晰在学段上无显著差异（$p>0.05$）外。易地搬迁青少年学习沉醉感与其他维度在学段上均有显著差异（$p<0.05$），且小学生和初中生的学习沉醉感小于高中生，在自我意识减弱和时间感知扭曲中，初中生的学习沉醉感小于高中生，且小学生的时间感扭曲小于初中生和高中生；在投入体验和享受中，小学生和初中生的学习沉醉感小于高中生。具体的趋势分布如图5-2所示。

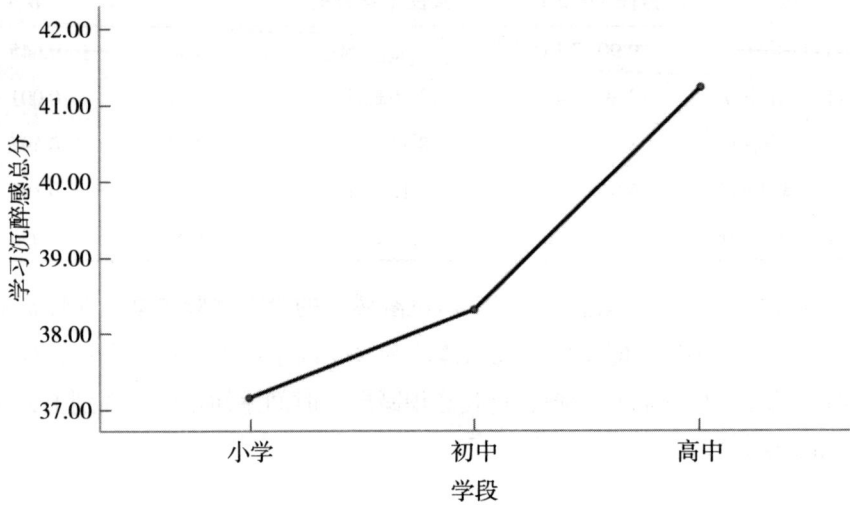

图5-2　易地搬迁青少年学习沉醉感总分在学段上的趋势分布图

4. 易地搬迁青少年学习沉醉感在是否为班干部上的差异分析

为探讨易地搬迁青少年学习沉醉感在是否为班干部上的差异，以学习沉醉感及各维度为因变量，是否为班干部为自变量，采用独立样本t检验的方法进行差异检验，结果见表5-4。

表5-4　易地搬迁青少年学习沉醉感在是否为班干部上的差异分析（M±SD）

维度	班干部（n=133）	非班干部（n=417）	t	p
学习目标清晰	10.49±2.94	9.80±2.93	2.37	0.018
投入体验和享受	14.05±4.19	12.78±4.10	3.07	0.002
自我意识减弱	8.52±3.26	8.77±3.36	−0.76	0.450
时间感知扭曲	7.07±2.34	6.99±2.21	0.34	0.737
学习沉醉感总分	40.12±9.96	38.35±10.27	1.75	0.081

表5-4显示，班干部学生的学习目标清晰和投入体验和享受显著高于非班干部学生；自我意识减弱、时间感知扭曲、学习沉醉感在是否为班干部上无显著差异。

5. 易地搬迁青少年学习沉醉感在学习氛围与秩序上的差异分析

为探讨易地搬迁青少年学习沉醉感在学习氛围与秩序上的差异，以学习沉醉感及各维度为因变量，学习氛围与秩序为自变量，采用单因素方差分析进行差异检验，结果见表5-5。

表5-5　易地搬迁青少年学习沉醉感在学习氛围与秩序上的差异分析（M±SD）

维度	学习氛围与秩序			F	POST HOC
	①较好 （n=313）	②一般 （n=206）	③较差 （n=31）		
学习目标清晰	10.21±2.95	9.74±2.83	8.94±3.34	3.70*	①>③
投入体验和享受	13.74±4.08	12.47±3.87	10.58±5.12	12.33***	①②>③
自我意识减弱	8.77±3.35	8.64±3.19	8.52±3.38	0.15	
时间感知扭曲	7.19±2.21	6.88±2.19	6.00±2.53	4.68**	①②>③
学习沉醉感总分	39.93±10.25	37.73±9.72	34.03±11.29	6.56**	①>②③

表5-5显示，除了自我意识减弱在学校的学习氛围与秩序上无显著差异（$p>0.05$）外。易地搬迁青少年学习沉醉感与其他维度在学校的学习氛围与秩序上均有显著差异（$p<0.05$），在投入体验和享受、时间感知扭曲中，较好和一般的学习氛围与秩序高于较差的；在学习目标清晰维度中，较好的学习氛围与秩序高于较差的；同时在少年学习沉醉感中，较好的学习氛围与秩序高于一般和较差的。具体的趋势分布如图5-3所示。

6. 易地搬迁青少年学习沉醉感在是否为独生子女上的差异分析

为探讨易地搬迁青少年学习沉醉感在是否为独生子女上的差异，以学习沉醉感为因变量，是否为独生子女为自变量进行独立样本t检验，结果见表5-6。

表5-6显示，易地搬迁青少年学习沉醉感及其各维度在是否独生子女上没有显著差异。

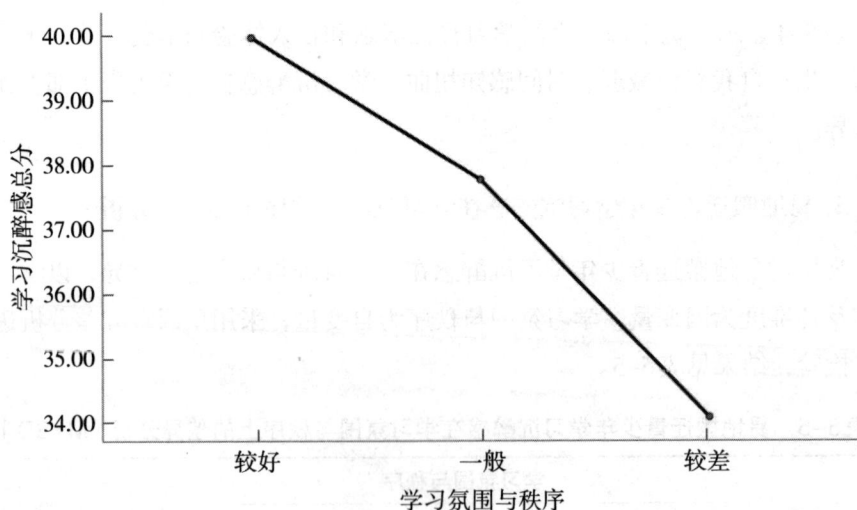

图5-3　易地搬迁青少年学习沉醉感总分在学习氛围与秩序上的趋势分布图

表5-6　易地搬迁青少年学习沉醉感在是否为独生子女上的差异分析（M±SD）

维度	独生子女（n=35）	非独生子女（n=515）	t	p
学习目标清晰	10.06±3.17	9.96±2.93	0.190	0.849
投入体验和享受	13.83±4.19	13.04±4.15	1.089	0.277
自我意识减弱	8.83±3.94	8.70±3.29	0.219	0.827
时间感知扭曲	6.86±2.38	7.02±2.23	−0.420	0.675
学习沉醉感总分	39.57±10.58	38.72±10.20	0.477	0.634

7. 易地搬迁青少年学习沉醉感在学习成绩上的差异分析

为探讨易地搬迁青少年学习沉醉感在学习成绩上的差异，以学习沉醉感为因变量，学习成绩为自变量，采用单因素方差分析方法进行差异检验，结果见表5-7。

表5-7　易地搬迁青少年学习沉醉感在学习成绩上的差异分析（M±SD）

维度	学习成绩			F	LSD
	①差（n=387）	②中（n=152）	③好（n=11）		
学习目标清晰	9.26±3.06	10.08±2.85	11.12±2.49	14.413***	③>②>①
投入体验和享受	11.51±4.22	13.61±3.87	15.01±3.54	30.104***	③>②>①

维度	学习成绩			F	LSD
	①差 (n=387)	②中 (n=152)	③好 (n=11)		
自我意识减弱	8.27±3.33	8.88±3.35	8.96±3.28	1.643	
时间感知扭曲	6.59±2.42	7.15±2.06	7.53±2.15	6.917***	②③>①
学习沉醉感总分	35.73±10.58	39.73±9.69	42.62±8.98	18.187***	③>②>①

表5-7显示，易地搬迁青少年学习沉醉感及其维度在学习成绩上有显著差异，主要体现在学习沉醉感总分、学习目标清晰、投入体验和享受及时间感扭曲上。学习成绩比较好的青少年，其学习沉醉感、学习目标清晰、投入体验和享受的得分高于学习成绩中等和比较差的；学习成绩中等的青少年，其学习沉醉感、学习目标清晰、投入体验和享受的得分高于学习成绩比较差的。在时间感知扭曲上，学习成绩中等和较好的青少年，其得分显著高于学习成绩比较差的。具体的趋势分布如图5-4所示。

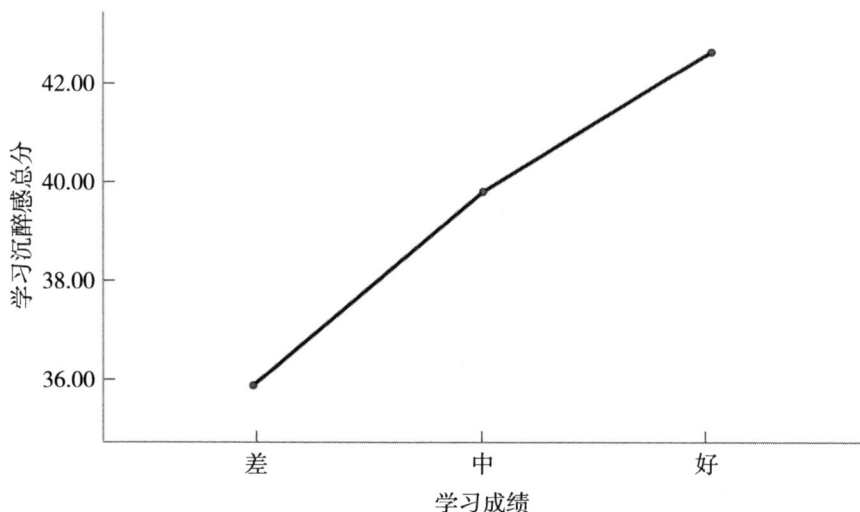

图5-4　易地搬迁青少年学习沉醉感总分在学习成绩上的趋势分布图

8. 易地搬迁青少年学习沉醉感在父亲文化程度上的差异分析

为探讨易地搬迁青少年学习沉醉感在父亲文化程度上的差异，以学习沉醉感为因变量，父亲文化程度为自变量，采用单因素方差分析方法进行差异检验，结果见表5-8。

表5-8 易地搬迁青少年学习沉醉感在父亲文化程度上的差异分析（M±SD）

维度	父亲文化程度			F
	初中及以下（n=458）	高中（n=69）	大专及以上（n=23）	
学习目标清晰	10.01±2.91	9.99±2.93	8.96±3.46	1.416
投入体验和享受	13.14±4.23	13.06±3.60	12.17±4.18	0.594
自我意识减弱	8.76±3.35	8.68±3.21	7.70±3.44	1.127
时间感知扭曲	7.05±2.22	7.06±2.17	6.13±2.63	1.864
学习沉醉感总分	38.97±10.25	38.78±9.48	34.96±11.35	1.690

表5-8显示，易地搬迁青少年学习沉醉感在父亲文化程度上均没有显著差异。

9. 易地搬迁青少年学习沉醉感在母亲文化程度上的差异分析

为探讨易地搬迁青少年学习沉醉感在母亲文化程度上的差异，以学习沉醉感为因变量，母亲文化程度为自变量，采用单因素方差分析方法进行差异检验，结果见表5-9。

表5-9 易地搬迁青少年学习沉醉感在母亲文化程度上的差异分析（M±SD）

维度	母亲文化程度			F
	初中及以下（n=493）	高中（n=42）	大专及以上（n=15）	
学习目标清晰	9.97±2.88	9.79±3.34	10.33±3.87	0.196
投入体验和享受	13.04±4.13	13.19±4.54	14.27±3.69	0.643
自我意识减弱	8.71±3.33	8.19±3.34	10.27±3.35	2.153
时间感知扭曲	7.03±2.23	6.67±2.20	7.33±2.61	0.670
学习沉醉感总分	38.75±10.08	37.83±11.72	42.20±10.35	1.023

表5-9显示，易地搬迁青少年学习沉醉感在母亲文化程度上均没有显著差异。

10. 易地搬迁青少年学习沉醉感在父母外出情况上的差异分析

为探讨易地搬迁青少年学习沉醉感在父母外出情况上的差异，以学习沉醉感为因变量，父母外出情况为自变量，采用单因素方差分析方法进行差异检验，结果见表5-10。

表5-10　易地搬迁青少年学习沉醉感在父母外出情况上的差异分析（M±SD）

维度	父母外出情况				F
	父母都在家（n=246）	父母都在外（n=170）	父亲在外（n=90）	母亲在外（n=44）	
学习目标清晰	10.18±2.97	9.89±2.79	9.86±3.04	9.27±3.11	1.322
投入体验和享受	13.22±4.26	12.94±4.01	13.14±4.24	12.82±3.97	0.220
自我意识减弱	8.94±3.49	8.65±3.12	8.58±3.44	7.91±3.02	1.298
时间感知扭曲	7.20±2.23	6.97±2.06	6.86±2.44	6.45±2.44	1.630
学习沉醉感总分	39.53±10.58	38.46±9.59	38.43±10.42	36.45±9.96	1.298

表5-10显示，易地搬迁青少年学习沉醉感在父母外出情况上均没有显著差异。

11. 易地搬迁青少年学习沉醉感在自评师生关系情况上的差异分析

为探讨易地搬迁青少年学习沉醉感在自评师生关系情况上的差异，以学习沉醉感为因变量，自评师生关系为自变量，采用单因素方差分析方法进行差异检验，结果见表5-11。

表5-11　易地搬迁青少年学习沉醉感在自评师生关系情况上的差异分析（M±SD）

维度	自评师生关系			F	LSD
	①关系较好（n=258）	②关系一般（n=250）	③关系较差（n=42）		
学习目标清晰	10.39±2.95	9.71±2.85	8.90±3.03	6.469**	①>②③
投入体验和享受	13.86±4.02	12.79±4.00	10.14±4.43	16.511***	①>②>③
自我意识减弱	8.82±3.31	8.71±3.32	8.00±3.54	1.097	
时间感知扭曲	7.23±2.17	6.98±2.21	5.86±2.53	7.028***	①②>③
学习沉醉感总分	40.30±10.37	38.19±9.71	32.90±9.95	10.573***	①>②>③

表5-11显示，易地搬迁青少年的学习沉醉感及其他各维度在自评师生关系情况上有显著差异，易地搬迁青少年自认为师生关系比较好的，其学习沉醉感总分、学习投入体验和享受得分均显著高于师生关系一般的和较差的青少年，同时自评师生关系一般的青少年，其学习沉醉感总分、学习投入体验和享受得分显著高于师生关系较差的；自评师生关系较好的青少年，其学习目标清晰得分显著高于师生关系一般和较差的；自评师生关系较好和一般的青少年，其时

间感知扭曲得分显著高于师生关系较差的。具体的趋势分布如图5-5所示。

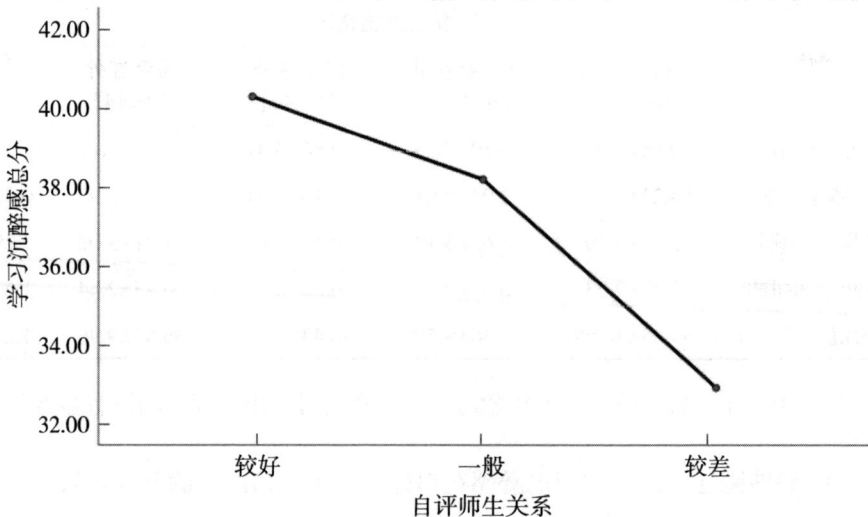

图5-5　易地搬迁青少年学习沉醉感总分在自评师生关系上的趋势分布图

12. 易地搬迁青少年学习沉醉感在自评同学关系情况上的差异分析

为探讨易地搬迁青少年学习沉醉感在自评同学关系情况上的差异，以学习沉醉感为因变量，自评同学关系为自变量，采用单因素方差分析方法进行差异检验，结果见表5-12。

表5-12　易地搬迁青少年学习沉醉感在自评同学关系情况上的差异分析（M±SD）

维度	自评同学关系			F	LSD
	①关系较好（n=387）	②关系一般（n=152）	③关系较差（n=11）		
学习目标清晰	10.18±2.99	9.57±2.69	8.00±3.63	4.939**	①>②③
投入体验和享受	13.48±4.13	12.18±4.06	11.91±4.23	5.934**	①>②
自我意识减弱	8.80±3.34	8.45±3.25	9.18±4.21	0.717	
时间感知扭曲	7.18±2.19	6.64±2.28	6.18±2.64	4.023*	①>②
学习沉醉感总分	39.64±10.40	36.83±9.43	35.27±10.76	4.854**	①>②

表5-12显示，除了自我意识减弱维度，易地搬迁青少年的学习沉醉感及其他维度在自评同学关系情况上有显著差异，认为同学关系比较好的易地搬迁青少年，其学习沉醉感总分、投入体验和享受得分以及时间感知扭曲得分均显著

高于同学关系一般的青少年；认为同学关系比较好的易地搬迁青少年，其学习目标清晰得分均显著高于同学关系一般和较差的青少年。具体的趋势分布如图5-6所示。

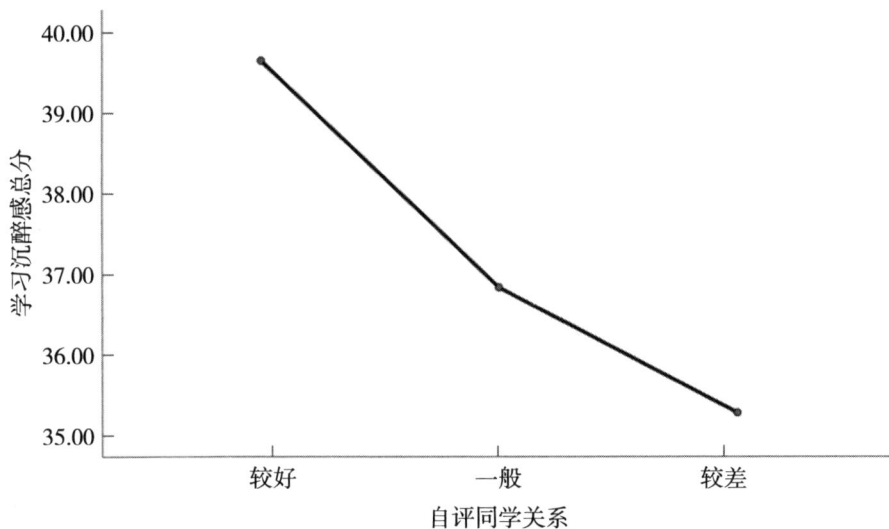

图5-6　易地搬迁青少年学习沉醉感总分在自评同学关系上的趋势分布图

五、易地搬迁青少年积极学业情绪的特点

1. 易地搬迁青少年积极学业情绪的基本状况

为了更好地了解易地搬迁青少年积极学业情绪的基本情况，对易地搬迁青少年积极学业情绪及其各维度进行描述统计，结果见表5-13。

表5-13　易地搬迁青少年积极学业情绪基本状况（n=550）

维度	平均数	标准差	每题平均数
自豪	14.15	4.81	2.83
高兴	26.39	5.65	3.77
希望	15.23	3.34	3.81
满足	14.27	4.35	2.85
平静	14.00	3.51	3.50
放松	15.31	4.92	3.06

续表

维度	平均数	标准差	每题平均数
积极高唤醒学业情绪	55.57	11.57	3.47
积极低唤醒学业情绪	43.58	11.21	3.11
积极学业情绪总分	99.34	20.89	3.31

表5-13显示，易地搬迁青少年积极学业情绪总分的平均数为99.34，积极学业情绪问卷采用的是5级计分，理论中值为3，积极学业情绪总分每题平均数为3.31，平均数略高于检验值，其余各因子的平均数在3左右。这说明易地搬迁青少年的积极学业情绪处于中等水平。

根据易地搬迁青少年积极学业情绪总分的平均数绘制出次数分布的直方图，见图5-7。

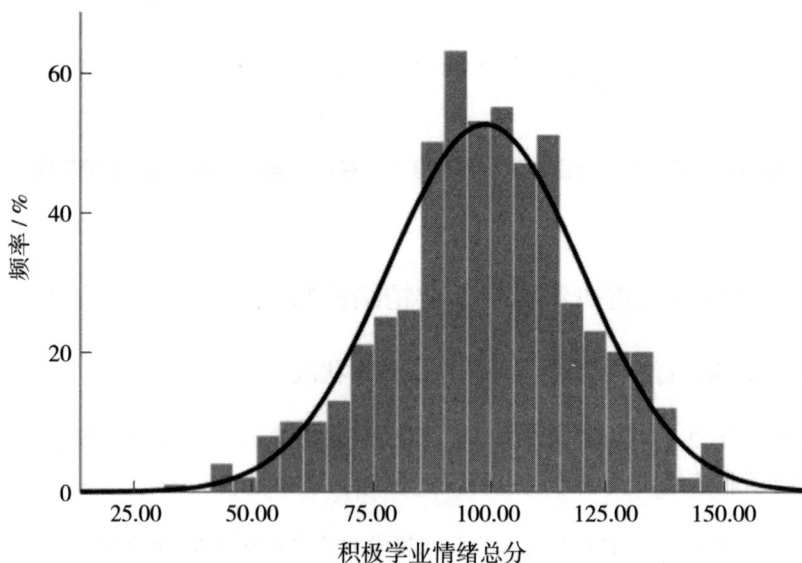

图5-7 易地搬迁青少年积极学业情绪总分的总体情况分布图

从图5-7可以看出易地搬迁青少年积极学业情绪总分呈负偏态分布，偏度为-0.175，峰度为0.098。

2. 易地搬迁青少年积极学业情绪在性别上的差异分析

以易地搬迁青少年积极学业情绪各维度及总分为因变量，性别为自变量进行独立样本 t 检验，结果如表5-14所示。

表5-14　易地搬迁青少年积极学业情绪在性别上的差异分析（M±SD）

维度	男性（n=231）	女性（n=319）	t	p
自豪	14.23±4.96	14.08±4.72	0.366	0.715
高兴	25.39±6.31	27.11±5.00	−3.579	0.000
希望	14.70±3.63	15.61±3.05	−3.198	0.001
满足	14.61±4.73	14.03±4.04	1.572	0.117
平静	13.79±3.81	14.15±3.28	−1.170	0.242
放松	15.42±5.14	15.22±4.76	0.464	0.643
积极高唤醒学业情绪	54.32±12.91	56.81±10.40	−2.417	0.016
积极低唤醒学业情绪	43.83±12.05	43.40±10.57	0.446	0.656
积极学业情绪总分	98.14±23.53	100.20±18.74	−1.100	0.272

表5-14显示，易地搬迁青少年积极高唤醒学业情绪在性别上有显著差异（$p < 0.05$），即女生的积极高唤醒学业情绪显著高于男生；在积极低唤醒学业情绪、积极学业情绪方面均无显著的性别差异（$p > 0.05$）。这种性别差异主要体现在积极高唤醒学业情绪的高兴和希望两个因子，女生的高兴和希望得分显著高于男生。

3. 易地搬迁青少年积极学业情绪在学段上的差异分析

以易地搬迁青少年积极学业情绪各维度及总分为因变量，学段为自变量进行单因素方差分析，并对有显著差异的变量作事后检验，结果见表5-15。

表5-15　易地搬迁青少年积极学业情绪在学段上的差异分析（M±SD）

维度	学段			F	POST HOC
	①小学（n=136）	②初中（n=271）	③高中（n=143）		
自豪	14.12±5.56	13.51±4.46	13.37±4.50	7.126***	③>①②
高兴	25.80±6.81	26.11±5.24±	27.48±5.04	3.758*	③>①②
希望	14.84±3.78	15.12±3.19	15.80±3.10	3.233*	③>①②
满足	16.15±4.92	13.79±3.91	13.40±4.05	18.390***	①>②③
平静	14.66±4.18	13.59±3.32	14.15±3.07	4.467*	①>②
放松	17.43±5.41	14.81±4.45	14.22±4.71	18.675***	①>②③

续表

维度	学段			F	POST HOC
	①小学 （n=136）	②初中 （n=271）	③高中 （n=143）		
积极高唤醒学业情绪	54.76±13.49	54.74±10.71	58.65±10.75	6.138**	③>①②
积极低唤醒学业情绪	48.25±12.91	42.18±10.10	41.77±10.26	16.673***	①>②③
积极学业情绪总分	103.01±25.37	96.92±19.17	100.42±18.73	4.148*	①>②

表5-15显示，易地搬迁青少年积极学业情绪各维度及总分在学段上有显著差异（$p<0.05$）。进行事后检验后发现：在积极高唤醒学业情绪上，高中生的积极高唤醒学业情绪显著高于小学生和初中生，这种显著差异也体现在自豪、高兴、希望3个因子上，高中生的自豪、高兴和希望得分显著高于小学生和初中生。在积极低唤醒学业情绪上，小学生的积极低唤醒学业情绪显著高于初中生和高中生，具体体现在小学生的满足和放松两个因子的得分显著高于初中生和高中生，而小学生的平静因子得分显著高于初中生。在积极学业情绪上，小学生的积极学业情绪得分显著高于初中生。具体的趋势分布如图5-8所示。

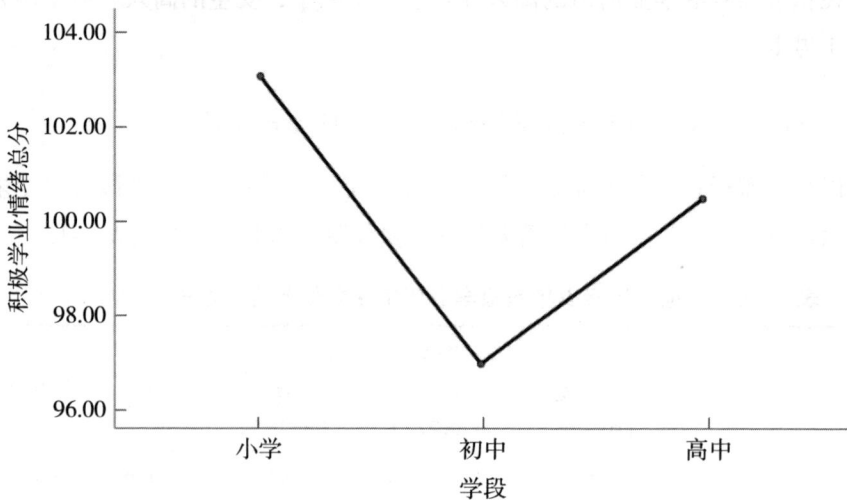

图5-8　易地搬迁青少年积极学业情绪总分在学段上的趋势分布图

4. 易地搬迁青少年积极学业情绪在是否为班干部上的差异分析

以易地搬迁青少年积极学业情绪各维度及总分为因变量，是否为班干部为自变量进行独立样本t检验，结果如表5-16所示。

表5-16 易地搬迁青少年积极学业情绪在是否为班干部上的差异分析（M±SD）

维度	班干部（n=133）	非班干部（n=417）	t	p
自豪	14.63±4.76	13.99±4.83	1.338	0.181
高兴	27.10±5.42	26.16±5.71	1.669	0.096
希望	15.82±3.25	15.04±4.24	2.361	0.019
满足	15.41±4.24	13.91±4.32	3.487	0.001
平静	14.64±3.40	13.79±3.53	2.426	0.016
放松	16.01±4.96	15.08±4.90	1.893	0.059
积极高唤醒学业情绪	57.55±10.72	55.19±11.79	2.053	0.041
积极低唤醒学业情绪	46.05±11.03	42.79±11.16	2.947	0.003
积极学业情绪总分	103.60±19.66	97.98±21.11	2.720	0.007

表5-16显示，易地搬迁青少年积极学业情绪各维度及总分均在是否为班干部上有显著差异（$p < 0.05$），具体表现为是班干部的青少年积极学业情绪水平显著高于非班干部的青少年。作为班干部的青少年其积极高唤醒学业情绪得分显著高于非班干部的青少年，主要是体现在希望因子上，是班干部的青少年希望因子得分显著高于非班干部青少年；作为班干部的青少年，其积极低唤醒学业情绪得分显著高于非班干部的青少年，主要体现在满足和平静因子上，班干部青少年的满足和平静因子得分显著高于非班干部青少年。

5. 易地搬迁青少年积极学业情绪在学习氛围与秩序上的差异分析

以易地搬迁青少年积极学业情绪各维度及总分为因变量，学习氛围与秩序为自变量进行单因素方差分析，并对存在显著差异的变量作事后检验，结果如表5-17所示。

表5-17 易地搬迁青少年积极学业情绪在学习氛围与秩序上的差异分析（M±SD）

维度	学习氛围与秩序			F	POST HOC
	①较好 （n=313）	②一般 （n=206）	③较差 （n=31）		
自豪	14.26±4.90	14.17±4.70	12.81±4.67	1.291	
高兴	27.13±5.30	26.07±5.28	20.97±8.03	18.444***	①>②>③
希望	15.68±3.26	14.88±3.08	12.90±4.47	12.003***	①>②>③

维度	学习氛围与秩序			F	POST HOC
	①较好 （n=313）	②一般 （n=206）	③较差 （n=31）		
满足	14.87±4.26	13.66±4.22	12.32±5.06	8.320***	①>②③
平静	14.58±3.41	13.52±3.34	11.29±3.97	16.288***	①>②>③
放松	15.99±5.00	14.72±4.56	12.29±5.03	10.616***	①>②>③
积极高唤醒学业情绪	57.08±11.29	55.13±10.76	44.68±15.16	12.370***	①②>③
积极低唤醒学业情绪	45.44±11.05	41.90±10.46	35.90±12.84	14.563***	①>②>③
积极学业情绪总分	102.51±20.52	97.03±19.24	82.58±25.42	15.642***	①>②>③

表5-17显示，除自豪维度外，易地搬迁青少年积极学业情绪各维度及总分均在学习氛围与秩序上有显著差异（$p < 0.05$）。对其进行事后检验发现，积极高唤醒学业情绪得分和满足得分上，学习氛围与秩序较好和一般的积极高唤醒学业情绪显著高于较差的。积极低唤醒学业情绪得分、积极学业情绪得分、高兴因子得分、希望因子得分、平静因子得分和放松因子得分上，学习氛围与秩序较好的易地搬迁青少年的得分均显著高于一般和较差的，学习氛围与秩序一般的高于较差的。具体的趋势分布如图5-9所示。

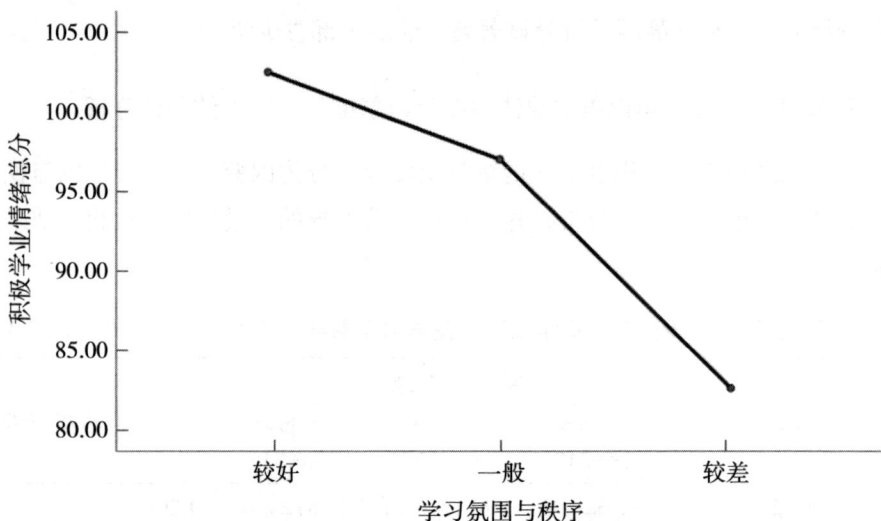

图5-9　易地搬迁青少年积极学业情绪总分在学习氛围与秩序上的趋势分布图

6. 易地搬迁青少年积极学业情绪在是否为独生子女上的差异分析

为探讨易地搬迁青少年积极学业情绪在是否为独生子女上的差异，以积极学业情绪为因变量，是否为独生子女为自变量进行独立样本 t 检验，结果见表5-18。

表5-18　易地搬迁青少年积极学业情绪在是否为独生子女上的差异分析（M±SD）

维度	独生子女（n=35）	非独生子女（n=515）	t	p
自豪	14.74±5.00	14.10±4.80	0.758	0.449
高兴	26.94±5.80	26.35±5.64	0.601	0.548
希望	14.83±3.92	15.25±3.30	−0.730	0.466
满足	14.80±4.38	14.24±4.35	0.741	0.459
平静	14.26±3.35	13.98±3.53	0.450	0.653
放松	16.29±4.72	15.24±4.93	1.218	0.224
积极高唤醒学业情绪	56.51±11.10	55.71±11.61	0.398	0.691
积极低唤醒学业情绪	45.34±10.80	43.46±11.24	0.964	0.336
积极学业情绪总分	101.86±18.76	99.17±21.03	0.737	0.461

表5-18显示，易地搬迁青少年积极学业情绪及其各维度在是否为独生子女上没有显著差异。

7. 易地搬迁青少年积极学业情绪在学习成绩上的差异分析

为探讨易地搬迁青少年积极学业情绪在学习成绩上的差异，以积极学业情绪为因变量，学习成绩为自变量，采用单因素方差分析方法进行差异检验，结果见表5-19。

表5-19　易地搬迁青少年积极学业情绪在学习成绩上的差异分析（M±SD）

维度	学习成绩			F	LSD
	①差（n＝203）	②中（n＝248）	③好（n＝99）		
自豪	13.33±4.70	14.28±4.83	15.49±4.72	7.083***	③>②>①
高兴	24.57±6.19	27.05±5.11	28.46±4.65	20.280***	③>②>①
希望	14.01±3.49	15.67±3.04	16.63±2.91	26.622***	③>②>①
满足	12.73±4.53	14.60±3.93	16.63±3.72	31.042***	③>②>①

续表

维度	学习成绩			F	LSD
	①差 (n=203)	②中 (n=248)	③好 (n=99)		
平静	13.15±3.70	14.35+3.27	14.85±3.40	10.365***	③②>①
放松	13.72±5.10	15.86±4.57	17.15±4.50	20.366***	③>②>①
积极高唤醒学业情绪	51.90±12.21	56.99±10.61	60.59±10.06	22.995***	③>②>①
积极低唤醒学业情绪	39.61±11.73	44.81±10.16	48.63±9.87	26.550***	③>②>①
积极学业情绪总分	91.51±21.72	101.80±18.89	109.21±18.24	29.894***	③>②>①

表5-19显示，易地搬迁青少年积极学业情绪及其各维度在学习成绩上有显著差异，在积极高唤醒学业情绪和积极低唤醒学业情绪方面都有所表现。学习成绩比较好的青少年，其积极高唤醒学业情绪得分、积极低唤醒学业情绪得分、自豪因子、高兴因子、希望因子、满足因子、平静因子和放松因子均显著高于学习成绩中等和比较差的；学习成绩中等的青少年，其积极高唤醒学业情绪得分、积极低唤醒学业情绪得分、自豪因子、高兴因子、希望因子、满足因子和放松因子均显著高于学习成绩比较差的。具体的趋势分布如图5-10所示。

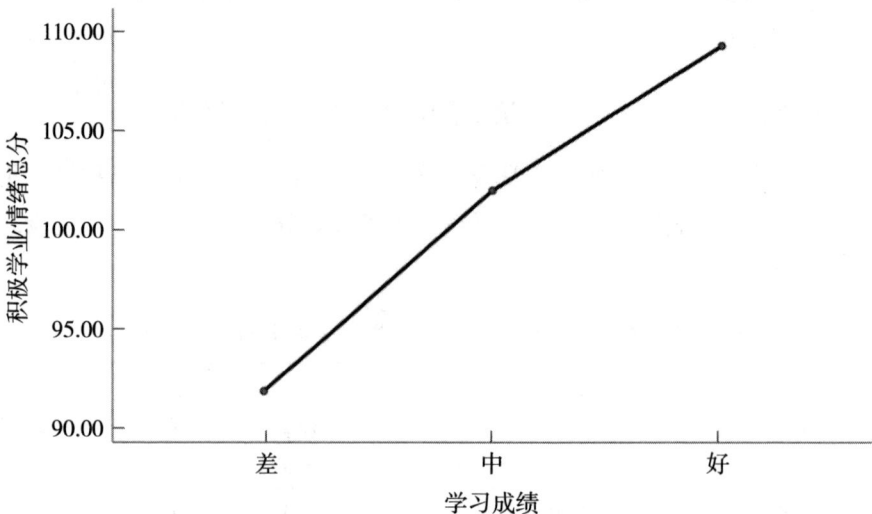

图5-10　易地搬迁青少年积极学业情绪在学习成绩上的趋势分布图

8. 易地搬迁青少年积极学业情绪在父亲文化程度上的差异分析

为探讨易地搬迁青少年积极学业情绪在父亲文化程度上的差异，以积极学业情绪为因变量，父亲文化程度为自变量，采用单因素方差分析方法进行差异检验，结果见表5-20。

表5-20　易地搬迁青少年积极学业情绪在父亲文化程度上的差异分析（M±SD）

维度	父亲文化程度			F
	初中及以下（n=458）	高中（n=69）	大专及以上（n=23）	
自豪	14.16±4.90	13.81±4.33	14.78±4.60	0.370
高兴	26.43±5.61	26.19±5.75	26.09±6.37	0.090
希望	15.21±3.33	15.16±3.41	15.70±3.31	0.244
满足	14.10±4.37	15.25±4.20	14.87±4.03	2.336
平静	13.92±3.56	14.55±3.27	13.96±3.23	0.977
放松	15.23±5.08	15.61±4.03	15.91±4.23	0.360
积极高唤醒学业情绪	55.81±11.64	55.16±11.14	56.57±11.57	0.152
积极低唤醒学业情绪	43.24±11.49	45.41±10.07	44.74±7.92	1.247
积极学业情绪总分	99.05±21.35	100.57±18.90	101.30±17.53	0.263

表5-20显示，易地搬迁青少年积极学业情绪及其各维度在父亲文化程度上均没有显著差异（$p > 0.05$）。

9. 易地搬迁青少年积极学业情绪在母亲文化程度上的差异分析

为探讨易地搬迁青少年积极学业情绪在母亲文化程度上的差异，以积极学业情绪为因变量，母亲文化程度为自变量，采用单因素方差分析方法进行差异检验，结果见表5-21。

表5-21　易地搬迁青少年积极学业情绪在母亲文化程度上的差异分析（M±SD）

维度	母亲文化程度			F
	初中及以下（n=493）	高中（n=42）	大专及以上（n=15）	
自豪	14.04±4.73	14.52±5.58	16.47±4.88	1.993
高兴	26.42±5.52	25.95±6.64	26.60±7.05	0.142
希望	15.28±3.26	14.88±3.81	14.47±4.29	0.676

维度	母亲文化程度			F
	初中及以下（n=493）	高中（n=42）	大专及以上（n=15）	
满足	14.13±4.32	15.79±4.28	14.67±5.02	2.882
平静	14.01±3.48	14.10±3.94	13.27±3.60	0.344
放松	15.24±4.90	15.93±4.80	15.80±6.06	0.458
积极高唤醒学业情绪	55.74±11.28	55.36±13.98	57.53±14.39	0.202
积极低唤醒学业情绪	43.38±11.18	45.81±11.07	43.73±12.53	0.909
积极学业情绪总分	99.12±20.55	101.17±23.77	101.27±24.54	0.251

表5-21显示，易地搬迁青少年积极学业情绪及其各维度在母亲文化程度上均没有显著差异（$p > 0.05$）。

10. 易地搬迁青少年积极学业情绪在父母外出情况上的差异分析

为探讨易地搬迁青少年积极学业情绪在父母外出情况上的差异，以积极学业情绪为因变量，父母外出情况为自变量，采用单因素方差分析方法进行差异检验，结果见表5-22。

表5-22　易地搬迁青少年积极学业情绪在父母外出情况上的差异分析（M±SD）

维度	父母外出情况				F
	父母都在家（n=246）	父母都在外（n=170）	父亲在外（n=90）	母亲在外（n=44）	
自豪	14.30±4.88	14.01±4.92	14.38±4.77	13.30±4.11	0.659
高兴	26.04±6.05	26.96±4.95	26.24±6.05	26.39±4.95	0.901
希望	15.13±3.56	15.47±2.89	15.16±3.45	14.95±3.49	0.476
满足	14.07±4.65	14.34±4.14	14.59±4.28	14.52±3.53	0.407
平静	13.82±3.63	14.37±3.31	13.66±3.62	14.27±3.34	1.231
放松	15.21±5.18	15.19±4.72	15.63±4.94	15.61±4.22	0.252
积极高唤醒学业情绪	55.48±12.27	56.44±10.64	55.78±11.81	54.64±10.75	0.380
积极低唤醒学业情绪	43.09±11.94	43.90±10.64	43.88±11.09	44.41±9.55	0.301
积极学业情绪	98.58±22.38	100.34±19.23	99.66±21.01	99.05±18.54	0.248

表5-22显示，易地搬迁青少年积极学业情绪及其各维度在父母外出情况上均没有显著差异（$p > 0.05$）。

11. 易地搬迁青少年积极学业情绪在自评师生关系情况上的差异分析

为探讨易地搬迁青少年积极学业情绪在自评师生关系情况上的差异，以积极学业情绪为因变量，自评师生关系为自变量，采用单因素方差分析方法进行差异检验，结果见表5-23。

表5-23　易地搬迁青少年积极学业情绪在自评师生关系情况上的差异分析（M±SD）

维度	自评师生关系			F	LSD
	①关系较好（n=258）	②关系一般（n=250）	③关系较差（n=42）		
自豪	14.37±5.03	14.40±4.44	11.24±4.77	8.520***	①②>③
高兴	26.95±5.57	26.79±5.02	20.55±6.45	26.633***	①②>③
希望	15.66±3.30	15.33±3.00	12.00±3.79	23.686***	①②>③
满足	15.01±4.17	14.03±4.27	11.17±4.39	15.611***	①>②>③
平静	14.46±3.57	14.07±3.13	10.76±3.69	21.568***	①②>③
放松	16.22±4.90	14.89±4.69	12.17±4.91	14.585***	①>②>③
积极高唤醒学业情绪	56.97±11.46	56.52±10.33	43.79±12.78	26.720***	①②>③
积极低唤醒学业情绪	45.69±10.87	42.99±10.65	34.10±11.40	21.445***	①>②>③
积极学业情绪总分	102.66±20.56	99.51±18.98	77.88±21.52	27.926***	①②>③

表5-23显示，易地搬迁青少年的积极学业情绪及其各维度在自评师生关系情况上有显著差异，易地搬迁青少年自评师生关系比较好和一般的，其积极学业情绪总分、积极高唤醒学业情绪得分、自豪因子得分、高兴因子得分、希望因子得分和平静因子得分均显著高于自评师生关系较差的；自评师生关系较好的青少年，其积极低唤醒学业情绪得分、满足因子得分和放松因子得分均显著高于师生关系一般和较差的，同时自评师生关系一般的青少年，其积极低唤醒学业情绪得分、满足因子得分和放松因子得分均显著高于自评师生关系较差的。具体的趋势分布如图5-11所示。

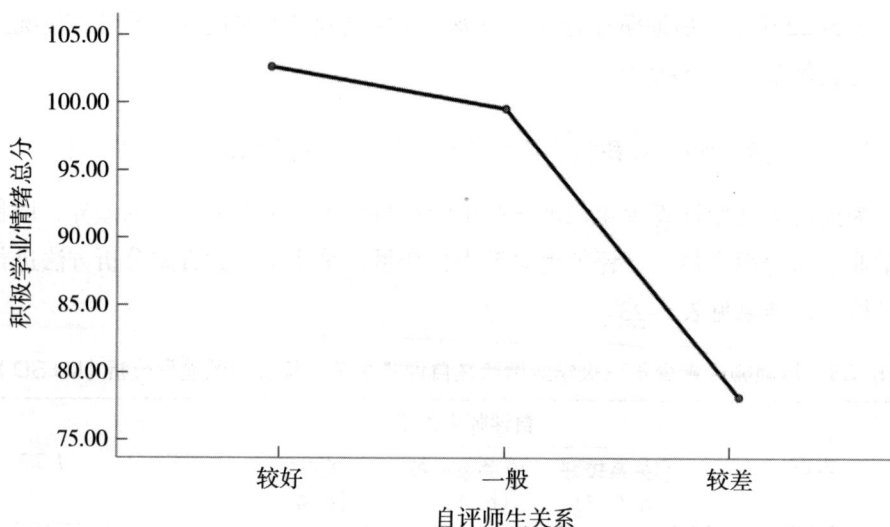

图5-11　易地搬迁青少年积极学业情绪总分在自评师生关系上的趋势分布图

12. 易地搬迁青少年积极学业情绪在自评同学关系情况上的差异分析

为探讨易地搬迁青少年积极学业情绪在自评同学关系情况上的差异，以积极学业情绪为因变量，自评同学关系为自变量，采用单因素方差分析方法进行差异检验，结果见表5-24。

表5-24　易地搬迁青少年积极学业情绪在自评同学关系情况上的差异分析（M±SD）

维度	自评同学关系			F	LSD
	①关系较好 （n=387）	②关系一般 （n=152）	③关系较差 （n=11）		
自豪	14.28±4.88	13.84±4.70	13.64±4.23	0.530	
高兴	26.87±5.41	25.70±5.81	18.91±5.70	12.678***	①>②>③
希望	15.44±3.30	14.99±3.26	11.00±2.83	10.321***	①②>③
满足	14.84±4.28	13.07±4.19	11.00±4.31	12.685***	①>②③
平静	14.32±3.43	13.38±3.66	11.36±1.86	7.164***	①>②③
放松	15.93±4.85	13.97±4.85	11.73±3.52	12.051***	①>②③
积极高唤醒学业情绪	56.59±11.34	54.53±11.86	43.55±7.21	8.181***	①②>③
积极低唤醒学业情绪	45.08±10.96	40.43±11.11	34.09±7.52	14.072***	①>②③
积极学业情绪总分	101.67±20.60	94.96±20.71	77.64±9.17	12.163***	①>②>③

表5-24显示，除自豪维度外，易地搬迁青少年的积极学业情绪及其各维度在自评同学关系情况上有显著差异，认为同学关系比较好的易地搬迁青少年，其积极学业情绪总分、积极低唤醒学业情绪得分、高兴因子得分、满足因子得分、平静因子得分和放松因子得分均显著高于同学关系一般和较差的青少年，认为同学关系一般的易地搬迁青少年的积极学业情绪总分和高兴因子得分均显著高于同学关系较差的青少年；认为同学关系比较好和一般的易地搬迁青少年，其积极高唤醒学业情绪得分和希望因子得分均显著高于同学关系较差的青少年。具体的趋势分布如图5-12所示。

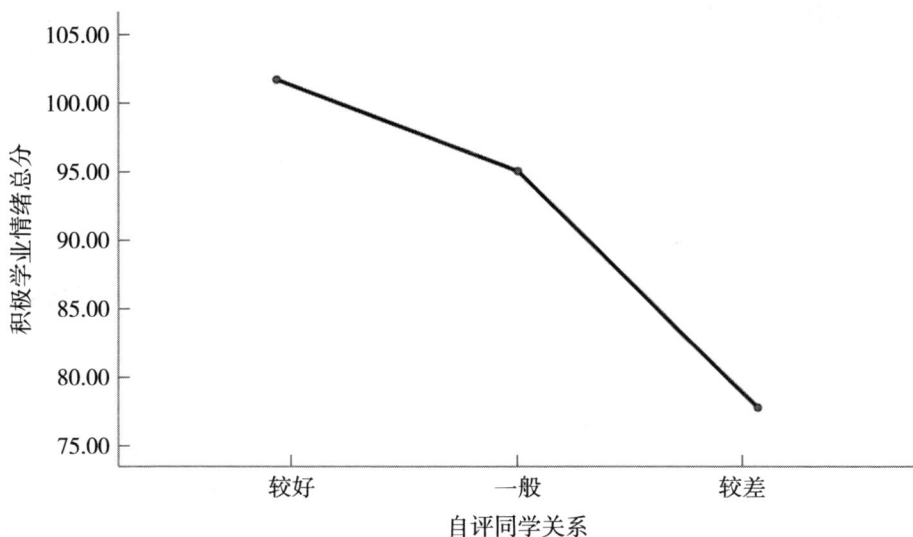

图5-12　易地搬迁青少年积极学业情绪总分在自评同学关系上的趋势分布图

六、易地搬迁青少年学习沉醉感特点的分析与讨论

在总体情况上，易地搬迁青少年学习沉醉感整体上处于中等偏上水平。这说明易地搬迁青少年的学习沉醉感良好，这与研究者陈懋慈（2019）的研究结果一致。这一原因是青少年来到新的学校后，他们明白自己今后想要成为什么样的人，因此，他们大多具有远大理想与抱负，并且饱含学习的激情进而使自己维持在较高的学习沉醉感中。

易地搬迁青少年学习沉醉感在性别上不存在显著差异。这一结果与陈懋慈（2019）、雷雳等（2012）的研究结论是一致的。随着社会的发展以及家庭环境的变化，青少年了解了知识的重要性，对学习有了强烈的动机，都渴望学到更多的知识，从而真正地走出相对贫困地区，因此他们都很痴迷于学习，故易地搬迁青少年学习沉醉感在性别上不存在显著差异；而女生的投入体验与享受高于男生的，这可能的原因是，从马斯洛的需要层次理论来看，女生对于学习的要求与满足都比较低，只要有一点进步，女生都比较容易得到满足，需要层次理论相对于男生来说较低，因此，女生的投入体验与享受高于男生的。

易地搬迁青少年学习沉醉感在学段上存在显著差异。具体表现为随着年级的升高，青少年学习沉醉感越高。这一研究结果与雷雳等（2012）、杜玉改等（2013）的结论并不一致。他们的研究结果是青少年在学习中体验到的沉醉感随年级上升而减少。其原因是易地搬迁青少年刚到一个新的环境中，对于小学生来说，新的环境并没有完全适应，没有体会到学习的紧迫感；对于初、高中学生来说，他们面临中考、高考的压力，不得不沉浸于学习中，但中考的压力并没有高考大。因此随着年级的上升，易地搬迁青少年的学习感沉醉越高。

易地搬迁青少年学习沉醉感在是否为班干部上不存在显著差异。这一研究结果与方琴琴（2018）、高丹丹（2017）的结论并不一致。其原因是对于易地搬迁青少年来说，新家庭和新学校环境都是一种应激事件，班干部学生和非班干部学生都需要一定的时间来应对这种应激事件并做出适应性的反应，因此他们不可能很快地投入学习中去。

易地搬迁青少年学习沉醉感在学习氛围与秩序上存在显著差异，且在较好的学习氛围与秩序的青少年的学习沉醉感高于一般的和较差的。这一结果与曹新美等（2018）、范金刚等（2011）的研究结论是一致的，高水平学校氛围下，流动儿童表现出较高的学习投入；而低水平的学校氛围下，流动儿童则表现出较低的学习投入水平。这一原因是易地搬迁青少年到了新的学校，学校的学习氛围会影响青少年对学习的热爱程度，他们对学校的学习氛围感到越良好，就会越多投入学习中。因此，易地搬迁青少年学习沉醉感在学校学习氛围与秩序方面存在显著差异。

七、易地搬迁青少年积极学业情绪特点的分析与讨论

在总体情况上，本研究的结果表明，易地搬迁青少年积极学业情绪整体上处于中等水平，这与以往的研究结果一致（刘春霞，2018；王飞宇，2018）。这表明，青少年在学习的过程中以积极的情绪体验为主。这是因为，学校更加关

注并理解学生的切实感受，丰富多彩的校园生活、良好的学习氛围与秩序、相对宽松的教育环境能够让学生在学习过程中获得更多的积极情绪体验。其次，青少年在学业上获得更多来自同伴、老师、家庭、重要他人的支持以及更多积极的自我评价等，这让青少年在学习过程中获得更多的积极情绪体验。

易地搬迁青少年积极低唤醒学业情绪、积极学业情绪无显著的性别差异；在积极高唤醒学业情绪上，女生所体验到的积极高唤醒学业情绪多于男生。与高龙娟（2018）的研究略有不同，其研究中学业情绪各个维度均不存在性别差异。女生和男生在积极高唤醒学业情绪上的高兴、希望维度上存在显著性差异，女生比男生体验到更多的高兴、希望情绪。在易地搬迁学校新环境中女生比男生更加遵守学校和班级中的规章制度，在日常学习中更加认真、投入，得到的肯定性评价更多。

积极学业情绪各维度及总分均存在显著差异，具体表现为小学生的积极学业情绪显著高于初中生的，与已有研究结果一致（李春荣，2019）。首先，初中生的知识难度比小学生知识难度大，有些科目是小学没有接触到的，由于对学习内容不了解，因此不会产生更多积极学业情绪。其次，对初中生来说，升学竞争压力高于小学生，年级的升高，学习内容难度的增大，繁重的学习任务和频繁的考试以及激烈的竞争带给学生更多的学业压力。

是班干部的青少年的积极学业水平显著高于非班干部的青少年，与已有研究结果一致（高龙娟，2018）。原因是担任班干部的学生的学业成就以及学业表现都比非班干部的青少年更为优秀，而且与老师和同学交流沟通的机会更多，能够更好地表达自我，并且在表达的过程中逐步得到成长与发展，自信心等方面都能够得到提升，能够体验到更多的积极学业情绪。

学习氛围好的青少年体验到的积极学业情绪高于差的，学习氛围一般的高于差的，和已有关于学校氛围和学业情绪的相关研究一致（黄杰，2016）。首先，根据学业情绪"控制-价值"理论，教学氛围和学生的人际互动是影响学业情绪的重要因素，主要通过价值评估和控制评估的方式影响学生的学业情绪。学校里教师以及同伴在学习上给予的支持，使得学生对学业的积极认知和认为实现学习目标的可能性增强。学校的学习氛围好，学生能体验到更多的学习价值，积极主动地投入学习。其次，根据自我决定理论，良好的学校氛围满足了青少年时期的能力、关系等方面的心理需求，能够激发学生更多的积极情绪，从而学习更加投入。

第六章

易地搬迁青少年的情绪

有关情绪的研究通常涵盖情绪表达和乐商两方面，因为这两个领域提供了从外在和内在两个方面对情绪相对比较全面的解释。情绪表达研究关注个体如何外显情感，包括面部表情、肢体语言和语言交流，这有助于了解情绪如何影响社会互动和沟通效果。另一方面，乐商则涉及个体如何识别、理解和管理自身及他人的情绪，这对有效应对压力、建立人际关系和做出明智决策至关重要。综合这两个方面的研究，可以更全面地理解情绪在个人生活和社会交往中的作用，从而促进心理健康和人际关系的改善。

一、情绪表达的概述

1. 情绪表达的概念界定

达尔文在20世纪中期从进化的角度，诠释了情绪表达在个体生存适应中的作用。最早对情绪表达开始研究的是Friedman等人，他们对情绪表达的定义侧重于功能性。有学者的研究中情绪表达是个体通过非语言的肢体动作来进行个体间情绪状态沟通的能力（Riggio，1986）。Gross等（1995）对情绪表达进行了进一步的研究，不同的研究者对情绪表达的概念界定也不同。Hinde（1985）认为可见的情绪表达性行为是个体将内在感受向外表达的行为。研究的不断进行，最终Gross & John（1995）将情绪表达定义为，情绪表达是和情绪体验相关联的言语、面部等典型的行为变化，比如我们生活中大哭、喜怒、微笑等行为，也就是一个人通过行为来表现情境刺激的程度。对于情绪表达的研究，国内学者也在不断探索，尚金梅（2007）认为情绪表达是个体内在的情绪体验的外在行为表现。研究者们从多个不同的角度对情绪表达的概念进行界定，目前来说Gross等人的定义是相对准确的，也是应用最多的。

综上所述，情绪表达指的是在情境中表现出与个体情绪体验相联系的外在行为变化，比如大哭，微笑等。

2. 情绪表达的相关研究

情绪表达的研究对象主要集中在儿童和大学生。情绪表达能力是在一个动态过程中表现的，受不同环境、不同文化、不同人的影响。研究者从多方面对情绪表达的影响因素进行研究。以往的研究结果表明，影响情绪表达的因素有个体的性别、人格、家庭环境、自尊水平、情境因素、人际关系等。

关于情绪表达在人口学变量方面的研究，如姜晶晶（2010）研究中，性别上，女生的正性情绪表达水平高于男生，负性情绪表达上无显著性别差异。学段上，正性情绪表达有显著的差异，负性情绪表达无显著的差异，另外一些研究也表明情绪表达不存在显著的学段差异（王振宏 等，2007；王晶，2019）。

情绪表达在人际关系中起着重要的作用，情绪的表达是人际交往之间的中介，同时情绪表达是连接个体内部体验与外部环境的媒介。情绪表达与个体心理健康息息相关，适当的情绪表达有利于减轻心理压力和促进心理健康（邓丽芳 等，2003；周婷 等，2012；吴晓庆，2020）。在家庭因素中家长的养育方式、家庭功能很好地预测个体的情绪表达，家庭功能越完善，个体越乐于情绪表达（王明忠 等，2013；邓丽芳，2009）。在社会化情境上，赵云龙等人（2016）指出，情境对情绪表达的影响是很重要的，情绪表达受到情境的影响，并且情境可以验证情绪表达具有情境性、动态性。

二、乐商概述

1. 乐商的概念界定

乐商在国内外均有界定。Seligman基于归因理论，认为乐观是个体在成功或失败时表现出来的稳定倾向的一种解释风格，具有稳定性，并把解释风格分为两种类型：乐观解释风格和悲观解释风格。不同的解释风格归因不同，具有乐观解释风格的个体倾向于将消极事件归因于外部、不稳定和特定的原因，将积极的事件归因于内部、稳定和一般的原因；具有悲观解释风格的个体则相反（Alan，2004）。

任俊（2013）认为乐商或者说乐观智力主要包括四个方面：一是快乐的阈限水平，即个人的乐观、快乐程度，个体内部神经生物学结构的不同是造成个体差异的主要影响因素；二是乐观感染力，即个体促使他人变积极的能力，这是乐商的重要成分，体现了乐商在人际关系中的重要作用；三是品味能力，最大化体会积极事件愉悦体验的；四是乐观理解力，指从负性事件中挖掘积极力量。

通过查阅以往的文献，国外相关研究中关于乐商的定义很少，多数是关于乐观的；在国内很多学者也对乐观进行了界定，还有气质性乐观，也有学者提出了乐商的定义，并认为乐观是一种能力。

2. 乐商的相关研究

Charless 等人（2014）的研究中表明乐观主义者比悲观主义者感受到拥有更多的社会支持。Mila 等人（2007）认为乐商可作为心理健康保护因素之一。Birch & Ladd（1997）发现良好的师生关系有利于学生形成积极的情感态度。Isaacowitz（2005）以不同年龄阶段的成年人为被试，对乐观结构与气质性乐观、解释风格、心理健康的关系进行了研究，发现老年人对积极事件的解释比年轻人更乐观。

在乐商人口学变量的相关研究中，任俊等人（2016）的研究表明中小学生乐商水平的发展总体呈现上升的趋势，中小学生乐商在学段上存在边缘显著。严凤平（2018）的研究表明初一年级新生乐商在是否为独生子女上无显著差异。万国军（2020）的研究认为乐商在性别上存在显著差异。

任俊、彭年强和罗劲（2013）的研究表明高乐商的人有利于改善个体的人际交往。李俊雅（2018）的研究得出学校人际关系与乐观倾向呈显著正相关。任俊和杨滢晖（2013）的研究表明乐商的其中一个方面是从负性事件中挖掘积极力量的乐观理解力。蒋怀滨和林良章（2013）的研究表明高乐商的人拥有更高的自尊，在遇到挫折时，更容易获取更多的资源帮助自己克服困难。周宗奎（2015）得出气质性乐观与青少年心理健康的积极指标呈显著正相关。刘丽中

（2016）的研究得出青少年乐观与心理健康呈显著正相关。

综上所述，乐商影响人们社会支持、面对逆境时的态度、人际关系，也影响着青少年的心理健康；并且通过查阅以往的文献发现以往的研究较多地关注大学生、中学生的乐商，对于易地搬迁青少年的研究还较少。

三、研究设计

1. 研究被试

研究被试同第一章。

2. 研究工具

情绪表达问卷。采用由王振宏、郭德俊等人（2007）根据情绪基本理论，参照伯克利情绪表达问卷（Berkeley Expressivity Questionnaire），自编中学生情绪评定问卷。本次调研采用情绪评定问卷里的分问卷情绪表达问卷。该问卷包括正性情绪表达9个题项（1、3、5、7、9、11、13、15、17），负性情绪表达9个题项（2、4、6、8、10、12、14、16、18），共18个题项。问卷的计分方式采用5点计分，从1（完全不符合）到5（完全符合）。正性情绪表达题均值为正性情绪表达题项累加除以题项数，正性情绪表达的数值越高，正性情绪表达水平越高。负性情绪表达题均分为负性情绪表达题项累加除以题项数，负性情绪表达的数值越高，负性情绪表达水平越高。在本研究中正性情绪表达Cronbach's α 为0.74，负性情绪表达Cronbach's α 为0.82。

中小学生乐商问卷。采用任俊等人开发编制的《中小学生乐商问卷》。共15个项目，该量表包括以下4个维度：①快乐阈限值（2、6、7、13题）；②品味（9、5、12题）；③乐观感染力（8、11、14、15题）；④乐观理解力（1、3、4、10题）。问卷采用 Likert 5点计分，其中乐观感染力维度的题项需进行反向计分，问卷总分为各维度总分的总和，得分越高则表示个体越乐观。该问卷的信效度良好，其中，问卷的结构效度KMO系数为0.832，采用内部一致性系数作为问卷的信度指标，快乐阈限值维度信度为0.748，品味维度信度为0.623，乐观感染力维度信度为0.551，乐观理解力维度信度为0.718，全卷的信度为0.765。在本研究中乐商的Cronbach's α 为0.786。

四、易地搬迁青少年情绪表达的特点

1. 易地搬迁青少年情绪表达的基本状况

为了更好地了解易地搬迁青少年情绪表达的基本情况，对易地搬迁青少年情绪表达进行描述性统计，结果见表6-1。

表6-1　易地搬迁青少年情绪表达基本状况（n=550）

维度	平均数	标准差	每题平均数
正性情绪表达	29.18	7.69	3.24
负性情绪表达	25.64	7.42	2.85

表6-1显示，易地搬迁青少年情绪表达中的正性情绪表达每题平均数为3.24，负性情绪表达每题平均数为2.85。情绪表达问卷采用的是5点计分，理论中值为3。从数据来看，说明易地搬迁青少年的正性情绪表达处于中等水平，负性情绪表达处于中等偏下水平。

根据易地搬迁青少年正性情绪表达和负性情绪表达的平均数来分别绘制出次数分布的直方图，见图6-1和图6-2。

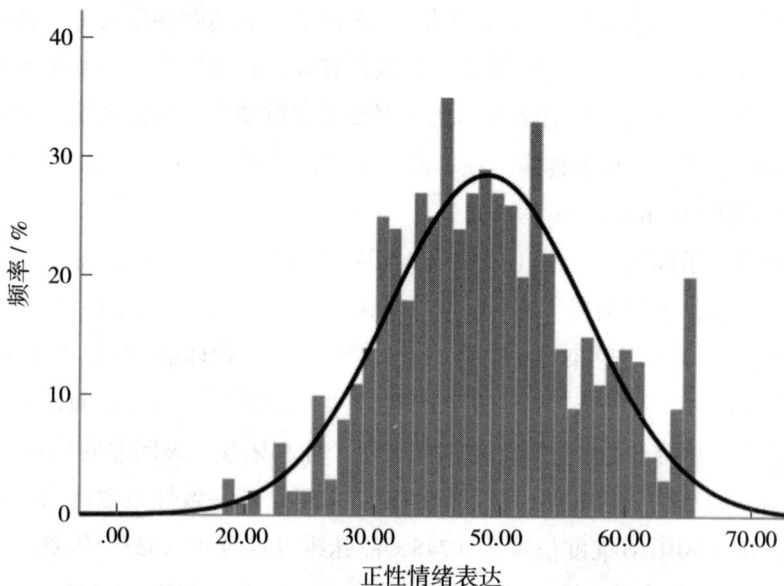

图6-1　易地搬迁青少年正性情绪表达的总体情况分布图

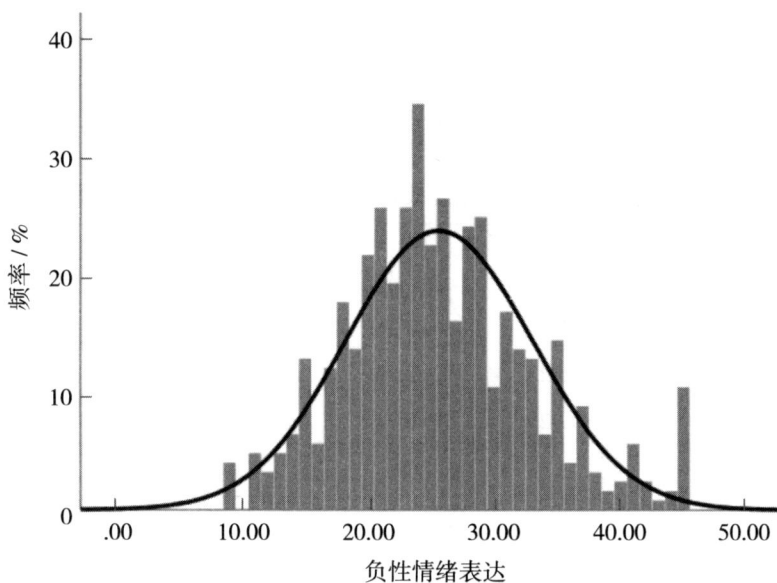

图6-2 易地搬迁青少年负性情绪表达的总体情况分布图

从图6-1和6-2可以看出，易地搬迁青少年正性情绪表达呈正偏态分布，偏度为0.105，峰度为 –0.346；易地搬迁青少年负性情绪表达呈正偏态分布，偏度为0.416，峰度为0.115。

2. 易地搬迁青少年情绪表达在性别上的差异分析

为探讨易地搬迁青少年情绪表达在性别上的差异，以情绪表达各维度为因变量，性别为自变量，采用独立样本 t 检验的方法进行差异检验，结果见表6-2。

表6-2 易地搬迁青少年情绪表达在性别上的差异分析（M±SD）

维度	男性（n=231）	女性（n=319）	t	p
正性情绪表达	3.05±0.87	3.38±0.82	–4.49	0.000
负性情绪表达	2.72±0.82	2.94±0.82	–3.17	0.002

表6-2显示，易地搬迁青少年的正性情绪表达和负性情绪表达在性别上有显著差异（$p < 0.01$），且女生的正、负性情绪表达显著高于男生。

3. 易地搬迁青少年情绪表达在学段上的差异分析

为探讨易地搬迁青少年情绪表达在学段上的差异，以情绪表达各维度为因变量，学段为自变量，采用单因素方差分析方法进行差异检验，结果见表6-3。

表6-3　易地搬迁青少年情绪表达在学段上的差异分析（M±SD）

维度	学段			F	POST HOC
	①小学 （n=136）	②初中 （n=271）	③高中 （n=143）		
正性情绪表达	3.14±1.02	3.21±0.79	3.40±0.78	3.62*	①②＜③
负性情绪表达	2.88±1.02	2.79±0.73	2.94±0.78	1.80	

表6-3显示，易地搬迁青少年的负性情绪表达在学段上无显著差异（$p >$ 0.05），正性情绪表达在学段上有显著差异（$p < 0.05$），且高中生的正性情绪表达高于小学生和初中生。正性情绪表达具体的趋势分布如图6-3所示。

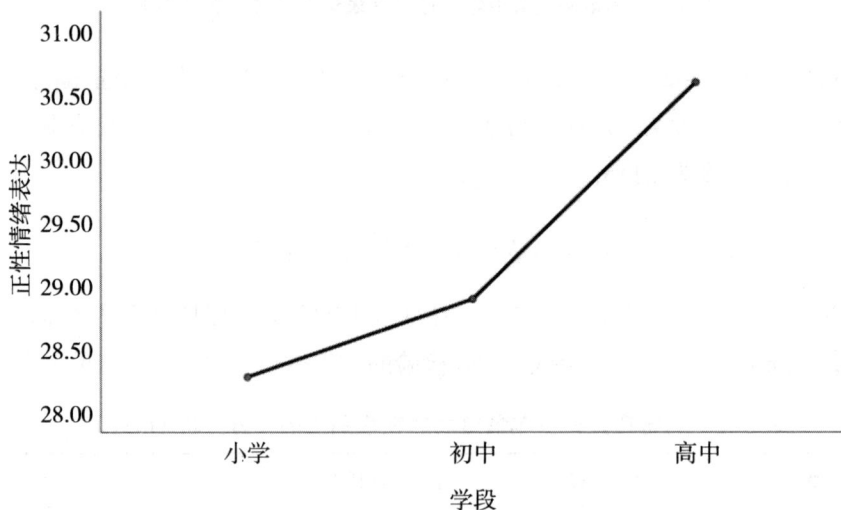

图6-3　易地搬迁青少年正性情绪表达在学段上的趋势分布图

4. 易地搬迁青少年情绪表达在是否为班干部上的差异分析

为探讨易地搬迁青少年情绪表达在是否为班干部上的差异，以情绪表达各维度为因变量，是否为班干部为自变量，采用独立样本t检验的方法进行差异检验，结果见表6-4。

表6-4　易地搬迁青少年情绪表达在是否为班干部上的差异分析（M±SD）

维度	班干部（n=133）	非班干部（n=417）	t	p
正性情绪表达	3.35±3.21	3.21±0.85	1.71	0.087
负性情绪表达	2.89±0.81	2.84±0.83	0.65	0.519

表6-4显示，易地搬迁青少年的正、负性情绪表达在是否为班干部上无显著差异（$p > 0.05$）。

5. 易地搬迁青少年情绪表达在学习氛围与秩序上的差异分析

为探讨易地搬迁青少年情绪表达在学习氛围与秩序上的差异，以情绪表达各维度为因变量，学习氛围与秩序为自变量，采用单因素方差分析方法进行差异检验，结果见表6-5。

表6-5　易地搬迁青少年情绪表达在学习氛围与秩序上的差异分析（M±SD）

维度	学习氛围与秩序			F	POST HOC
	①较好 （n= 313）	②一般 （n= 206）	③较差 （n= 31）		
正性情绪表达	3.28±0.85	3.24±0.84	2.88±0.94	3.12*	①②>③
负性情绪表达	2.90±0.86	2.79±0.77	2.70±0.81	1.67	

表6-5显示，易地搬迁青少年的负性情绪表达在学习氛围与秩序上无显著差异（$p > 0.05$），正性情绪表达在学习氛围与秩序上有显著差异（$p < 0.05$）。正性情绪表达具体的趋势分布如图6-4所示。

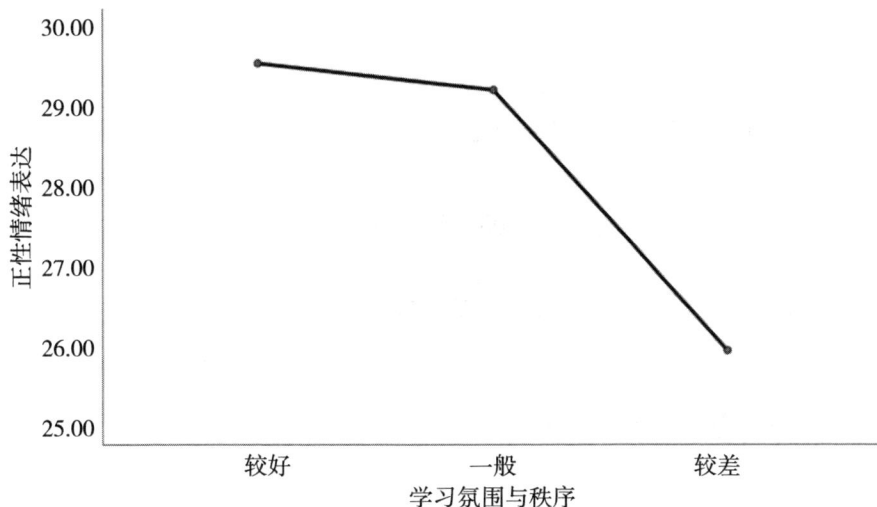

图6-4　易地搬迁青少年正性情绪表达在学习氛围与秩序上的趋势分布图

6. 易地搬迁青少年情绪表达在是否为独生子女上的差异分析

为探讨易地搬迁青少年情绪表达在是否为独生子女上的差异，以情绪表达为因变量，是否为独生子女为自变量进行独立样本 t 检验，结果见表6-6。

表6-6　易地搬迁青少年情绪表达在是否为独生子女上的差异分析（M±SD）

维度	独生子女（n=35）	非独生子女（n=515）	t	p
正性情绪表达	3.11±0.93	3.25±0.85	−0.915	0.360
负性情绪表达	2.79±0.71	2.85±0.83	−0.455	0.649

表6-6显示，易地搬迁青少年情绪表达及其各维度在是否为独生子女上没有显著差异。

7. 易地搬迁青少年情绪表达在学习成绩上的差异分析

为探讨易地搬迁青少年情绪表达在学习成绩上的差异，以情绪表达为因变量，学习成绩为自变量，采用单因素方差分析方法进行差异检验，结果见表6-7。

表6-7　易地搬迁青少年情绪表达在学习成绩上的差异分析（M±SD）

维度	学习成绩			F	LSD
	①差（n＝203）	②中（n＝248）	③好（n＝99）		
正性情绪表达	3.07±0.83	3.31±0.87	3.42±0.80	7.011***	③②>①
负性情绪表达	2.76±0.79	2.91±0.83	2.87±0.87	1.989	

表6-7显示，易地搬迁青少年正性情绪表达在学习成绩上有显著差异，学习成绩比较好和中等的青少年，其正性情绪表达得分显著高于学习成绩比较差的青少年。正性情绪表达具体的趋势分布如图6-5所示。

8. 易地搬迁青少年情绪表达在父亲文化程度上的差异分析

为探讨易地搬迁青少年情绪表达在父亲文化程度上的差异，以情绪表达为因变量，父亲文化程度为自变量，采用单因素方差分析方法进行差异检验，结果见表6-8。

表6-8　易地搬迁青少年情绪表达在父亲文化程度上的差异分析（M±SD）

维度	父亲文化程度			F
	初中及以下（n=458）	高中（n=69）	大专及以上（n=23）	
正性情绪表达	3.24±0.86	3.24±0.83	3.28±0.96	0.018
负性情绪表达	2.85±0.84	2.91±0.74	2.71±0.79	0.495

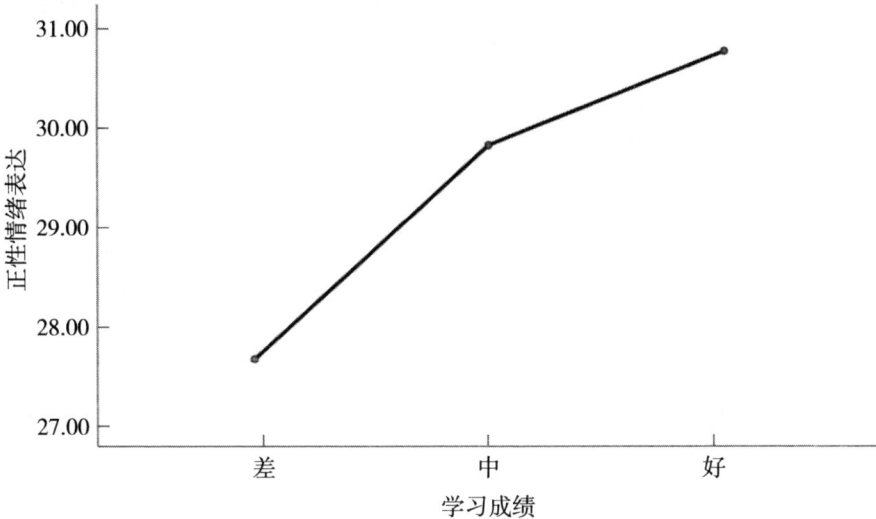

图6-5　易地搬迁青少年正性情绪表达在学习成绩上的趋势分布图

表6-8显示，易地搬迁青少年正性情绪表达和负性情绪表达在父亲文化程度上均没有显著差异。

9. 易地搬迁青少年情绪表达在母亲文化程度上的差异分析

为探讨易地搬迁青少年情绪表达在母亲文化程度上的差异，以情绪表达为因变量，母亲文化程度为自变量，采用单因素方差分析方法进行差异检验，结果见表6-9。

表6-9　易地搬迁青少年情绪表达在母亲文化程度上的差异分析（M±SD）

维度	母亲文化程度			F
	初中及以下（n=493）	高中（n=42）	大专及以上（n=15）	
正性情绪表达	3.23±0.85	3.31±0.88	3.33±1.04	0.239
负性情绪表达	2.84±0.82	2.93±0.88	2.97±0.87	0.400

表6-9显示，易地搬迁青少年正性情绪表达和负性情绪表达在母亲文化程度上均没有显著差异。

10. 易地搬迁青少年情绪表达在父母外出情况上的差异分析

为探讨易地搬迁青少年情绪表达在父母外出情况上的差异，以情绪表达为因变量，父母外出情况为自变量，采用单因素方差分析方法进行差异检验，结果见表6-10。

表6-10　易地搬迁青少年情绪表达在父母外出情况上的差异分析（M±SD）

维度	父母外出情况				F
	父母都在家（n=246）	父母都在外（n=170）	父亲在外（n=90）	母亲在外（n=44）	
正性情绪表达	3.29±0.88	3.18±0.86	3.31±0.84	3.10±0.71	1.157
负性情绪表达	2.87±0.82	2.83±0.84	2.83±0.83	2.84±0.79	0.096

表5-10显示，易地搬迁青少年情绪表达在父母外出情况上均没有显著差异。

11. 易地搬迁青少年情绪表达在自评师生关系情况上的差异分析

为探讨易地搬迁青少年情绪表达在自评师生关系情况上的差异，以情绪表达为因变量，自评师生关系为自变量，采用单因素方差分析方法进行差异检验，结果见表6-11。

表6-11　易地搬迁青少年情绪表达在自评师生关系情况上的差异分析（M±SD）

维度	自评师生关系			F	LSD
	①关系较好（n=258）	②关系一般（n=250）	③关系较差（n=42）		
正性情绪表达	3.30±0.85	3.26±0.82	2.79±0.94	6.638[***]	①②>③
负性情绪表达	2.87±0.84	2.88±0.80	2.56±0.87	2.897[*]	①②>③

表6-11显示，易地搬迁青少年的正性情绪表达和负性情绪表达在自评师生关系情况上有显著差异，易地搬迁青少年自评师生关系比较好和一般的，其正性情绪表达和负性情绪表达得分均显著高于自评师生关系较差的。正性情绪表达具体的趋势分布如图6-6所示。

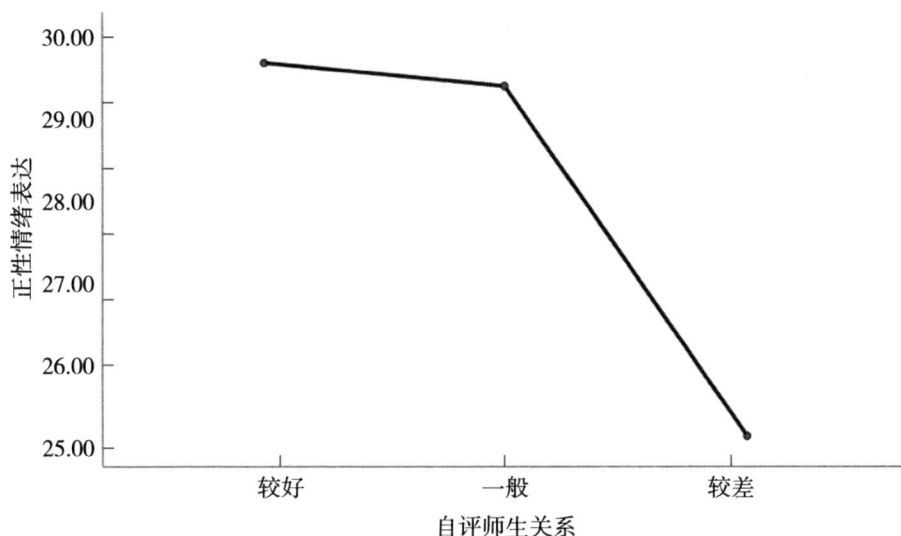

图6-6　易地搬迁青少年正性情绪表达在自评师生关系上的趋势分布图

负性情绪表达具体的趋势分布如图6-7所示。

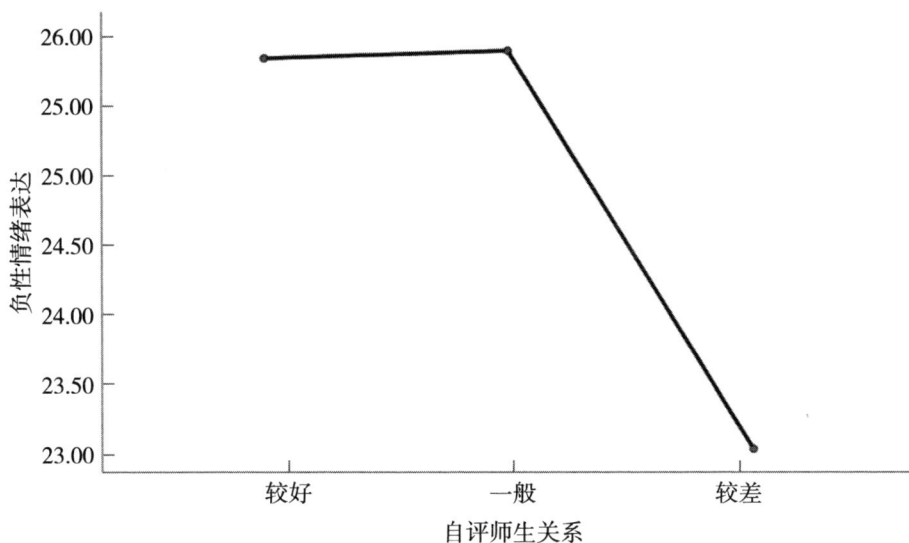

图6-7　易地搬迁青少年负性情绪表达在自评师生关系上的趋势分布图

12. 易地搬迁青少年情绪表达在自评同学关系情况上的差异分析

为探讨易地搬迁青少年情绪表达在自评同学关系情况上的差异，以情绪表达为因变量，自评同学关系为自变量，采用单因素方差分析方法进行差异检验，结果见表6-12。

表6-12　易地搬迁青少年情绪表达在自评同学关系情况上的差异分析（M±SD）

维度	自评同学关系			F	LSD
	①关系较好（n=387）	②关系一般（n=152）	③关系较差（n=11）		
正性情绪表达	3.31±0.84	3.11±0.84	2.51±1.05	7.414***	①>②>③
负性情绪表达	2.88+0.83	2.82±0.80	2.32±0.96	2.601*	①>③

表6-12显示，易地搬迁青少年的正性情绪表达和负性情绪表达在自评同学关系情况上有显著差异。在正性情绪表达上，自评同学关系比较好的易地搬迁青少年，其正性情绪表达得分显著高于自评同学关系一般和较差的青少年，且自评同学关系一般的易地搬迁青少年其正性情绪表达得分显著高于自评同学关系较差的青少年；在负性情绪表达上，自评同学关系比较好的易地搬迁青少年，其负性情绪表达得分显著高于自评同学关系较差的青少年。正性情绪表达具体的趋势分布如图6-8所示。

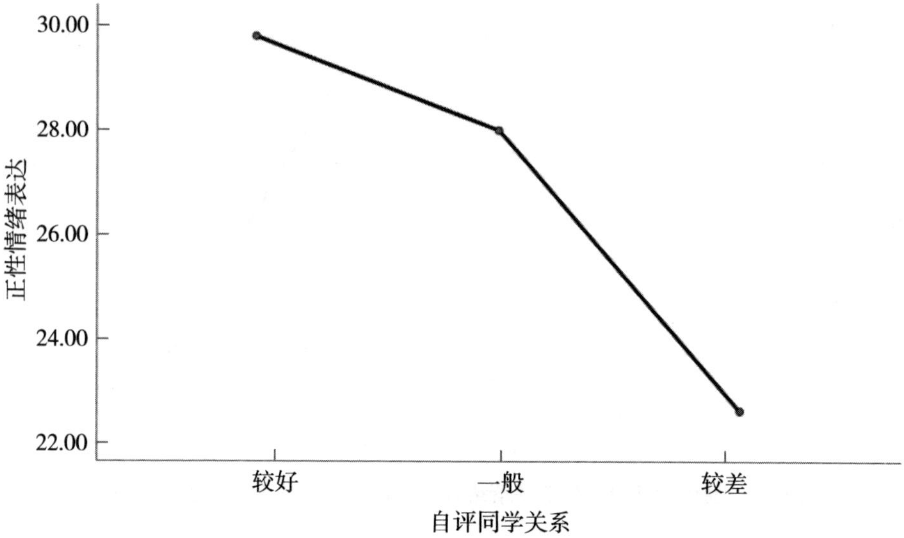

图6-8　易地搬迁青少年正性情绪表达在自评同学关系上的趋势分布图

负性情绪表达具体的趋势分布如图6-9所示。

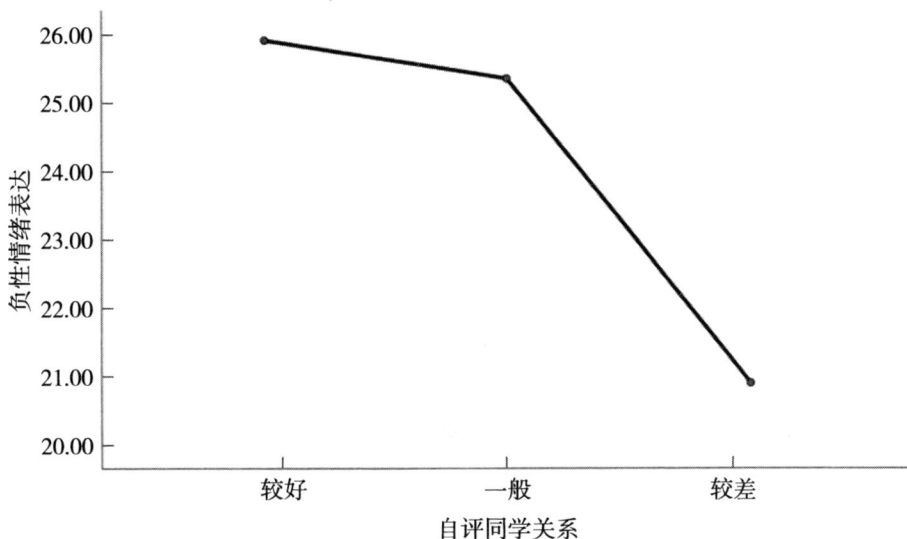

图6-9　易地搬迁青少年负性情绪表达在自评同学关系上的趋势分布图

五、易地搬迁青少年乐商的特点

1. 易地搬迁青少年乐商的基本状况

为了更好地了解易地搬迁青少年乐商的基本情况，对易地搬迁青少年乐商进行描述性统计，结果见表6-13。

表6-13　易地搬迁青少年乐商基本状况（n=550）

维度	平均数	标准差	每题平均数
快乐阈限值	10.55	2.65	2.64
品味能力	8.40	2.32	2.80
乐观感染力	11.41	2.78	2.85
乐观理解力	11.12	2.88	2.78
乐商总分	41.49	6.79	2.77

表6-13显示，易地搬迁青少年乐商总分平均数为41.49，每题平均数为2.77。乐商问卷采用4点计分方式，则理论中值为2.5。从数据分析上看乐商题项平均数与理论中值相当。这说明易地搬迁青少年乐商处于中等水平。

根据易地搬迁青少年乐商的平均数来绘制出次数分布的直方图，见图6-10。

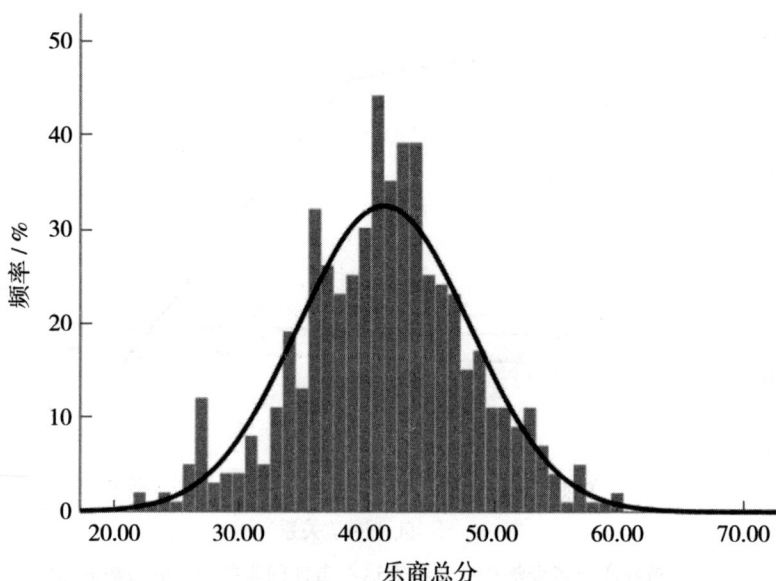

图6-10　易地搬迁青少年乐商总分的总体情况分布图

从图6-10可以看出易地搬迁青少年乐商呈负偏态分布，偏度为-0.132，峰度为0.170。

2. 易地搬迁青少年乐商在性别上的差异分析

为探讨易地搬迁青少年乐商在性别上的差异，以乐商及各维度为因变量，性别为自变量，采用独立样本t检验的方法对不同性别的易地搬迁青少年乐商进行差异检验，结果见表6-14。

表6-14　易地搬迁青少年乐商在性别上的差异分析（M±SD）

维度	男性（n=231）	女性（n=319）	t	p
快乐阈限值	10.07±2.80	10.90±2.48	-3.661	0.000
品味能力	8.00±2.42	8.69±2.21	-3.469	0.001
乐观感染力	11.24±2.79	11.54±2.77	-1.222	0.222
乐观理解力	11.02±3.05	11.19±2.75	-0.669	0.504
乐商总分	40.34±6.99	42.32±6.43	-3.405	0.001

表6-14显示，易地搬迁青少年乐商及各维度在性别上的显著差异体现在快乐阈限值、品味能力两个维度上及乐商总分上。女生的乐商总分显著高于男生，

同时女生的快乐阈限值和品味能力均高于男生。

3. 易地搬迁青少年乐商在学段上的差异分析

为探讨易地搬迁青少年乐商在学段上的差异，以乐商及各维度为因变量，学段为自变量，采用单因素方差分析方法进行差异检验，结果见表6-15。

表6-15　易地搬迁青少年乐商在学段上的差异分析（M±SD）

维度	学段			F	POST HOC
	①小学 （n=136）	②初中 （n=271）	③高中 （n=143）		
快乐阈限值	979±3.27	10.68±2.40	11.06±2.28	8.781***	②③>①
品味能力	7.89±2.73	8.34±2.16	9.01±2.07	8.482***	③>①②
乐观感染力	11.53±3.27	11.43±2.53	11.41±2.78	0.325	
乐观理解力	10.61±3.66	11.22±2.54	11.41±2.56	3.052*	②③>①
乐商总分	39.82±8.05	41.66±6.26	42.74±6.16	6.783**	②③>①

表6-15显示，除了乐观感染力在学段上无显著差异（$p > 0.05$）外。乐商与其他维度在学段上有显著差异（$p < 0.05$），其中初中生和高中生的乐商总分、快乐阈限值、乐观感染力显著高于小学生，高中生的品味能力显著高于初中生和小学生。具体的趋势分布如图6-11所示。

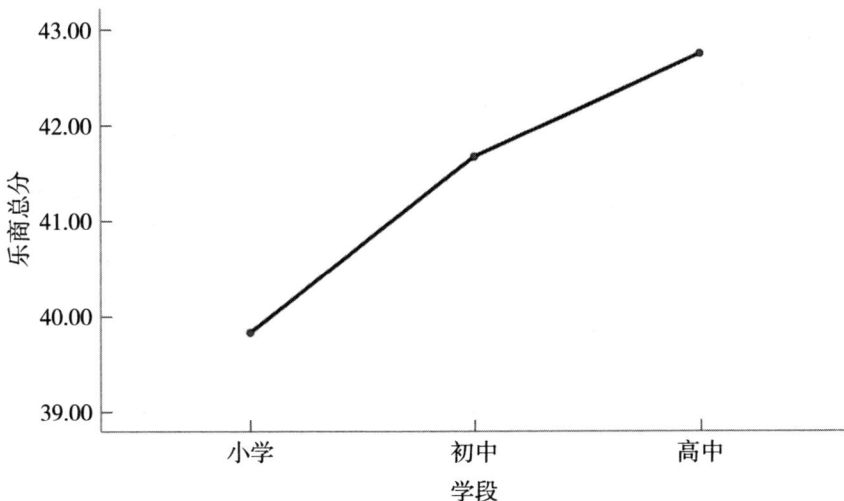

图6-11　易地搬迁青少年乐商总分在学段上的趋势分布图

4. 易地搬迁青少年乐商在是否为班干部上的差异分析

为探讨易地搬迁青少年乐商在是否为班干部上的差异，以乐商及各维度为因变量，是否为班干部为自变量，采用独立样本 t 检验的方法进行差异检验，结果见表6-16。

表6-16　易地搬迁青少年乐商在是否为班干部上的差异分析（M±SD）

维度	班干部（n=133）	非班干部（n=417）	t	p
快乐阈限值	11.05±2.68	10.40±2.63	2.462	0.014
品味能力	8.48±2.36	8.37±2.31	0.462	0.644
乐观感染力	12.35±2.58	11.11±2.78	5.559	0.000
乐观理解力	11.55±2.70	10.98±2.92	2.071	0.039
乐商总分	43.43±6.99	40.87±6.61	3.837	0.000

表6-16显示，除了品味能力维度在是否为班干部上无显著差异（$p > 0.05$）外，青少年乐商及各维度在是否为班干部上有显著差异（$p < 0.05$），且是班干部的青少年，其乐商高于非班干部青少年。

5. 易地搬迁青少年乐商在学习氛围与秩序上的差异分析

为探讨易地搬迁青少年乐商在学习氛围与秩序上的差异，以乐商及各维度为因变量，学习氛围与秩序为自变量，采用单因素方差分析方法进行差异检验，结果见表6-17。

表6-17　易地搬迁青少年乐商在学习氛围与秩序上的差异分析（M±SD）

维度	学习氛围与秩序			F	POST HOC
	①较好（n=313）	②一般（n=206）	③较差（n=31）		
快乐阈限值	10.79±2.73	10.34±2.48	9.45±2.67	4.558[*]	①>③
品味能力	8.47±2.31	8.49±2.16	7.06±3.07	5.515[**]	①②>③
乐观感染力	11.75±2.68	10.96±2.80	10.97±3.20	5.558[**]	①>②
乐观理解力	11.35±2.93	10.98±2.63	9.68±3.45	5.276[**]	①②>③
乐商总分	42.37±6.71	40.79±6.46	37.16±7.71	10.398[***]	①>②③ ②>③

表6-17显示，青少年乐商及各维度在学校的学习氛围与秩序上有显著差异（$p < 0.05$）。在青少年乐商总分中，在较好的学习氛围与秩序中的青少年乐商高于一般和较差的，同时在一般的学习氛围和秩序中的青少年，其乐商显著高于较差的；在品味能力和乐观感染力维度中，在较好的和一般的学习氛围和秩序中的青少年高于较差的；在快乐阈限维度中，较好的学习氛围与秩序中的青少年高于较差的；在乐观感染力维度中，较好的学习氛围与秩序高于一般的。具体的趋势分布如图6-12所示。

6. 易地搬迁青少年乐商在是否为独生子女上的差异分析

为探讨易地搬迁青少年乐商在是否为独生子女上的差异，以乐商为因变量，是否独生子女为自变量进行独立样本t检验，结果见表6-18。

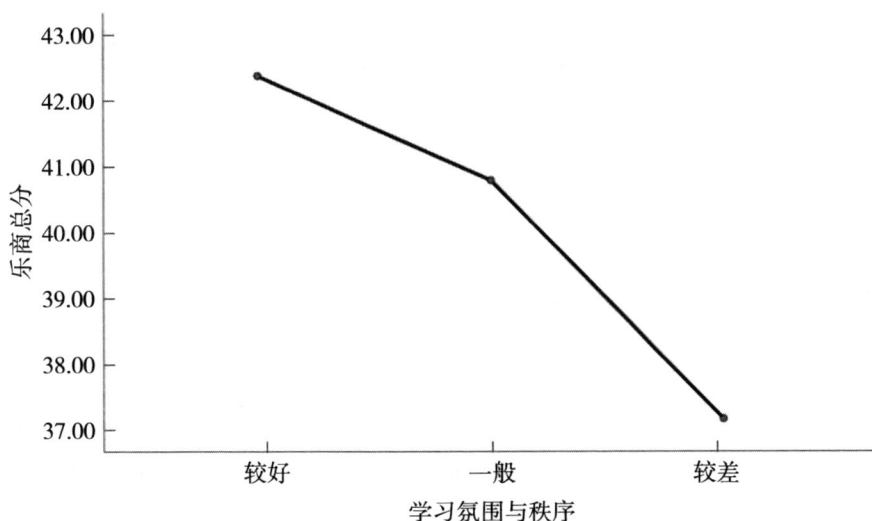

图6-12　易地搬迁青少年乐商总分在学习氛围与秩序上的趋势分布图

表6-18　易地搬迁青少年乐商在是否独生子女上的差异分析（M±SD）

维度	独生子女 （n=35）	非独生子女 （n=515）	t	p
快乐阈限值	10.43±3.15	10.56±2.62	−0.290	0.772
品味能力	8.74±2.55	8.38±2.31	0.902	0.368
乐观感染力	11.77±3.15	11.39±2.76	0.788	0.431

续表

维度	独生子女 （n=35）	非独生子女 （n=515）	t	p
乐观理解力	11.80±2.91	11.07±2.87	1.450	0.148
乐商总分	42.74±8.44	41.40±6.67	1.132	0.258

表6-18显示，易地搬迁青少年乐商及其各维度在是否为独生子女上没有显著差异。

7. 易地搬迁青少年乐商在学习成绩上的差异分析

为探讨易地搬迁青少年乐商在学习成绩上的差异，以乐商为因变量，学习成绩为自变量，采用单因素方差分析方法进行差异检验，结果见表6-19。

表6-19　易地搬迁青少年乐商在学习成绩上的差异分析（M±SD）

维度	学习成绩			F	LSD
	①差 （n=203）	②中 （n=248）	③好 （n=99）		
快乐阈限值	10.12±252	10.66±2.86	11.19±2.21	5.898**	③②>①
品味能力	8.20±2.37	8.43±2.32	8.74±2.21	1.845	
乐观感染力	11.14±2.89	11.39±2.78	12.02±2.45	3.353*	③>①
乐观理解力	10.47±3.03	11.29±2.84	12.01±2.33	10.774***	③>②>①
乐商总分	39.93±6.82	41.77±6.77	43.96±5.96	12.662***	③>②>①

表6-19显示，易地搬迁青少年乐商及其各维度在学习成绩上有显著差异，主要表现在学习成绩好的青少年的乐商和乐观感染力的得分显著高于学习成绩中等的和学习成绩较差的，学习成绩中等的青少年的乐商和乐观感染力的得分显著高于学习成绩较差的；在快乐阈限值上，学习成绩好的和学习成绩中等青少年的快乐阈限值得分显著高于学习成绩较差的青少年；在乐观感染力上，学习成绩好的青少年的乐观感染力得分显著高于学习成绩较差的青少年。具体的趋势分布如图6-13所示。

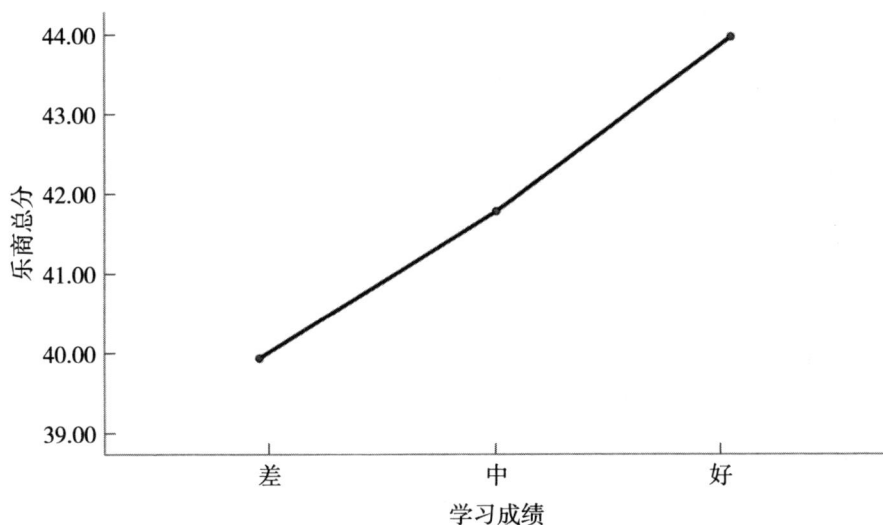

图6-13　易地搬迁青少年乐商总分在学习成绩上的趋势分布图

8. 易地搬迁青少年乐商在父亲文化程度上的差异分析

为探讨易地搬迁青少年乐商在父亲文化程度上的差异，以乐商为因变量，父亲文化程度为自变量，采用单因素方差分析方法进行差异检验，结果见表6-20。

表6-20　易地搬迁青少年乐商在父亲文化程度上的差异分析（M±SD）

维度	父亲文化程度			F
	初中及以下 （n=458）	高中 （n=69）	大专及以上 （n=23）	
快乐阈限值	10.57±2.65	10.52±2.66	10.39±2.82	0.054
品味能力	8.34±2.34	8.49±2.03	9.35±2.76	2.137
乐观感染力	11.39±2.79	11.64±2.76	11.13±2.83	0.355
乐观理解力	11.10±2.86	11.43±3.03	10.61±2.82	0.791
乐商总分	41.40±6.88	42.09±6.03	41.48±7.39	0.310

表6-20显示，易地搬迁青少年乐商及其各维度在父亲文化程度上没有显著差异。

9. 易地搬迁青少年乐商在母亲文化程度上的差异分析

为探讨易地搬迁青少年乐商在母亲文化程度上的差异，以乐商为因变量，母亲文化程度为自变量，采用单因素方差分析方法进行差异检验，结果见表6-21。

表6-21　易地搬迁青少年乐商在母亲文化程度上的差异分析（M±SD）

维度	母亲文化程度			F	LSD
	①初中及以下（n=493）	②高中（n=42）	③大专及以上（n=15）		
快乐阈限值	10.56±2.62	10.71±2.73	9.87±3.52	0.582	
品味能力	8.39±2.27	8.29±2.29	9.20±3.82	0.949	
乐观感染力	11.36±2.75	12.48±2.34	10.07±4.11	4.976**	②>①③
乐观理解力	11.13±2.82	11.12±3.47	10.73±3.22	0.138	
乐商总分	41.44±6.67	42.60±7.36	39.87±8.85	0.998	

表6-21显示，易地搬迁青少年的乐观感染力维度在母亲文化程度上有显著差异。母亲文化程度为高中的青少年，其乐观感染力得分显著高于母亲文化程度为初中及以下、大专及以上的青少年。具体的趋势分布如图6-14所示。

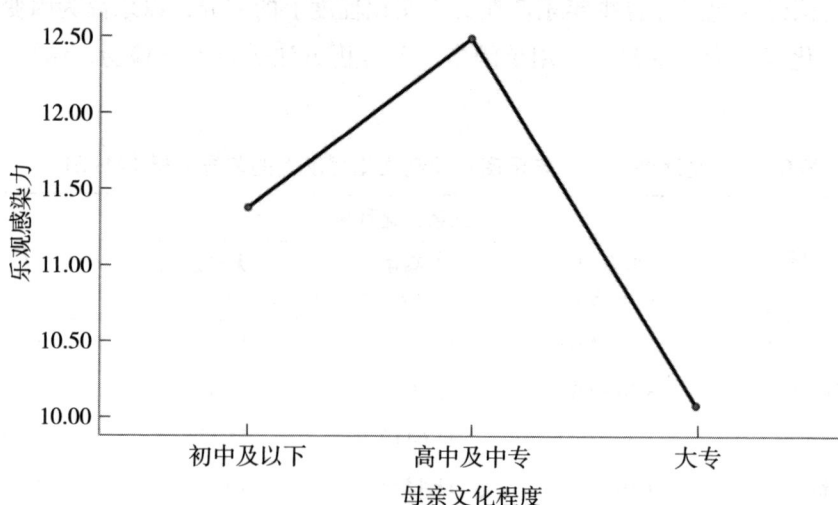

图6-14　易地搬迁青少年乐观感染力在母亲文化程度上的趋势分布图

10. 易地搬迁青少年乐商在父母外出情况上的差异分析

为探讨易地搬迁青少年乐商在父母外出情况上的差异，以乐商为因变量，父母外出情况为自变量，采用单因素方差分析方法进行差异检验，结果见表6-22。

表6-22　易地搬迁青少年乐商在父母外出情况上的差异分析（M±SD）

维度	父母外出情况				F
	父母都在家 （n=246）	父母都在外 （n=170）	父亲在外 （n=90）	母亲在外 （n=44）	
快乐阈限值	10.46±2.69	10.81±2.51	10.42±2.78	10.41±2.76	0.742
品味能力	8.30±2.50	8.61±2.10	8.19±2.42	8.59±1.87	0.940
乐观感染力	11.55±2.71	11.08±2.83	11.78±2.81	11.16±2.88	1.652
乐观理解力	11.05±3.08	11.25±2.66	10.75±2.80	11.75±2.61	1.372
乐商总分	41.36±6.96	41.74±6.74	41.13±6.91	41.91±5.88	0.244

表6-22显示，易地搬迁青少年乐商在父母外出情况上均没有显著差异。

11. 易地搬迁青少年乐商在自评师生关系情况上的差异分析

为探讨易地搬迁青少年乐商在自评师生关系情况上的差异，以乐商为因变量，自评师生关系为自变量，采用单因素方差分析方法进行差异检验，结果见表6-23。

表6-23　易地搬迁青少年乐商在自评师生关系情况上的差异分析（M±SD）

维度	自评师生关系			F	LSD
	①关系较好 （n=258）	②关系一般 （n=250）	③关系较差 （n=42）		
快乐阈限值	11.23±2.52	10.15±2.50	8.81±3.09	21.859***	①>②>③
品味能力	8.71±2.21	8.32±2.26	6.98±2.86	10.754***	①②>③
乐观感染力	11.71±2.61	11.21±2.87	10.79±3.11	3.277*	①>②③
乐观理解力	11.71±2.71	10.90±2.79	8.74±3.08	22.164***	①>②>③
乐商总分	43.37±6.52	40.58±6.24	35.31±6.98	32.938***	①>②>③

表6-23显示，易地搬迁青少年乐商及其各维度在自评师生关系情况上有显著差异，自评师生关系好的青少年的乐商得分、快乐阈限值、乐观理解力均高于认为师生关系一般和较差的青少年，同时自评师生关系一般的青少年其乐商得分、快乐阈限值、乐观理解力均高于自评师生关系较差的青少年；自评师生关系比较好和一般的青少年，其品味能力的得分均显著高于师生关系较差的；

自评师生关系比较好的青少年，其乐观理解力的得分均显著高于师生关系一般和较差的青少年。具体的趋势分布如图6-15所示。

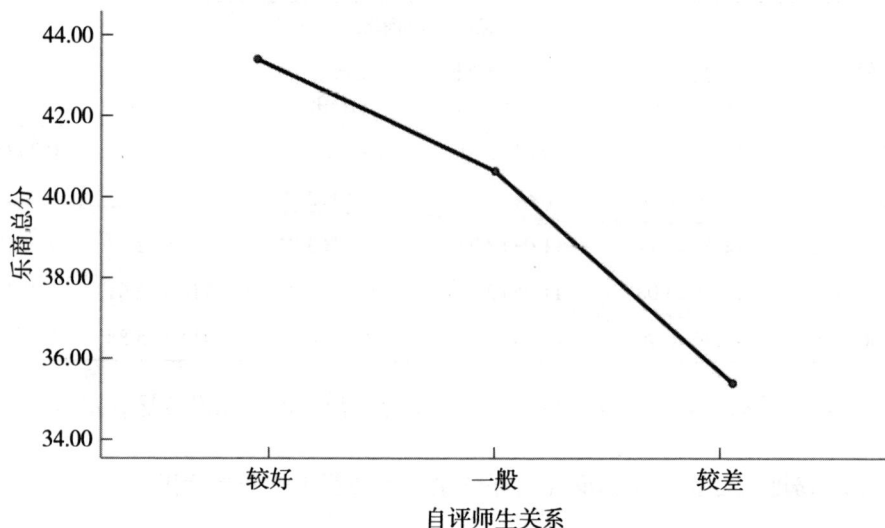

图6-15　易地搬迁青少年乐商总分在自评师生关系上的趋势分布图

12. 易地搬迁青少年乐商在自评同学关系情况上的差异分析

为探讨易地搬迁青少年乐商在自评同学关系情况上的差异，以乐商为因变量，自评同学关系为自变量，采用单因素方差分析方法进行差异检验，结果见表6-24。

表6-24　易地搬迁青少年乐商在自评同学关系情况上的差异分析（M±SD）

维度	自评同学关系			F	LSD
	①关系较好（n=387）	②关系一般（n=152）	③关系较差（n=11）		
快乐阈限值	10.82±2.67	10.06±2.42	8.18±3.22	9.213***	①>②>③
品味能力	8.54±2.25	8.20±2.40	6.18±2.75	6.441**	①②>③
乐观感染力	11.64±2.68	10.96±2.90	9.73±3.55	5.385**	①>②③
乐观理解力	11.41±2.80	10.66±2.83	7.09±2.55	15.437***	①>②>③
乐商总分	42.41±6.74	39.88±5.97	31.18±7.21	22.042***	①>②>③

表6-24显示，易地搬迁青少年的乐商及其各维度在自评同学关系情况上

有显著差异。自评同学关系比较好的青少年，其乐商总分、快乐阈限值得分、乐观感染力得分和乐观理解力得分均显著高于自评同学关系一般和较差的青少年；自评同学关系一般的青少年，其乐商总分、快乐阈限值得分和乐观理解力得分均显著高于自评同学关系较差的青少年；自评同学关系比较好和一般的青少年，其品味能力得分显著高于自评同学关系较差的青少年。具体的趋势分布如图6-16所示。

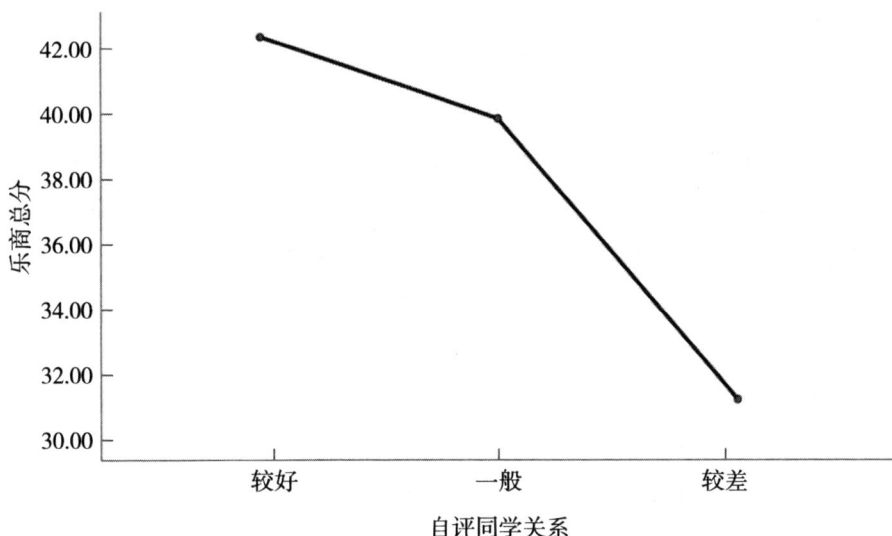

图6-16　易地搬迁青少年乐商总分在自评同学关系上的趋势分布图

六、易地搬迁青少年情绪表达特点的分析与讨论

总体来说，易地搬迁青少年的正性情绪表达处于中等水平，负性情绪表达处于中等偏下水平。说明易地搬迁青少年正性情绪表达显著高于负性情绪表达，这一结论与周文洁（2013）的研究结果一致。产生这一结论可能是因为中国社会文化中人们更容易接受正性的情绪表达，而负性的情绪的表达则会经常被认为是"不识趣的、不会看场合的"。所以青少年在新环境下会抑制自身的负性情绪的表达，使其情绪表达符合社会的期望。

易地搬迁青少年的情绪表达在性别上存在显著差异，在情绪表达方面，正性情绪表达和负性情绪表达女生都高于男生，与周文洁（2013）的研究结果一致。这一结果产生的原因是，根据社会对性别角色的期望研究表明，女性总是被期望表达更多的愉悦和开心，甚至是悲伤和恐惧，但男性则被期望隐藏多数的情绪表达（李迎 等，2010）。

易地搬迁青少年负性情绪表达在学段上不存在显著差异；正性情绪表达在学段上存在显著差异。高中生的正性情绪表达高于小学生和初中生。这与学者李娇（2005）研究的结果不同。产生这一结果的原因是，随着年级的上升，个体也越来越成熟，他们对事件的理解也变得越发深刻，所以不是他们变得更善于表达自己正性的情绪，而把负性情绪隐藏了起来。

易地搬迁青少年正性情绪表达和负性情绪表达在是否为班干部上不存在显著差异。但结果表明，班干部的情绪表达高于非班干部的情绪表达。这与学者张庆华（2011）的研究结果不一致。可能的原因是，在班级的日常管理中，班干部需要乐观开朗，善于表达情绪，只有这样，才能在学生群体中有效并顺利地组织各种活动。正性情绪表达和负性情绪表达在是否为班干部上不存在显著差异，原因是当班干部遇到逆境或者不愉快事件时，被期望值高于一般的学生，所以班干部在对于情绪表达上和普通的学生差别不大。

易地搬迁青少年负性情绪表达在学习氛围与秩序上不存在显著差异，正性情绪表达在学校的学习氛围与秩序上存在显著差异，且在较好和一般的学习氛围与秩序中的青少年正性情绪表达高于在较差的学习氛围与秩序中的青少年。可能的原因是，良好的学习氛围和秩序可以让青少年感觉到身心愉悦，进而影响自身的情绪表达。所以良好的学习氛围与秩序能对青少年的情绪表达产生积极的作用。

七、易地搬迁青少年乐商特点的分析与讨论

对于易地搬迁青少年乐商在性别上的差异，相较于男性，女性更倾向于表达情感、关注他人的情感状态。她们通常更擅长理解和表达情感，具有更高的情商。而男性在面对问题时更倾向于寻求解决方案，注重逻辑和实用性，而不太注重情感交流。他们的情商可能相对较低，但在解决问题和应对挑战方面可能更为出色。这些性别差异可能部分源于生理差异。研究表明，女性大脑的情感中枢区域比男性更为发达，这使得女性更具有情感敏感性和表达能力。社会文化对性别角色的设定和期望也会影响个体的乐商发展。传统观念中，女性被认为更应该关注情感、细节和人际关系，而男性则更应该注重事业、竞争和解

决问题。这种文化价值观可能会在青少年时期对他们的乐商发展产生影响。

青少年在不同学段会有不同的社交经验，这也会影响到他们的情感认知和应对能力。初中生通常面临着更多的同龄人关系和社交挑战，这可能促使他们更多地关注情感认知和人际关系，从而提升乐商。而高中生则可能会面临更多的学业压力和未来规划压力，这可能会影响到他们的情感认知和应对能力。青少年的乐商在不同学段之间的差异部分源于个体发展阶段的差异。随着年龄的增长，青少年的认知能力、情感认知能力和社交技能都在逐渐发展和成熟，这会影响到他们的乐商水平。在初中阶段，青少年通常经历着身心发展的剧烈变化，他们开始更加关注自己的情感状态和人际关系。因此，在初中阶段，一些青少年可能更加敏感、易受情绪影响，表现出较高的乐商。另一方面，初中生通常面临着学业压力增加、同伴关系的变化等挑战，这也可能促使他们更多地关注情感认知和应对能力，从而提升乐商。在高中阶段，青少年面临着更加复杂的学业压力、升学压力和社交压力，这可能会影响到他们的情感认知和应对能力。一些高中生可能会因为学业和生活的压力而感到焦虑、沮丧，这可能会降低他们的乐商水平。但同时，高中生也在逐渐发展更加成熟的情感认知和应对策略，他们可能会通过更多的社交经验和自我反思来提升乐商。

青少年的乐商在是否担任班干部这一角色上可能存在差异，这主要受到担任班干部所需的情感管理、人际交往和领导能力等因素的影响。担任班干部需要具备一定的情感管理和人际交往能力，这些技能对乐商的培养具有积极影响。作为班级的领导者，班干部可能需要处理各种人际关系问题、组织活动并处理矛盾，这促使他们更加敏锐地理解情感并学会有效应对。担任班干部通常需要表现出一定的领导能力和责任感，这可能会增强其自信心和自尊感，从而提升乐商。担任班干部的青少年可能会在同学中拥有一定的社交地位和认可，这也有助于增强其情感认知和应对能力。

学校的文化和教育环境对学生的乐商发展起着至关重要的作用。一些学校注重培养学生的综合素质和情感智商，提倡合作、分享和互助，这有助于营造积极的学习氛围和秩序。而另一些学校可能更注重学术成绩和纪律，这可能导致学习氛围较为紧张和竞争激烈，影响学生的乐商发展。积极向上、鼓励合作和探索的学习氛围有助于培养青少年的乐商。在这样的氛围中，学生感受到支持和鼓励，他们愿意表达自己的想法、分享知识，这有助于提高他们的情感认知和社交技能。有序、安静和尊重的学习环境有助于学生集中注意力、处理情绪，并有效地管理自己的情感。在这样的环境中，学生可以更好地控制自己的情绪，应对挑战和压力，这有助于提升他们的乐商。

拥有较高乐商的青少年通常更具有积极向上的学习动机。他们能够更好地管理情绪，处理挫折和压力，从而更愿意投入到学习中，保持专注和毅力，进而取得更好的学习成绩。良好的乐商有助于建立积极的人际关系，包括与老师、同学和家人之间的关系。在良好的人际关系中，学生可以获得更多的学习支持和资源，这有助于提高学习效率和成绩。拥有较高乐商的青少年通常能够更好地应对学习中遇到的问题和困难。他们能够更冷静地分析问题、寻找解决方案，并有效地处理学习中的挑战，从而提高学习成绩。

青少年的乐商在自评师生关系上可能存在显著差异，这主要受到师生之间的沟通方式、信任程度、情感支持以及学生个体特质等因素的影响。建立支持性的师生关系有助于青少年感受到被理解、被尊重和被支持，这有助于提高他们的乐商。在这样的关系中，学生更愿意表达自己的想法和情感，从而培养情感认知和表达能力。建立信任和亲近的师生关系有助于学生得到情感支持和安全感，这有助于提高他们的乐商。在这样的关系中，学生更愿意分享自己的困扰和挑战，寻求师长的帮助和指导，从而更好地应对情感问题。

建立良好的同学关系有助于青少年感受到友情、支持和归属感，从而促进他们的乐商发展。在良好的同学关系中，青少年可以学会分享、合作、理解和尊重他人的情感，这有助于提高他们的情感认知和表达能力。在同学关系中可能会出现挑战和冲突，这有助于青少年学会处理情感问题、解决矛盾和应对挑战，从而提高乐商。通过应对同学之间的分歧和冲突，青少年可以培养自己的情绪调节能力和社交技能。

第七章

易地搬迁青少年心理健康与品行问题、学校适应、学业、情绪、自尊的关系

一、关系概述

1. 品行问题与心理健康的关系概述

通过查阅文献发现，目前少有关于品行问题行为与心理健康关系的研究，但二者是有关联性的。杨美荣等人（2012）在研究心理虐待与忽视对初中生品行问题行为倾向的影响时发现，童年的虐待经历会增加其人际关系问题的风险，出现低自尊、攻击暴力行为，甚至反社会行为，在特定的情况下，受到心理虐待与忽视的青少年更加容易出现成瘾、攻击、违规等反社会性行为，这可能对认知、情感、行为等产生负面的影响，且在初中生的叛逆阶段，父母的冷漠态度很容易增加产生品行问题行为的可能。徐贤明与钱胜（2012）的研究表明，心理韧性对留守儿童品行问题倾向起着显著的保护作用，女生的心理韧性强于男生，且在品行问题倾向上男生高于女生。从上述研究中可以发现，心理韧性是积极的心理品质，能够保护青少年品行问题行为的倾向，而心理虐待与忽视影响心理健康，会增加产生品行问题行为的可能。

2. 学校适应与心理健康的关系概述

对于学校适应与心理健康的研究，学者们以流动儿童、留守儿童、寄宿初中生、大学新生为研究对象，得出了相对一致的结论。郑丽娜等人（2014）的

研究结果显示，流动儿童的学校适应与心理健康呈显著负相关。郭佳星（2018）的研究表明留守儿童的学校适应与心理健康呈显著负相关。杨雪娟（2010）的研究表明寄宿初中生的学校适应与心理健康存在显著的负相关。陈福侠等（2014）的研究结果显示学校适应和人格及抑郁呈显著负相关，说明不良的学校适应总是和较多的心理问题、强烈的抑郁情绪相伴出现。

3. 学习沉醉感与心理健康的关系概述

纵观以往的研究，关于学习沉醉感与心理健康的关系，大多数学者从学习投入的角度来研究心理健康的状况。杨虹（2017）的研究结果表明高中生的学习投入与心理健康存在显著负相关。巢传宣（2019）从大学生学习投入水平与心理健康自杀意念的关系来研究，发现学习投入水平越高，心理健康状况就越好，自杀意念就越少发生。王苗苗（2020）的研究表明特殊专业的大学生学习投入水平越高，心理健康状况就越好。

4. 积极学业情绪与心理健康的关系概述

越来越多的研究表明，个体的学业情绪与心理健康之间有密切的联系。青少年积极情感与青少年抑郁、焦虑、人格障碍等各种心理问题有关（Schlauch et al.，2013）。这些心理问题的产生直接影响青少年的心理健康，学业情绪是心理健康重要影响因素（徐先彩，2009）。Gross（1998）指出，主动调节积极学业情绪能够提高个体心理健康水平，情绪的调节的机制可以由被动转化为主动，情绪对心理健康有重要作用。刘影等人（2014）的研究中积极学业情绪的两个维度，积极高唤醒学业情绪以及积极低唤醒学业情绪能正向预测初中生的心理健康情况，初中生在积极学业情绪维度上的得分高，则其心理健康水平也比较高。学者们的研究证明青少年的积极学业情绪与心理健康呈显著正相关，积极学业情绪得分越高，心理健康状态越好。青少年的积极学业情绪在一定程度上能够预测青少年的心理健康（王庆涛，2014；魏茜 等，2018；冯春莹 等，2017）。所以，在一定程度上学业情绪对学生的心理健康水平会产生一定的影响，积极的学业情绪能够促进个体的发展，让个体心理更健康。

5. 情绪表达与心理健康的关系概述

在情绪表达与心理健康的有关研究中，Butler等人（2007）发现，情绪抑制会减少并终止人际交往。有的人使用情绪表达抑制造成的人际损害大，而有的人使用情绪表达抑制并不会对人际造成负性影响，说明不同的文化价值观会影响个体对情绪表达抑制的理解。有学者发现情绪表达矛盾可以通过基本心理需要受挫、浸入式思维来影响抑郁症状（Butler et al., 2010）。

国内的大量研究表明，情绪表达与心理健康是紧密相关的。邓丽芳等学者认为情绪表达性对焦虑、抑郁都有一定的预测作用，适当的情绪表达是有利于减轻心理压力和促进心理健康的，也能减少心理疾病的发生（邓丽芳 等，2003）。周婷和王登峰的研究结果也表明个体情绪表达抑制与心理健康水平有关（周婷 等，2012）。学者吴晓庆（2020）的研究结果中发现情绪表达存在一定的人口统计学差异，情绪表达与个体的心理健康息息相关。由此可见，虽然研究者对情绪表达和心理健康进行了不少研究，但对于情绪表达和心理健康的关系并没有更深入的探究，未来还需要对其进行进一步的考察和研究。

6. 乐商与心理健康的关系概述

在乐商与心理健康方面，面对健康问题时，乐观主义者在情绪和心理上的表现比悲观主义者更好，乐观者表现出对逆境的情绪反应更好，苦恼减少，情绪更加积极。周宗奎（2015）用元分析的方法考察气质性乐观与青少年心理健康的关系，得出气质性乐观与青少年心理健康的积极指标呈显著正相关，青少年气质越乐观积极指标越高，与消极指标呈显著负相关，青少年气质越乐观消极指标越低。刘丽中（2016）的研究得出青少年乐观与心理健康呈显著正相关。

7. 自尊与心理健康的关系概述

自尊与心理健康有密切联系。陈则敬（2006）的研究得出高自尊的人倾向于拥有较为积极的情感体验并且同时表现出较高的生活满意度，很少有负面的情绪；而低自尊的人的表现则恰恰与之相反，会比较倾向于表现出消极的情绪。钱铭怡等人（1998）的研究结果显示，若青少年拥有较高的自尊发展水平，那么他自身的一些心理健康方面的问题便会自然而然地减少，同时也表现为其自身的耐挫折能力以及对恶劣环境的适应能力较强。答会明等人（2000）的研究结果显示，大学生的自尊水平与心理健康总均分存在显著性负相关。自尊能减少负性情绪体验，增加正性情绪体验，采用积极方式来应对负性生活事件，直接面对问题而不是逃避问题，这些都会对生活满意度产生积极影响（张子燕，2016）。同时许多研究发现，自尊的水平越高，心理健康的状况越好（苏昊 等，2011；曾蓉 等，2007；刘华山，2008；李文倩，2017）。

综上所述，良好的自尊也会对心理健康产生积极的作用，获得更好的学习状态，更有利于维护个体的心理健康。

二、关系分析

1. 易地搬迁青少年品行问题与心理健康的关系分析

（1）易地搬迁青少年品行问题与心理健康的相关分析。

为了探讨易地搬迁青少年品行问题与心理健康之间的关系，采用相关分析的方法进行分析，结果见表7-1。

表7-1　易地搬迁青少年品行问题与心理健康的相关分析

项目	违规倾向	成瘾倾向	攻击行为	品行问题总分	心理健康总分
违规倾向	1				
成瘾倾向	0.460***	1			
攻击行为	0.559***	0.479***	1		
品行问题总分	0.898***	0.688***	0.827***	1	
心理健康总分	−0.438***	−0.196***	−0.427***	−0.464***	1

表7-1显示，易地搬迁青少年品行问题及各维度与心理健康总分呈显著负相关，也就是说违规倾向、成瘾倾向、攻击行为及品行问题总分与心理健康均存在显著负相关，这就说明易地搬迁青少年品行问题越严重，其心理健康水平越低。

（2）易地搬迁青少年品行问题对心理健康的预测分析。

为了探讨易地搬迁青少年品行问题与心理健康的关系，以品行问题的各维度为预测变量，心理健康总分为因变量进行回归分析，回归分析结果见表7-2。

表7-2　易地搬迁青少年品行问题各维度对心理健康的预测分析（n=550）

因变量	预测变量	R	R^2	F	B	β	t
心理健康总分	违规倾向				−0.580	−0.316	−6.806***
	成瘾倾向	0.496	0.246	59.388***	−0.396	−0.090	−2.056*
	攻击行为				−0.771	−0.293	−6.237***

表7-2显示，易地搬迁青少年心理健康各维度对品行问题的回归系数为0.496，可以解释心理健康24.6%的变异；从t值看，违规倾向、成瘾倾向和攻击行为对心理健康的预测分析均达到了显著水平（$p < 0.05$），因此可以说明违规倾向、成瘾倾向和攻击行为对心理健康水平有显著的负向预测作用。

同时为了探讨易地搬迁青少年品行问题总分与心理健康的关系，以品行问题总分为预测变量，心理健康总分为因变量进行线性回归分析，回归分析结果见表7-3。

表7-3　易地搬迁青少年品行问题总分对心理健康的预测分析（n=550）

因变量	预测变量	R	R^2	F	B	β	t
心理健康总分	品行问题总分	0.464	0.215	150.44***	−0.483	−0.464	−12.265***

表7-3显示，易地搬迁青少年心理健康总分对品行问题总分的回归系数为0.464，可以解释心理健康21.5%的变异；从t值看，品行问题总分对心理健康的预测分析达到了显著水平（$p < 0.001$），因此可以说明易地搬迁青少年品行问题总分对心理健康水平有显著的负向预测作用。

2. 易地搬迁青少年学校适应与心理健康的关系分析

（1）易地搬迁青少年学校适应与心理健康的相关分析。

为探讨易地搬迁青少年学校适应与心理健康的关系，采用相关分析的方法对学校适应及各维度与心理健康进行相关分析，结果见表7-4。

表7-4　易地搬迁青少年学校适应与心理健康的相关分析

项目	学业适应	新家庭学习环境适应	师生关系适应	同伴关系适应	学校适应	心理健康总分
学业适应	1					
新家庭学习环境适应	0.379***	1				
师生关系适应	0.515***	0.432***	1			
同伴关系适应	0.391***	0.367***	0.414***	1		
学校适应总分	0.771***	0.675***	0.798***	0.747***	1	
心理健康总分	0.418***	0.339***	0.463***	0.373***	0.534***	1

表7-4显示，通过皮尔逊积差相关统计分析可以得出，易地搬迁青少年学校适应及各维度与心理健康呈显著正相关，也就是说学业适应、新家庭学习环境适应、师生关系适应、同伴关系适应和学校适应总分均与心理健康呈显著正相关。

（2）易地搬迁青少年学校适应对心理健康的预测分析。

为探讨易地搬迁青少年学校适应与心理健康的关系，以学校适应的各维度为预测变量，心理健康总分为因变量，进行回归分析，结果见表7-5。

表7-5　易地搬迁青少年学校适应各维度对心理健康的预测分析

因变量	预测变量	R	R^2	F	B	$β$	t
心理健康总分	师生关系适应				0.384	0.259	5.735***
	学业适应				0.284	0.186	4.248***
	同伴关系适应	0.538	0.290	55.594***	0.223	0.157	3.783***
	新家庭学习环境适应				0.207	0.099	2.379*

表7-5显示，回归分析的结果表明，学校适应的4个维度均进入了心理健康的回归方程，说明这4个维度对心理健康有显著的预测作用，最先进入回归模型的是师生关系适应，说明对心理健康的解释力最强。4个自变量的模型经检验F值为55.594，在0.001水平上显著，4个变量对心理健康的联合解释达到29.0%，因此，师生关系适应、学业适应、同伴关系适应和新家庭学习环境适应4个变量均能显著正向预测心理健康。

同时为了探讨易地搬迁青少年学校适应总分与心理健康的关系，以易地搬迁青少年的学校适应总分为预测变量，心理健康总分为因变量，进行回归分析，结果见表7-6。

表7-6　易地搬迁青少年学校适应总分对心理健康的预测分析

因变量	预测变量	R	R^2	F	B	β	t
心理健康总分	学校适应总分	0.534	0.285	218.908***	0.282	0.534	14.796***

表7-6显示，易地搬迁青少年的学校适应总分对心理健康总分有显著的正向预测作用，学校适应总分对心理健康的解释率为28.5%，说明易地搬迁青少年的学校适应越强，其心理健康水平也就越高。

3. 易地搬迁青少年学习沉醉感与心理健康的关系分析

（1）易地搬迁青少年学习沉醉感与心理健康的相关分析。

为探讨易地搬迁青少年学习沉醉感与心理健康的关系，采用相关分析的方法对学习沉醉感及各维度与心理健康进行分析，结果见表7-7。

表7-7　易地搬迁青少年学习沉醉感与心理健康的相关分析

项目	学习目标清晰	投入体验和享受	自我意识减弱	时间感扭曲	学习沉醉感	心理健康总分
学习目标清晰	1					
投入体验和享受	0.690***	1				
自我意识减弱	0.488***	0.425***	1			
时间感扭曲	0.494***	0.608***	0.423***	1		
学习沉醉感总分	0.836***	0.877***	0.732***	0.747***	1	
心理健康总分	0.322***	0.323***	0.141**	0.120**	0.296***	1

表7-7显示，易地搬迁青少年的学习沉醉感及各维度与心理健康呈显著正相关，也就是说学习目标清晰、投入体验和享受、自我意识减弱、时间感扭曲和学习沉醉感总分与心理健康均呈显著正相关。

（2）易地搬迁青少年学习沉醉感对心理健康的预测分析。

为探讨易地搬迁青少年学习沉醉感与心理健康的关系，以学习沉醉感各维度为预测变量，心理健康总分为因变量，进行回归分析，结果见表7-8。

表7-8　易地搬迁青少年学习沉醉感各维度对心理健康的预测分析

因变量	预测变量	R	R^2	F	B	β	t
	投入体验和享受				0.373	0.268	4.406***
心理健康总分	学习目标清晰	0.369	0.136	21.530***	0.424	0.216	3.740***
	时间感扭曲				−0.367	0.143	−2.759*

　　表7-8显示，易地搬迁青少年学习沉醉感各维度进入心理健康的回归方程有3个因子，即投入体验和享受、学习目标清晰、时间感扭曲，说明这3个因子对心理健康有显著的预测作用，最先进入回归模型的是投入体验和享受，说明它对心理健康的解释最强。3个变量的模型经检验F值为21.530，在0.001水平上显著，3个变量对心理健康的联合解释率达到13.6%，投入体验和享受、学习目标清晰对心理健康有显著的正向预测作用；时间感扭曲对心理健康有显著的负向预测作用。

　　同时为了探讨易地搬迁青少年学习沉醉感总分与心理健康的关系，以学习沉醉感总分为预测变量，心理健康总分为因变量进行线性回归分析，回归分析结果见表7-9。

表7-9　易地搬迁青少年学习沉醉感总分对心理健康的预测分析（n=550）

因变量	预测变量	R	R^2	F	B	β	t
心理健康总分	学习沉醉感总分	0.296	0.098	52.679***	0.167	0.296	7.258***

　　表7-9显示，易地搬迁青少年心理健康总分对学习沉醉感总分的回归系数为0.296，可以解释心理健康9.8%的变异；从t值看，学习沉醉感总分对心理健康的预测分析达到了显著水平（$p < 0.001$），因此可以说明学习沉醉感总分对心理健康水平有显著的正向预测作用。

4. 易地搬迁青少年积极学业情绪与心理健康的关系分析

（1）易地搬迁青少年积极学业情绪与心理健康的相关分析。

　　为了探讨易地搬迁青少年积极学业情绪与心理健康的关系，采用相关分析的方法对易地搬迁青少年积极学业情绪及各维度与心理健康进行分析，结果见表7-10。

表7-10　易地搬迁青少年积极学业情绪与心理健康的相关分析（n=550）

项目	积极高唤醒学业情绪	积极低唤醒学业情绪	积极学业情绪	心理健康总分
积极高唤醒学业情绪	1			
积极低唤醒学业情绪	0.681***	1		
积极学业情绪	0.920***	0.914**	1	
心理健康总分	0.369***	0.548***	0.498***	1

表7-10显示，易地搬迁青少年积极学业情绪各维度与心理健康呈显著正相关，积极高唤醒学业情绪和积极低唤醒学业情绪均与心理健康呈显著正相关，也就是说，易地搬迁青少年积极学业情绪越好，心理健康得分越高，心理健康状况越好。

（2）易地搬迁青少年积极学业情绪对心理健康的预测分析。

为了探讨易地搬迁青少年积极学业情绪与心理健康的关系，以心理健康总分为因变量，积极学业情绪各维度为预测变量，进行回归分析，结果见表7-11。

表7-11　易地搬迁青少年积极学业情绪对心理健康的预测分析（n=550）

因变量	预测变量	R	R^2	F	B	β	t
心理健康总分	积极低唤醒学业情绪	0.548	0.300	235.276***	0.282	0.548	15.339***

表7-11显示，积极学业情绪两个维度中进入心理健康的回归方程只有积极低唤醒学业情绪，说明积极低唤醒学业情绪对心理健康的解释最强，模型经检验F为235.276，在0.001水平上显著，对心理健康解释率达到了30.0%，积极低唤醒学业情绪对心理健康有显著正向预测作用。具体哪种积极低唤醒学业情绪影响心理健康呢？再次以积极低唤醒学业情绪的3类：满足、平静、放松为自变量，心理健康总分为因变量进行回归分析，结果见表7-12。

表7-12　易地搬迁青少年积极低唤醒学业情绪各维度对心理健康的预测分析

因变量	预测变量	R	R^2	F	B	β	t
	满足				0.242	0.182	3.591***
心理健康总分	平静	0.550	0.302	78.799***	0.372	0.226	4.626***
	放松				0.258	0.220	4.000***

表7-12显示，积极低唤醒学业情绪中进入心理健康的回归方程的有3个因子，分别为满足、平静和放松，说明这3个因子对心理健康有显著的预测作用。3个自变量的模型经检验F值为78.799，在0.001水平上显著，3个变量对心理健康的联合解释率达到30.2%，3个变量均显著正向预测心理健康。

同时为了探讨易地搬迁青少年积极学业情绪总分与心理健康的关系，以积极学业情绪总分为预测变量，心理健康总分为因变量进行线性回归分析，回归分析结果见表7-13。

表7-13　易地搬迁青少年积极学业情绪总分对心理健康的预测分析（n=550）

因变量	预测变量	R	R^2	F	B	β	t
心理健康总分	积极学业情绪总分	0.498	0.248	180.968***	0.138	0.498	13.452***

表7-13显示，易地搬迁青少年心理健康总分对积极学业情绪总分的回归系数为0.498，可以解释心理健康24.8%的变异；从t值看，积极学业情绪总分对心理健康的预测分析达到了显著水平（$p < 0.001$），因此可以说明易地搬迁青少年积极学业情绪总分对心理健康水平有显著的正向预测作用。

5. 易地搬迁青少年情绪表达与心理健康的关系分析

（1）易地搬迁青少年情绪表达与心理健康的相关分析。

为探讨易地搬迁青少年情绪表达与心理健康的关系，采用相关分析的方法对情绪表达各维度与心理健康进行相关分析，结果见表7-14。

表7-14　易地搬迁青少年情绪表达与心理健康的相关分析

项目	正性情绪表达	负性情绪表达	心理健康总分
正性情绪表达	1		
负性情绪表达	0.586**	1	
心理健康总分	0.254**	0.147**	1

表7-14显示，通过皮尔逊积差相关统计分析可得出，易地搬迁青少年正、负性情绪表达与心理健康呈显著的正相关。

（2）易地搬迁青少年情绪表达对心理健康的预测分析。

为探讨易地搬迁青少年情绪表达与心理健康的关系，以情绪表达各维度为预测变量，心理健康总分为因变量，进行回归分析，结果见表7-15。

表7-15　易地搬迁青少年情绪表达对心理健康的预测分析

因变量	预测变量	R	R^2	F	B	β	t
心理健康总分	正性情绪表达	0.254	0.065	18.920***	0.731	0.256	5.022***

表7-15显示，情绪表达的两个维度中进入心理健康的回归方程只有正性情绪表达，说明正性情绪表达对心理健康有显著的预测作用，模型经检验F为18.920，在0.001水平上显著，对心理健康解释达到了6.5%，易地搬迁青少年正性情绪表达对心理健康有显著的正向预测作用。

6. 易地搬迁青少年乐商与心理健康的关系分析

（1）易地搬迁青少年乐商与心理健康的相关分析。

为探讨易地搬迁青少年乐商与心理健康的关系，采用相关分析的方法对乐商及各维度与心理健康进行分析，结果见表7-16。

表7-16　易地搬迁青少年乐商与心理健康的相关分析

项目	快乐阈限值	品味能力	乐观感染力	乐观理解力	乐商	心理健康总分
快乐阈限值	1					
品味能力	0.520***	1				
乐观感染力	0.035	−0.092*	1			
乐观理解力	0.480***	0.464***	−0.099**	1		
乐商总分	0.786***	0.704***	0.350***	0.729***	1	
心理健康总分	0.201***	0.131**	0.086*	0.271***	0.273***	1

表7-16显示，通过皮尔逊积差相关统计分析可以得出，易地搬迁青少年的乐商及各维度与心理健康呈显著正相关，也就是说快乐阈限值、品味能力、乐观感染力、乐观理解力和乐商总分均与心理健康呈显著正相关。

（2）易地搬迁青少年乐商对心理健康的预测分析。

继续探讨易地搬迁青少年乐商与心理健康的关系，以乐商的各维度为预测变量，心理健康总分为因变量，进行回归分析，结果见表7-17。

表7-17　易地搬迁青少年乐商各维度对心理健康的预测分析

因变量	预测变量	R	R^2	F	B	β	t
心理健康总分	乐观感染力				0.218	0.105	2.541[*]
	乐观理解力	0.303	0.092	13.729[***]	0.500	0.249	5.102[***]

表7-17显示，乐商的各维度中进入心理健康的回归方程的有两个因子，即乐观感染力和乐观理解力，说明这两个因子对心理健康有显著的正向预测作用，乐观感染力和乐观理解力能够正向预测心理健康，这两个变量对心理健康的联合解释率达9.2%，乐观感染力越强，心理健康水平就越高；乐观理解力越强，心理健康水平就越高。

同时为了探讨易地搬迁青少年乐商总分与心理健康的关系，以易地搬迁青少年的乐商总分为预测变量，心理健康总分为因变量，进行回归分析，结果见表7-18。

表7-18　易地搬迁青少年乐商总分对心理健康的预测分析

因变量	预测变量	R	R^2	F	B	β	t
心理健康总分	乐商总分	0.273	0.075	44.126[***]	0.232	0.273	6.643[***]

表7-18显示，易地搬迁青少年的乐商总分对心理健康总分有显著的正向预测作用，乐商越强，心理健康水平也越高，乐商对心理健康的解释率有7.5%。

7.易地搬迁青少年自尊与心理健康的关系分析

（1）易地搬迁青少年自尊与心理健康的相关分析。

为探讨易地搬迁青少年自尊与心理健康的关系，采用相关分析的方法对自尊与心理健康进行分析，结果见表7-19。

表7-19　易地搬迁青少年自尊与心理健康的相关分析

项目	自尊	心理健康总分
自尊	1	
心理健康总分	0.477[***]	1

表7-19显示，通过皮尔逊积差相关统计分析可得出，易地搬迁青少年的自尊与心理健康呈显著正相关。

（2）易地搬迁青少年自尊对心理健康的预测分析。

继续探讨易地搬迁青少年自尊与心理健康的关系，以自尊为预测变量，心理健康总分为因变量，进行回归分析，结果见表7–20。

表7–20　易地搬迁青少年自尊对心理健康的预测分析

因变量	预测变量	R	R^2	F	B	β	t
心理健康总分	自尊	0.477	0.228	161.674***	0.591	0.477	12.715***

表7–20显示，易地搬迁青少年的自尊总分对心理健康总分有显著的正向预测作用，自尊越强，心理健康水平就越高，自尊对心理健康的解释率达到22.8%。

三、中介分析

1. 易地搬迁青少年学校适应对心理健康的路径分析

将学校适应作为自变量、心理健康作为因变量，积极学业情绪和品行问题行为作为中介变量，采用PROCESS中的MODEL6，使用Bootstrap重复取样5 000次进行链式中介回归分析，结果表明，学校适应可显著正向预测积极学业情绪（β=0.667，$p < 0.001$）；积极学业情绪（β=-0.185，$p < 0.001$）和学校适应（β=-0.204，$p < 0.01$）可显著负向预测品行问题行为；积极学业情绪（β=-0.200，$p < 0.001$）、品行问题行为（β=-0.301，$p < 0.001$）和学校适应（β=0.302，$p < 0.001$）可共同显著预测心理健康，具体见表7–21、图7–1。

表7–21　积极学业情绪和品行问题行为链式中介回归分析

结果变量	预测变量	R	R^2	F	β	t
积极学业情绪	学校适应	0.667	0.445	439.469***	0.667	20.964***
品行问题行为	积极学业情绪	0.355	0.126	39.437***	−0.185	−3.438***
	学校适应				−0.204	−3.807**
心理健康	积极学业情绪	0.633	0.401	121.774***	−0.200	4.451***
	品行问题行为				−0.301	−8.495***
	学校适应				0.302	6.710***

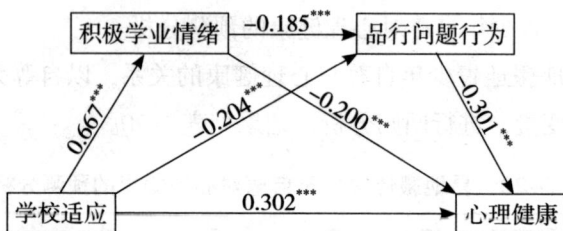

图7-1　积极学业情绪和品行问题行为的链式中介效应

链式中介的分析结果表明，学校适应对心理健康的直接效应为0.199 8（t=6.710，$p < 0.001$，$LLCI$=0.141，$ULCI$=0.258），占总效应量的56.6%（表7-22），积极学业情绪、品行问题行为在学校适应与心理健康之间的总间接效应量为0.153，占总效应的43.4%。换言之，学校适应既可以直接影响心理健康，还可以通过积极学业情绪、品行问题行为来间接影响心理健康。易地搬迁青少年的学校适应对心理健康的直接效应和间接效应均显著；间接效应包括了三条路径：通过积极学业情绪的单独中介效应、通过品行问题行为的单独中介效应以及通过积极学业情绪—品行问题行为的链式中介效应。

表7-22　积极学业情绪和品行问题行为链式中介效应检验

项目	间接效应值	*Boot*标准误	*BootCL*下限	*BootCL*上限	相对中介效应
总间接效应	0.153	0.025	0.104	0.204	43.4%
学校适应→积极学业情绪→心理健康	0.088	0.024	0.041	0.136	25.0%
学校适应→学习沉醉→心理健康	0.041	0.016	0.013	0.074	11.5%
学校适应→积极学业情绪→品行问题行为→心理健康	0.025	0.009	0.007	0.042	6.9%

注：*Boot*标准误、*BootCL*下限和*BootCL*上限分别指通过偏差矫正的百分位Bootstrap法（5 000次）估计的间接效应的标准误差、95%置信区间的下限和上限。下同。

2. 易地搬迁青少年情绪表达对心理健康的路径分析

研究中先将正性情绪表达作为自变量、心理健康作为因变量，学习沉醉感和学校适应作为中介变量，采用PROCESS中的MODEL6，使用Bootstrap重复取样5 000次进行链式中介回归分析，结果表明，正性情绪表达可显著正向预测学习沉醉感（β=0.312，$p < 0.001$）；正性情绪表达（β=0.368，$p < 0.001$）和学习沉醉感（β=0.265，$p < 0.01$）可显著负向预测学校适应；学习沉醉感（β=0.109，$p < 0.01$）和学校适应（β=0.494，$p < 0.001$）可共同显著预测心理健康，具体见表7-23、图7-2。

表7-23　学习沉醉感和学校适应链式中介回归分析

结果变量	预测变量	R	R^2	F	β	t
学习沉醉感	正性情绪表达	0.312	0.097	58.932***	0.312	7.677***
学校适应	正性情绪表达	0.516	0.267	99.471***	0.368	9.554***
	学习沉醉感				0.265	6.883***
心理健康	正性情绪表达	0.544	0.296	76.372***	−0.002	−0.056
	学习沉醉感				0.109	2.773**
	学校适应				0.494	11.772***

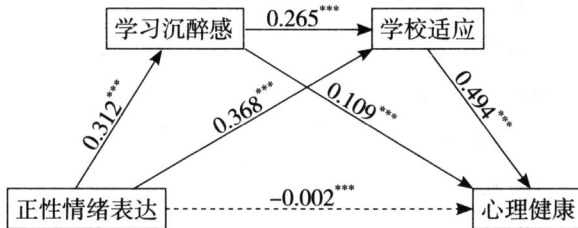

图7-2　学习沉醉感和学校适应的链式中介效应

表7-24的链式中介分析结果表明，正性情绪表达对心理健康的直接效应不显著（$p > 0.001$），也就是说正性情绪表达对心理健康的影响主要是通过学习沉醉感、学校适应来间接影响心理健康。换言之，易地搬迁青少年的正性情绪表达对心理健康的间接效应显著，间接效应包括了3条路径：通过学习沉醉的单独中介效应、通过学校适应的单独中介效应以及通过学习沉醉—学校适应的链式中介效应。

再将负性情绪表达作为自变量、心理健康作为因变量，学习沉醉感和学校适应作为中介变量，采用PROCESS中的MODEL6，使用Bootstrap重复取样5 000次进行链式中介回归分析，结果表明，负性情绪表达可显著预测学习沉醉感（β=0.276，$p < 0.001$）；负性情绪表达（β=−0.320，$p < 0.001$）和学习沉醉

表7-24 学习沉醉感和学校适应链式中介效应检验

项目	间接效应值	Boot标准误	BootCL下限	BootCL上限	相对中介效应
总间接效应	0.145	0.077	0.110	0.181	100.0%
正性情绪表达→学习沉醉感→心理健康	0.019	0.085	0.003	0.037	13.4%
正性情绪表达→学校适应→心理健康	0.102	0.015	0.073	0.134	71.4%
正性情绪表达→学习沉醉感→学校适应→心理健康	0.023	0.006	0.013	0.036	16.2%

感（β=0.292，$p < 0.01$）可显著负向预测学校适应；学习沉醉感（β=0.123，$p < 0.01$）和学校适应（β=0.527，$p < 0.001$）可共同显著预测心理健康，具体见表7-25、图7-3。

表7-25 学习沉醉感和学校适应链式中介回归分析

结果变量	预测变量	R	R^2	F	β	t
学习沉醉感	负性情绪表达	0.276	0.076	45.098***	0.276	6.716***
学校适应	负性情绪表达	0.489	0.239	85.886***	−0.320	8.248***
	学习沉醉感				0.292	7.516***
心理健康	负性情绪表达	0.551	0.303	79.296***	−0.098	−2.487*
	学习沉醉感				0.123	3.152**
	学校适应				0.527	12.866**

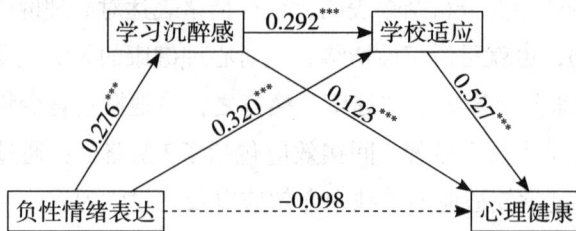

图7-3 学习沉醉感和学校适应的链式中介效应

表7-26的链式中介的分析结果表明，负性情绪对心理健康的直接效应为0.199 8（t=−2.487，$p < 0.05$，$LLCI$=−0.102，$ULCI$=−0.012），占总效应量的9.1%，学习沉醉感和学校适应在负性情绪表达与心理健康之间的总间接效应量为

0.143，占总效应的90.9%。换言之，负性情绪表达既可以直接影响心理健康，还可以通过学习沉醉感、学校适应来间接影响心理健康。易地搬迁青少年的负性情绪表达对心理健康的直接效应和间接效应均显著；间接效应包括3条路径：通过学习沉醉感的单独中介效应、通过学校适应的单独中介效应以及通过学习沉醉感—学校适应的链式中介效应。

表7-26　学习沉醉感和学校适应链式中介效应检验

项目	间接效应值	Boot标准误	BootCL下限	BootCL上限	相对中介效应
总间接效应	0.143	0.019	0.107	0.180	90.9%
负性情绪表达→学习沉醉感→心理健康	0.020	0.081	0.005	0.037	12.6%
负性情绪表达→学校适应→心理健康	0.098	0.017	0.067	0.132	62.6%
负性情绪表达→学习沉醉感→学校适应→心理健康	0.028	0.006	0.014	0.038	15.8%

四、分析与讨论

1. 易地搬迁青少年品行问题与心理健康的关系

调研结果显示，易地搬迁青少年的品行问题越严重，其心理健康的水平越低。其原因可能是，青少年的社会经验不足，心理还不够成熟，自我调节的能力比较弱，当面对同学关系紧张，学习成绩不理想等一系列状况时，大多数都不能正确地处理，且此时他们心理具有封闭性，不愿意与别人诉说，会因此产生焦虑，一旦这个焦虑长期存在会引发一系列的问题行为，这些问题行为对青少年的学习生活以及心理健康都有很大的影响。

调研结果还显示，品行问题行为可以解释心理健康21.5%的变异，品行问题行为对心理健康有预测作用，即品行问题行为越严重的易地搬迁青少年，其心理健康问题也就越多。其原因是青少年的情绪不稳定，易失控，做事情很冲动，然而产生的问题他们又无法自己解决，就会陷入焦虑之中，甚至感到痛苦，这样会引发一系列心理健康问题。

2. 易地搬迁青少年学校适应与心理健康的关系

易地搬迁青少年学校适应与心理健康存在显著相关，这一研究与以往的研究结果一致（郑丽娜 等，2014；郭佳星，2018；杨雪娟，2010；陈福侠 等，2014）。出现这种结果可能的原因是，易地搬迁青少年到了新的学校后，首先需要适应新的环境，如果适应不当，就会产生消极情绪，心理健康问题就会越严重；反之，学校适应水平越高，易地搬迁青少年心理健康水平越好。这说明学校适应的高低与心理健康的好坏有着很直接的关系。

多元回归分析表明，师生关系适应对心理健康的影响最大，具有较强的预测能力，其次是学业适应、同伴适应、新家庭学习环境适应。其原因是：首先，老师是学校学习生活的主导者，与老师的交往是在学校重要的人际交往之一，师生关系在人际交往过程或互动过程中建立，良好的师生关系有利于学生的学习，师生关系越好，心理健康就越好；其次学业适应和同伴适应也是心理健康必不可少的影响因素，最后新家庭学习环境适应对心理健康的影响最小，是因为搬迁后家庭的学习环境、家长对青少年学习的态度大致相同。因此师生关系适应对心理健康的预测最大，新家庭学习环境适应对心理健康的预测最小。

3. 易地搬迁青少年学习沉醉感与心理健康的关系

易地搬迁青少年学习沉醉感与心理健康存在显著相关，这与已有研究一致（杨虹，2017；巢传宣 等，2019；王苗苗 等，2020）。这表明青少年学习沉醉感越高，心理健康状况越好，反之亦然。高学习沉醉感的青少年在学习过程中，能够全身心投入学习中并伴有愉快的心情，产生较多的积极情绪，这样可以使青少年感觉自我良好，体验到一种成就感，很少抱怨，身心健康，抗压能力较强。

回归分析表明，首先，投入体验和享受对心理健康的影响最大，具有较强的显著预测能力，其原因是：在学习过程中青少年能够体验到学习活动本身带来的愉悦感和满足感，愉悦感和满足感越高，青少年就越愿意投入学习中去，心理健康状况就越好。其次，学习目标清晰对心理健康的影响次之，其原因是：在学习活动进行过程中，青少年非常明确自己的目标以及自己的表现，目标越清晰，心理健康状况就越好。最后，时间感扭曲对心理健康的影响最小，其原因是：儿童体验到的暂时性的时间体验越多，其对时间的辨认越模糊心理健康状况越差。

4. 易地搬迁青少年积极学业情绪与心理健康的关系

调研结果显示，易地搬迁青少年积极学业情绪各维度与心理健康呈显著负相关，这与已有研究结果一致（冯春莹 等，2017）。易地搬迁青少年积极学业情绪越好，心理健康状况越好。易地搬迁青少年的积极学业影响着心理健康，积极学业情绪的产生对青少年的心理健康状态有积极的作用。

积极学业情绪维度中积极低唤醒学业情绪对心理健康得分有显著预测作用，这与已有研究结果一致（王庆涛，2014）。易地搬迁青少年积极低唤醒学业情绪维度上的得分越高，心理健康状况越好，体验到更多的满足、平静和放松的积极学业情绪的青少年心理健康状况更好。原因可能是更多积极学业情绪的产生，使得易地搬迁青少年在新的学习环境中归属感更强，更好融入、享受学习生活，负性情绪的产生也会随之减少。在学业上，学习主动性、学习投入越好，成就动机、自我效能感越强，越自信人际关系也越好，心理健康状况也就越好。

5. 易地搬迁青少年情绪表达与心理健康的关系

调研结果显示，易地搬迁青少年正性情绪表达和负性情绪表达与心理健康存在显著相关。回归分析的结果表明，进入心理健康的回归方程只有正性情绪表达，说明正性情绪表达对心理健康有显著的预测作用。这一结论与邓丽芳等人（2003）的一致。在心理健康教育中，过度的表达和压抑自己的情绪都不可取，会在一定程度上会影响自己的心理健康水平，而采用合适的情绪表达方式，不仅能表达自身情绪敞开自己的心扉，还能用他人能够接纳的方式进行情绪沟通，对心理健康有一定的促进作用。我们要注意引导青少年采取合适的情绪表达方式，从而促进其心理健康的发展。

6. 易地搬迁青少年心理健康的中介分析

本研究发现心理健康、品行问题行为、学校适应、积极学业情绪两两之间呈显著相关，说明4个变量的关系密切。社会生态系统理论强调发展中的个体是不断生长的、与周围环境时刻互动的，环境对青少年的发展所产生的影响是多维度的、多变的（彭华民，2016）。搬迁后的学校文化、社区文化、政策理念等都会影响到他们的心理健康。本研究发现学校适应就可直接预测心理健康，与以往研究一致（廖建英 等，2014；何更生 等，2012）。由此可见，学校适应是心理健康的重要影响因素。

同时，我们发现积极学业情绪在学校适应和心理健康之间起了中介作用。这一研究结果表明，学校适应强的青少年通过积极学业情绪对其心理健康产生积极的影响。PPCT模型（"个人—过程—环境—时间"模型）强调影响个体发展的系统因素相互作用形成一个力量网络，共同影响个体的心理发展（Bronfenbrenner et al., 2007）。本研究中的积极学业情绪属于过程因素，因而会受到学校适应这一个体因素的影响。PPCT模型认为，积极情绪有利于个体的发展，我们验证了积极学业情绪对其心理健康的影响作用，进一步揭示了学校适应对心理健康的影响机制。

其次，我们发现品行问题行为在学校适应和心理健康之间起了中介作用。这表明具有较强学校适应的青少年更容易在关系、学业、学习环境方面形成好的习惯，不容易产生品行问题行为而具有较好的心理健康水平。品行问题行为是不利于学生心理健康的发展性问题，是学生发展过程中的不良行为的重要指标（崔丽霞，郑日昌，2005）。学校适应可能会通过良好的品行行为发展增强其心理健康。因而，学校适应可以通过先影响其品行问题行为再间接影响心理健康。

最后，本研究发现积极学业情绪、品行问题行为在学校适应和心理健康中的链式中介效应。一方面，积极学业情绪可负向预测品行问题行为。从定义上来看，本研究中的积极学业情绪形成于学业中的成功体验，可部分反映良好的品行习惯，进而对其品行问题行为产生影响。积极学业情绪会形成积极的心理反应模式，影响个体对环境的认知，促使青少年产生对品行的积极认识，这种认识影响着心理健康程度。具有较强学校适应的青少年会形成积极学业情绪并直接影响个体对适应的感知，进而促进其形成高质量的品行行为。另一方面，心理健康也是青少年以自身的个体系统和各种过程系统、情境系统交互作用的过程。因而，积极学业情绪、品行问题行为在学校适应和心理健康中起了链式中介效应，这一研究结果进一步揭示了易地搬迁青少年心理健康的发展机制。

第八章

易地搬迁青少年自尊与品行问题、学校适应、学业、情绪的关系

一、关系概述

1. 自尊与品行问题的相关研究

杨美荣等人（2012）在研究心理虐待与忽视对初中生品行问题行为倾向的影响时发现，童年虐待经历容易增加其人际问题的危险性，出现低自尊、攻击暴力行为甚至反社会行为，在特定情况下，受到心理虐待与忽视的青少年更加容易出现成瘾、违规、攻击等反社会性行为，这可能对认知、情感、躯体等产生负面影响，且在初中的叛逆阶段，父母的冷漠态度很容易增加学生品行问题行为的倾向。

2. 自尊与学校适应的相关研究

在自尊与学校适应的相关研究中，徐凤娇（2010）对长沙市流动儿童生活事件、学校适应性与自尊相关性的研究中得出，学业适应是影响长沙市儿童自尊的最主要因素。流动儿童的人力资本、自尊、教养方式和学校适应间有密切关系。流动儿童的父母教养方式可以影响学校适应的发展，也可以通过自尊影响学校适应（宋晓燕，2012）。李彪等人（2021）的研究得出自尊对学校适应起负性的预测作用，而避免失败对学校适应起积极的预测作用。马静等人（2012）的研究得出自尊与学校适应呈显著的正相关，自尊能够显著正向预测初中生的学校适应。曾守锤（2009）发现流动儿童的自尊是其应对压力，保持良好社会适应的保护因素。黄雨晴等人（2022）的研究发现，自尊与学校适应存在显著正相关，自尊在心理控制源和学校适应中起到部分中介的作用。流动儿童拥有良好的班级气氛、较好的家庭人力资本可促进自尊发展，进一步促进学校适应（秦建，2012）。

3. 自尊与学习沉醉感的相关研究

以往对于自尊与学习沉醉感的研究较少，赵溪筱（2021）的研究得出，父亲教养投入可以通过学习沉醉感和个人目标取向，以及二者链式的多重中介作用，间接正向预测中学生自尊，中学生父亲教养投入发挥的作用越强，其学习沉醉感就越好，进而促进中学生个人目标取向水平的提高，最终使得自尊的发展水平得到提升。

4. 自尊与积极学业情绪的相关研究

田录梅（2005）的研究发现，在经历失败后，低自尊组和高自尊组，都会体验到较多的抑郁、焦虑等消极学业情绪，但高自尊组的学生相比低自尊组的学生，在失败之前和失败之后报告的消极学业情绪都较少。周丹霞等人（2005）认为自尊水平较高的中学生体验到较少的焦虑情绪和抑郁情绪，而自尊水平较低的中学生体验到的抑郁情绪和焦虑情绪则更多。并且自尊水平高的学生在受到积极学业情绪的影响下，能够显著提高记忆成绩，而自尊水平高的学生在消极学业情绪的影响下记忆成绩则显著下降（郑雯，2007）。

5. 自尊与情绪表达的相关研究

国内外学者对自尊与情绪表达进行了研究，Watson等（2006）认为自尊与个体的情绪健康有着密切的关系，并且自尊影响着个体的情绪状态。如自尊与高兴、兴奋和愉快情绪有显著的正相关，自尊水平越高，在积极的情绪情境时，高兴、兴奋和愉快情绪水平越高。潘秋霞（2019）得出青少年的情绪表达冲突与自尊呈显著负相关。张荣荣（2019）认为高自尊个体在愉快情境以及愤怒情境下的情绪表达要好于低自尊个体。高自尊个体在愉快情境以及愤怒情境下的情绪表达意愿以及情绪表达充分性都要强于低自尊个体。李占红（2011）的研究表明情绪表达规则与自尊存在显著相关。周文洁（2013）认为高自尊水平的个体会更多地表达积极情绪，而且高情绪表达者其自尊水平高于低情绪表达者。

6. 自尊与乐商的相关研究

对于乐商与自尊的研究，部分学者对其进行了研究。齐晓栋等人（2017）的研究得出气质性乐观与自尊、适应性之间均呈显著正相关。高志奎（2011）的研究得出积极应对与自尊、乐观人格特质呈显著正相关；消极应对与自尊、乐观人格特质呈显著负相关；自尊与乐观人格特质呈显著正相关。付志高、刘亚等人（2010）得出乐观主义与积极情绪和自尊呈显著正相关，与消极情绪呈显著负相关；悲观主义与消极情绪呈显著正相关，与自尊呈显著负相关。

二、关系分析

1. 易地搬迁青少年自尊与品行问题的关系分析

（1）易地搬迁青少年自尊与品行问题相关分析。

为了探讨易地搬迁青少年自尊与品行问题的关系，采用相关分析的方法对易地搬迁青少年品行问题及各维度与自尊进行分析，结果见表8–1。

表8–1　易地搬迁青少年自尊与品行问题相关分析（n=550）

项目	违规倾向	成瘾倾向	攻击行为	品行问题	自尊
违规倾向	1				
成瘾倾向	0.460***	1			
攻击行为	0.559***	0.479***	1		
品行问题	0.898***	0.688***	0.827***	1	
自尊	−0.158***	−0.113**	−0.221***	−0.204***	1

表8–1显示，易地搬迁青少年自尊与品行问题各维度均呈显著负相关。

（2）易地搬迁青少年自尊对品行问题的预测分析。

为了探讨易地搬迁青少年自尊与品行问题的关系，以品行问题为因变量，自尊为预测变量，进行回归分析，结果见表8–2。

表8-2　易地搬迁青少年自尊对品行问题总分的预测分析

因变量	预测变量	R	R^2	F	B	β	t
品行问题总分	自尊	0.204	0.041	23.707***	−0.243	−0.204	−4.869***

　　表8-2显示，易地搬迁青少年的自尊对品行问题总分有显著的负向预测作用，自尊水平越高，品行问题也就越少，自尊对品行问题的解释率是4.1%。

2. 易地搬迁青少年自尊与学校适应的关系分析

（1）易地搬迁青少年自尊与学校适应的相关分析。

　　为探讨易地搬迁青少年自尊与学校适应的关系，采用相关分析的方法对易地搬迁青少年自尊与学校适应及各维度进行分析，结果见表8-3。

表8-3　易地搬迁青少年自尊与学校适应的相关分析

项目	自尊	学业适应	新家庭学习环境适应	师生关系适应	同伴关系适应	学校适应
自尊	1					
学业适应	0.314***	1				
新家庭学习环境适应	0.186***	0.379***	1			
师生关系适应	0.225***	0.515***	0.432***	1		
同伴关系适应	0.356***	0.391***	0.367***	0.414***	1	
学校适应	0.368***	0.771***	0.675***	0.798***	0.747***	1

　　表8-3显示，易地搬迁青少年学校适应与自尊均存在显著正相关。

（2）易地搬迁青少年自尊对学校适应的预测分析。

　　为了探讨易地搬迁青少年自尊与学校适应总分的关系，以易地搬迁青少年的自尊为预测变量，学校适应总分为因变量，进行一元回归分析，结果见表8-4。

表8-4　易地搬迁青少年自尊对学校适应总分的预测分析

因变量	预测变量	R	R^2	F	B	β	t
学校适应总分	自尊	0.368	0.136	86.069***	0.864	0.368	9.277***

　　表8-4显示，易地搬迁青少年的自尊对学校适应总分有显著的正向预测作

用，自尊水平越高，学校适应的水平也就越强，自尊对学校适应的解释率有13.6%。

3. 易地搬迁青少年自尊与学习沉醉感的关系分析

（1）易地搬迁青少年自尊与学习沉醉感的相关分析。

为探讨易地搬迁青少年自尊与学习沉醉感的关系，采用相关分析的方法对自尊与学习沉醉感及各维度进行分析，结果见表8-5。

表8-5　易地搬迁青少年自尊与学习沉醉感的相关分析

项目	自尊	学习目标清晰	投入体验和享受	自我意识减弱	时间感扭曲	学习沉醉感
自尊	1					
学习目标清晰	0.260***	1				
投入体验和享受	0.266***	0.690***	1			
自我意识减弱	0.072	0.488***	0.425***	1		
时间感扭曲	0.119**	0.494***	0.608***	0.423***	1	
学习沉醉感	0.232***	0.836***	0.877***	0.732***	0.747***	1

表8-5显示，通过皮尔逊积差相关统计分析可得出，除了自我意识减弱外，易地搬迁青少年自尊与学习沉醉感各维度呈显著的正相关。

（2）易地搬迁青少年自尊对学习沉醉感的预测分析。

为探讨易地搬迁青少年自尊与学习沉醉感的关系，以自尊为预测变量，学习沉醉感总分为因变量，进行回归分析，结果见表8-6。

表8-6　易地搬迁青少年自尊对学习沉醉感的预测分析

因变量	预测变量	R	R^2	F	B	β	t
学习沉醉感	自尊	0.232	0.054	31.295***	0.510	0.232	5.594***

表8-6显示，易地搬迁青少年的自尊对学习沉醉感总分有显著的正向预测作用，自尊水平越高，学习沉醉感也就越高，自尊对学习沉醉感的解释率是5.4%。

4. 易地搬迁青少年积极学业情绪与自尊的关系分析

（1）易地搬迁青少年积极学业情绪与自尊的相关分析。

为了探讨易地搬迁青少年积极学业情绪与自尊的关系，采用相关分析的方法对易地搬迁青少年积极学业情绪及各维度与自尊进行分析，结果见表8-7。

表8-7　易地搬迁青少年积极学业情绪与自尊相关分析（n=550）

项目	自尊	积极高唤醒学业情绪	积极低唤醒学业情绪	积极学业情绪
自尊	1			
积极高唤醒学业情绪	0.354***	1		
积极低唤醒学业情绪	0.391***	0.681***	1	
积极学业情绪	0.406***	0.920***	0.914***	1

表8-7显示，易地搬迁青少年积极学业情绪各维度与自尊呈显著正相关。

（2）易地搬迁青少年自尊对积极学业情绪的预测分析。

为了探讨易地搬迁青少年的积极学业情绪与自尊的关系，以积极学业情绪为因变量，自尊为预测变量，进行回归分析，结果见表8-8。

表8-8　易地搬迁青少年自尊对积极学业情绪的预测分析（n=550）

因变量	预测变量	R	R^2	F	B	β	t
积极学业情绪	自尊	0.406	0.165	108.241***	0.182	0.406	10.404***

表8-8显示，易地搬迁青少年的自尊对积极学业情绪总分有显著的正向预测作用，自尊水平越高，积极学业情绪也就越高，自尊对积极学业情绪的解释率是16.5%。

5. 易地搬迁青少年自尊与情绪表达的关系分析

（1）易地搬迁青少年自尊与情绪表达的相关分析。

为了探讨易地搬迁青少年情绪表达与自尊的关系，采用相关分析的方法对易地搬迁青少年情绪表达及各维度与自尊进行分析，结果见表8-9。

表8-9　易地搬迁青少年情绪表达与自尊相关分析（n=550）

项目	自尊	正性情绪表达	负性情绪表达
自尊	1		
正性情绪表达	0.265***	1	
负性情绪表达	0.026	0.586***	1

表8-9显示，易地搬迁青少年正性情绪表达与自尊呈显著正相关，而负性情绪表达与自尊不存在显著相关性。

（2）易地搬迁青少年自尊对情绪表达的预测分析。

通过相关分析得出，易地搬迁青少年自尊与正性情绪表达呈显著正相关，与负性情绪表达不存在显著相关性，因此以正性情绪表达为因变量，自尊为预测变量，进行回归分析，结果见表8-10。

表8-10　易地搬迁青少年自尊对正性情绪表达的预测分析（n=550）

因变量	预测变量	R	R^2	F	B	β	t
正性情绪表达	自尊	0.265	0.070	41.493***	0.049	0.265	6.442***

表8-10显示，易地搬迁青少年的自尊对正性情绪表达有显著的正向预测作用，自尊水平越高，正性情绪表达也就越高，自尊对正性情绪表达的解释率是7.0%。

6. 易地搬迁青少年自尊与乐商的关系分析

（1）易地搬迁青少年自尊与乐商的相关分析。

为了探讨易地搬迁青少年乐商与自尊的关系，采用相关分析的方法对易地搬迁青少年乐商及各维度与自尊进行分析，结果见表8-11。

表8-11　易地搬迁青少年乐商及各维度与自尊相关分析（n=550）

项目	自尊	快乐阈限值	品味能力	乐观感染力	乐观理解力	乐商
自尊	1					
快乐阈限值	0.297***	1				
品味能力	0.202***	0.520***	1			
乐观感染力	0.180***	0.035	−0.092*	1		
乐观理解力	0.333***	0.480***	0.464***	−0.099*	1	
乐商	0.400***	0.786***	0.704***	0.350***	0.729***	1

表8-11显示，易地搬迁青少年自尊与乐商各维度呈显著正相关。

（2）易地搬迁青少年自尊对乐商的预测分析。

为了探讨易地搬迁青少年的自尊与乐商的关系，以乐商为因变量，以自尊为预测变量，进行回归分析，结果见表8-12。

表8-12　易地搬迁青少年自尊对乐商的预测分析（n=550）

因变量	预测变量	R	R^2	F	B	β	t
乐商	自尊	0.400	0.160	104.206***	0.583	0.400	10.208***

表8-12显示，易地搬迁青少年的自尊对乐商有显著的正向预测作用，自尊水平越高，乐商水平也就越高，自尊对乐商的解释率是16.0%。

三、中介分析

1. 易地搬迁青少年积极学业情绪在自尊与学校适应间的中介分析

（1）共同方法偏差检验。

采用Harman单因素法检验本研究中全部量表收集到的数据，对易地搬迁青少年积极学业情绪、自尊和学校适应3个变量涉及测量条目进行因素分析。探索性因素分析结果显示，有11个因子的特征值大于1，第1个因子的解释率为26.148%，低于40%的标准，由此可判定研究中不存在显著的共同方法偏差。

（2）易地搬迁青少年自尊、积极学业情绪和学校适应的相关。

因变量学校适应4个子维度（学业适应、新家庭学习环境适应、师生关系适应、同伴关系适应）与中介变量积极学业情绪2个分量表（积极高唤醒学业情绪、积极低唤醒学业情绪）以及预测变量自尊均呈现显著正相关；积极学业情绪4个子维度与自尊两两之间也呈现显著正相关，具体见表8-13。

表8-13　易地搬迁青少年自尊、积极学业情绪与学校适应相关分析（n=550）

项目	自尊	积极高唤醒学业情绪	积极低唤醒学业情绪	积极学业情绪	学业适应	新家庭学习环境适应	师生关系适应	同伴关系适应	学校适应
自尊	1								
积极高唤醒学业情绪	0.354***	1							
积极低唤醒学业情绪	0.391***	0.681***	1						
积极学业情绪	0.406***	0.920***	0.914***	1					
学业适应	0.314***	0.479***	0.619***	0.598***	1				
新家庭学习环境适应	0.186***	0.347***	0.410***	0.412***	0.379***	1			
师生关系适应	0.225***	0.410***	0.544***	0.519***	0.515***	0.432***	1		
同伴关系适应	0.356***	0.378***	0.466***	0.460***	0.391***	0.367***	0.414***	1	
学校适应	0.368***	0.540***	0.685***	0.667***	0.771***	0.675***	0.798***	0.747***	1

（3）积极学业情绪的中介作用。

采用SPSS PROCESS 宏程序中的MODEL4，使用偏差校正的非参数百分位Bootstrap方法进行中介效应的检验，重复抽样5 000次，计算95%置信区间。结果表明，模型中自尊可显著预测积极学业情绪（$\beta=0.607$, $p < 0.001$），积极学业情绪可显著预测学校适应（$\beta=0.697$, $p < 0.001$），自尊对学校适应的预测作用亦显著（$\beta=0.182$, $p < 0.001$）。结果还显示，自尊通过积极学业情绪对学校适应的间接效应为0.393 3，其95%的置信区间为［0.315 5，0.477 2］，间接效应显著；自尊对学校适应的直接效应为0.182 4，其95%的置信区间为［0.076 5，0.288 3］，直接效应显著。总效应为0.575 7，其中间接效应占比68.32%，表明积极学业情绪在自尊与学校适应间起中介作用。具体见表8-14和8-15。

表8-14 积极学业情绪在自尊与学校适应间中介回归分析

结果变量	预测变量	R	R^2	F	B	β	t
积极学业情绪	自尊	0.406	0.165	108.241***	0.607	0.406	10.404***
学校适应	积极学业情绪	0.667	0.445	439.469***	0.697	0.667	20.964***
学校适应	自尊	0.676	0.456	229.653***	0.648	0.620	17.964***
	积极学业情绪				0.182	0.117	3.384***

表8-15 积极学业情绪在自尊与学校适应间中介效应检验

项目	效应值	Boot 标准误	BootCL 下限	BootCL 上限	相对 中介效应
总效应	0.575 7	0.062 1	0.453 8	0.697 6	
自尊→积极学业情绪→学校适应	0.393 3	0.041 3	0.315 5	0.477 2	68.32%

基于PROCESS 宏程序的结果，为减少参数估计偏差，取自尊总分作为观测变量，以积极学业情绪6个因子的各自总分作为潜变量积极学业情绪的观测变量，以学校适应4个因子的各自总分作为潜变量学校适应的观测变量。使用AMOS软件运用最大似然法对自尊影响学校适应——积极学业情绪的中介作用进行检验，结果显示，$\chi^2=439.347$，$df=42$，$\chi^2/df=10.461$，$SRMR=0.05$，$RMSEA=0.09$，$CFI=0.857$，$IFI=0.857$，$TLI=0.812$，各项拟合指数均大于0.80，表明模型拟合较为理想，达到心理测量学要求。基于模型拟合结果，见图8-1的结构方程模型。

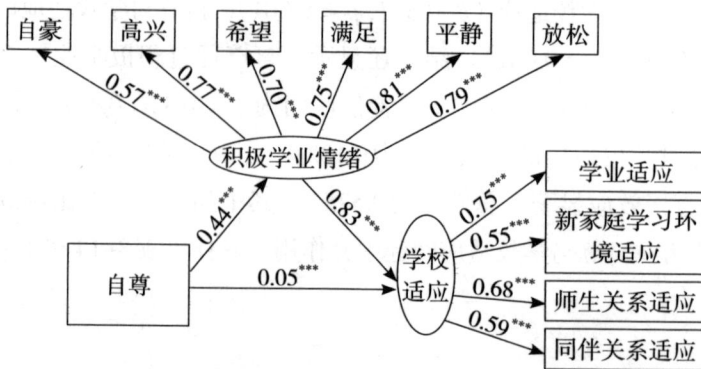

图8-1 积极学业情绪在自尊与学校适应间中介作用的结构方程模型

2. 易地搬迁青少年正性情绪表达在自尊与学校适应间的中介分析

由于易地搬迁青少年正性情绪表达与自尊呈显著正相关，而负性情绪表达与自尊不存在显著相关，因此只研究易地搬迁青少年正性情绪表达在自尊与学校适应间的中介作用。

（1）共同方法偏差检验。

采用Harman单因素法检验本研究中全部量表收集到的数据，对易地搬迁青少年正性情绪表达、自尊和学校适应3个变量涉及测量条目进行因素分析。探索性因素分析结果显示，有7个因子的特征值大于1，第1个因子的解释率为23.961%，低于40%的标准，由此可判定研究中不存在显著的共同方法偏差。

（2）正性情绪表达的中介作用。

为减少参数估计偏差，取自尊总分作为观测变量，以正性情绪表达9个题项的各自数值作为潜变量正性情绪表达的观测变量，以学校适应4个因子的各自总分作为潜变量学校适应的观测变量。使用AMOS软件运用最大似然法对自尊影响学校适应——正性情绪表达的中介作用进行检验，结果显示，χ^2=313.933，df=75，χ^2/df=4.186，$SRMR$=0.05，$RMSEA$=0.076，CFI=0.896，IFI=0.897，TLI=0.874，各项拟合指数均大于0.80，表明模型拟合较为理想，达到心理测量学要求。基于模型拟合结果，采用偏差校正的非参数百分位Bootstrap方法进行中介效应的检验，重复抽样2 000次，计算95%置信区间。结果表明，模型中自尊可显著预测正性情绪表达（β=0.563，$p<0.001$），正性情绪表达可显著预测学校适应（β=1.425，$p<0.001$），自尊对学校适应的预测作用亦显著（β=1.470，$p<0.001$）。结果还显示，正性情绪表达通过自尊对学校适应的间接效应为0.149（p=0.001），其95%的置信区间为［0.392, 1.799］，间接效应显著；自尊对学校适应的直接效应为0.273（p=0.001），其95%的置信区间为［0.927, 2.094］，直接效应显著。总效应为0.422，其中间接效应占比35.31%，表明正性情绪表达在自尊与学校适应间起部分中介作用。见图8-2。

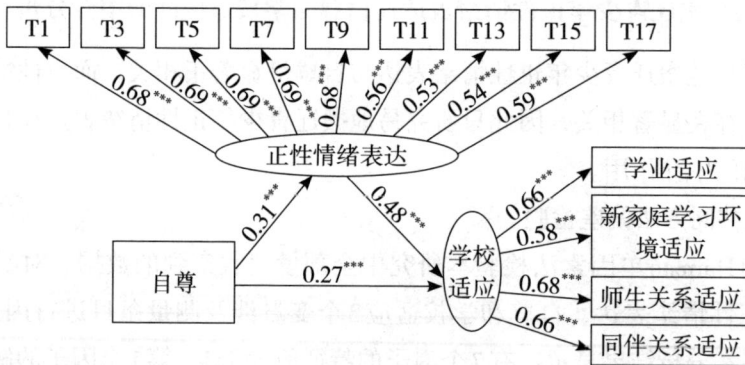

图8-2　正性情绪表达在自尊与学校适应间中介作用模型

3. 易地搬迁青少年情绪表达在自尊与乐商的中介分析

由于易地搬迁青少年正性情绪表达与自尊呈显著正相关，而负性情绪表达与自尊不存在显著相关，因此只研究易地搬迁青少年正性情绪表达在自尊与乐商间的中介作用。

（1）共同方法偏差检验。

采用Harman单因素法检验本研究中全部量表收集到的数据，对易地搬迁青少年正性情绪表达、自尊和乐商3个变量涉及测量条目进行因素分析。探索性因素分析结果显示，有7个因子的特征值大于1，第1个因子的解释率为21.277%，低于40%的标准，由此可判定研究中不存在显著的共同方法偏差。

（2）正性情绪表达的中介作用。

为减少参数估计偏差，取自尊总分作为观测变量，以正性情绪表达9个题项的各自数值作为潜变量正性情绪表达的观测变量，以乐商4个因子的各自总分作为潜变量乐商的观测变量。使用AMOS软件运用最大似然法对自尊影响乐商——正性情绪表达的中介作用进行检验，结果显示，$\chi^2=306.594$，$df=75$，$\chi^2/df=4.088$，$SRMR=0.05$，$RMSEA=0.075$，$CFI=0.897$，$IFI=0.898$，$TLI=0.875$，各项拟合指数均大于0.80，表明模型拟合较为理想，达到心理测量学要求。基于模型拟合结果，采用偏差校正的非参数百分位Bootstrap方法进行中介效应的检验，重复抽样2 000次，计算95%置信区间。结果表明，模型中自尊可显著预测正性情绪表达（$\beta=0.567$，$p<0.001$），正性情绪表达可显著预测乐商（$\beta=1.369$，$p<$

0.001），自尊对乐商的预测作用亦显著（$\beta=0.873$，$p < 0.001$）。结果还显示，正性情绪表达通过自尊对乐商的间接效应为0.183（$p=0.001$），其95%的置信区间为［0.512，1.286］，间接效应显著；自尊对乐商的直接效应为0.205（$p=0.001$），其95%的置信区间为［0.397，1.739］，直接效应显著。总效应为0.388，其中间接效应占比47.16%，表明正性情绪表达在自尊与乐商间起部分中介作用。见图8-3。

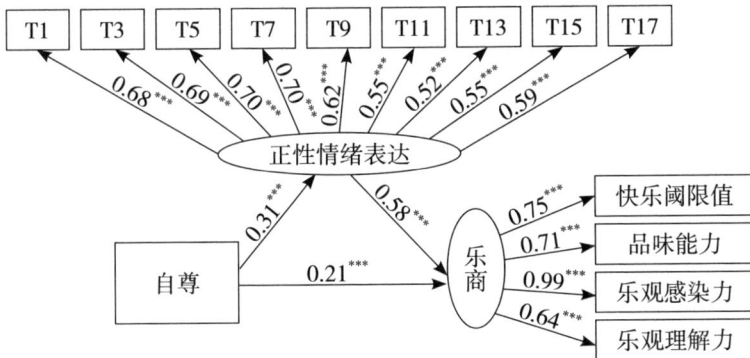

图8-3　正性情绪表达在自尊与乐商间中介作用模型

4. 易地搬迁青少年品行问题行为在自尊与心理健康的中介分析

（1）共同方法偏差检验。

采用Harman单因素法检验本研究中全部量表收集到的数据，对易地搬迁青少年品行问题行为、自尊和心理健康3个变量涉及测量条目进行因素分析。探索性因素分析结果显示，有9个因子的特征值大于1，第一个因子的解释率为19.949%，低于40%的标准，由此可判定研究中不存在显著的共同方法偏差。

（2）品行问题行为的中介作用。

为减少参数估计偏差，取自尊总分作为观测变量，以品行问题行为3个因子的各自总分作为潜变量品行问题行为的观测变量，以心理健康总分作为观测变量。使用AMOS软件运用最大似然法对自尊影响心理健康——品行问题行为的中介作用进行检验，结果显示，$\chi^2=28.803$，$df=4$，$\chi^2/df=7.201$，$SRMR=0.0358$，$RMSEA=0.106$，$CFI=0.964$，$IFI=0.964$，$TLI=0.909$，各项拟合指数均大于0.90，表明模型拟合较为理想，达到心理测量学要求。基于模型拟合结果，采用偏差校正的非参数百分位Bootstrap方法进行中介效应的检验，重复抽样2 000次，计算95%置信区间。结果表明，模型中自尊可显著预测品行问题行为（$\beta=-1.230$，$p<0.001$），品行问题行为可显著预测心理健康（$\beta=-0.089$，$p<0.001$），自尊对心理健康的预测作用亦显著（$\beta=0.384$，$p<0.001$）。结果还显示，品行问题行为通过自尊对心理健康的间接效应为0.106（$p=0.001$），其95%的置信区间为[0.062,0.161]，间接效应显著；自尊对心理健康的直接效应为0.371（$p=0.001$），其95%的置信区间为[0.295,0.448]，直接效应显著。总效应为0.477，其中间接效应占比22.22%，表明品行问题行为在自尊与心理健康间起中介作用。见图8-4。

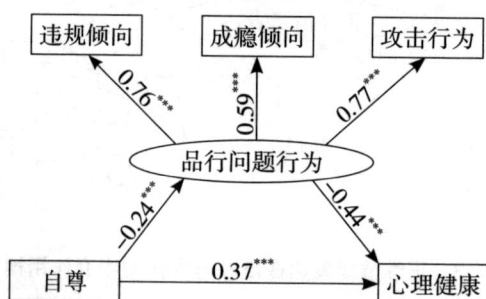

图8-4　品行问题行为在自尊与心理健康间的中介作用模型

5. 易地搬迁青少年情绪表达在自尊与心理健康的中介分析

由于易地搬迁青少年正性情绪表达与自尊呈显著正相关，而负性情绪表达与自尊不存在显著相关，因此只研究易地搬迁青少年正性情绪表达在自尊与心理健康间的中介作用。

（1）共同方法偏差检验。

采用Harman单因素法检验本研究中全部量表收集到的数据，对易地搬迁青少年正性情绪表达、自尊和心理健康3个变量涉及测量条目进行因素分析。探索性因素分析结果显示，有7个因子的特征值大于1，第1个因子的解释率为21.299%，低于40%的标准，由此可判定研究中不存在显著的共同方法偏差。

（2）正性情绪表达的中介作用。

为减少参数估计偏差，取自尊总分作为观测变量，以正性情绪表达9个题项的各自数值作为潜变量正性情绪表达的观测变量，以乐商4个因子的各自总分作为潜变量乐商的观测变量。使用AMOS软件运用最大似然法对自尊影响乐商——正性情绪表达的中介作用进行检验，结果显示，χ^2=181.119，df=43，χ^2/df=4.212，$SRMR$=0.05，$RMSEA$=0.076，CFI=0.921，IFI=0.922，TLI=0.899，各项拟合指数均大于0.80，表明模型拟合较为理想，达到心理测量学要求。基于模型拟合结果，采用偏差校正的非参数百分位Bootstrap方法进行中介效应的检验，重复抽样2 000次，计算95%置信区间。结果表明，模型中自尊可显著预测正性情绪表达（β=0.562，$p<0.001$），正性情绪表达可显著预测心理健康（β=0.088，$p<0.001$），自尊对心理健康的预测作用亦显著（β=0.443，$p<0.001$）。结果还显示，正性情绪表达通过自尊对乐商的间接效应为0.048（p=0.001），其95%的置信区间为［0.017，0.086］，间接效应显著；自尊对乐商的直接效应为0.429（p=0.001），其95%的置信区间为［0.352，0.502］，直接效应显著。总效应为0.477，其中间接效应占比10.16%，表明正性情绪表达在自尊与心理健康间起部分中介作用。见图8-5。

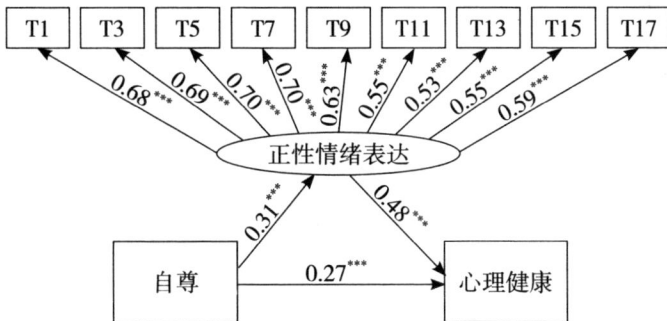

图8-5　正性情绪表达在自尊与心理健康间中介作用模型

6.易地搬迁青少年学校适应在自尊与品行问题行为间的中介分析

（1）共同方法偏差检验。

采用Harman单因素法检验本研究中全部量表收集到的数据，对易地搬迁青少年品行问题行为、自尊和学校适应3个变量涉及测量条目进行因素分析。探索性因素分析结果显示，有8个因子的特征值大于1，第1个因子的解释率为19.410%，低于40%的标准，由此可判定研究中不存在显著的共同方法偏差。

（2）学校适应的中介作用。

为减少参数估计偏差，取自尊总分作为观测变量，以学校适应4个因子的各自总分作为潜变量学校适应的观测变量，以品行问题行为3个因子的各自总分作为潜变量品行问题行为的观测变量。使用AMOS软件运用最大似然法对自尊影响品行问题行为——学校适应的中介作用进行检验，结果显示，χ^2=74.127，df=18，χ^2/df=4.118，$SRMR$=0.042 4，$RMSEA$=0.075，CFI=0.945，IFI=0.946，TLI=0.915，各项拟合指数均大于0.80，表明模型拟合较为理想，达到心理测量学要求。基于模型拟合结果，采用偏差校正的非参数百分位Bootstrap方法进行中介效应的检验，重复抽样2 000次，计算95%置信区间。结果表明，模型中自尊可显著预测学校适应（β=2.344，$p<0.001$），学校适应可显著预测品行问题行为（β=-0.365，$p<0.001$），自尊对品行问题行为的预测作用不显著（β=-0.374，$p>0.05$）。结果还显示，学校适应通过自尊对品行问题行为的间接效应为0.164（p=0.001），其95%的置信区间为［1.762，2.965］，间接效应显著；自尊对品行问题行为的直接效应为0.072（p=0.173），其95%的置信区间为［-0.899，0.181］，直接效应不显著。总效应为0.236，其中间接效应占比69.49%，表明学校适应在自尊与品行问题行为间起完全中介作用。见图8-6。

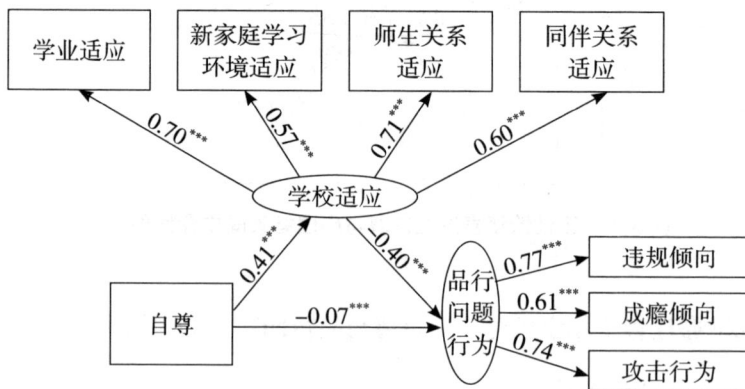

图8-6　学校适应在自尊与品行问题行为间中介作用模型

7. 易地搬迁青少年学习沉醉感在自尊与品行问题间的中介分析

（1）共同方法偏差检验。

采用Harman单因素法检验本研究中全部量表收集到的数据，对易地搬迁青少年正性情绪表达、自尊和乐商3个变量涉及测量条目进行因素分析。探索性因素分析结果显示，有7个因子的特征值大于1，第1个因子的解释率为19.760%，低于40%的标准，由此可判定本研究中不存在显著的共同方法偏差。

（2）学习沉醉感的中介作用。

为减少参数估计偏差，取自尊总分作为观测变量，以学习沉醉感4个因子的各自总分作为潜变量学习沉醉感的观测变量，以品行问题行为3个因子的各自总分作为潜变量品行问题行为的观测变量。使用AMOS软件运用最大似然法对自尊影响品行问题行为——学习沉醉感的中介作用进行检验，结果显示，χ^2=68.656，df=18，χ^2/df=3.814，$SRMR$=0.0369，$RMSEA$=0.072，CFI=0.961，IFI=0.961，TLI=0.939，各项拟合指数均大于0.90，表明模型拟合较为理想，达到心理测量学要求。基于模型拟合结果，采用偏差校正的非参数百分位Bootstrap方法进行中介效应的检验，重复抽样2 000次，计算95%置信区间。结果表明，模型中自尊可显著预测学习沉醉感（β=1.408，$p<0.001$），学习沉醉感可显著预测品行问题行为（β=-0.317，$p<0.001$），自尊对品行问题行为的预测作用亦显著（β=-0.752，$p<0.01$）。结果还显示，学习沉醉感通过自尊对品行问题行为的间接效应为0.089（p=0.001），其95%的置信区间为［-0.467，-0.185］，间接效应显著；自尊对品行问题行为的直接效应为0.150（p=0.003），其95%的置信区间为［-1.261，-0.264］，直接效应显著。总效应为0.239，其中间接效应占比37.24%，表明学习沉醉感在自尊与品行问题行为间起部分中介作用。见图8-7。

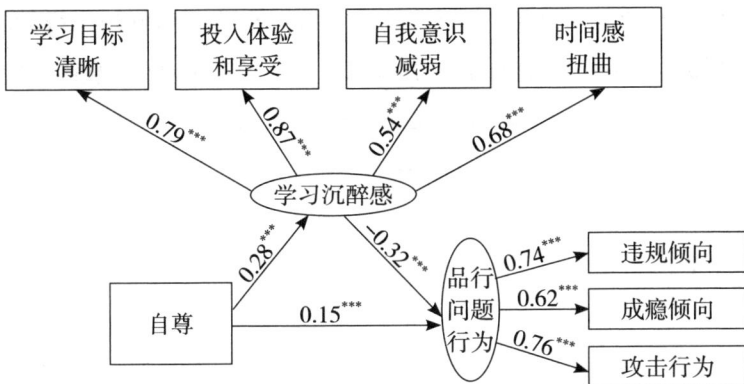

图8-7　学习沉醉感在自尊与品行问题行为间中介作用模型

8. 易地搬迁青少年积极学业情绪在自尊与品行问题间的中介分析

（1）共同方法偏差检验。

采用Harman单因素法检验本研究中全部量表收集到的数据，对易地搬迁青少年积极学业情绪、自尊和品行问题行为3个变量涉及测量条目进行因素分析。探索性因素分析结果显示，有11个因子的特征值大于1，第1个因子的解释率为21.997%，低于40%的标准，由此可判定本研究中不存在显著的共同方法偏差。

（2）积极学业情绪的中介作用。

为减少参数估计偏差，取自尊总分作为观测变量，以积极学业情绪6个因子的各自总分作为潜变量积极学业情绪的观测变量，以品行问题行为3个因子的各自总分作为潜变量品行问题行为的观测变量。使用AMOS软件运用最大似然法对自尊影响品行问题行为——积极学业情绪的中介作用进行检验，结果显示，χ^2=383.317，df=33，χ^2/df=11.616，$SRMR$=0.05，$RMSEA$=0.139，CFI=0.852，IFI=0.853，TLI=0.811，各项拟合指数均大于0.80，其中$RMSEA$值较高，其余模拟拟合指数较为理想，达到心理测量学要求。基于模型拟合结果，采用偏差校正的非参数百分位Bootstrap方法进行中介效应的检验，重复抽样2 000次，计算95%置信区间。结果表明，模型中自尊可显著预测积极学业情绪（β=2.636，$p<0.001$），积极学业情绪可显著预测品行问题行为（β=-0.314，$p<0.001$），自尊对品行问题行为的预测作用不显著（β=-0.390，$p>0.05$）。结果还显示，积极学业情绪通过自尊对品行问题行为的间接效应为-0.161（p=0.001），其95%的置信区间为［-0.220，-0.100］，间接效应显著；自尊对品行问题行为的直接效应为-0.076（p=0.164），其95%的置信区间为［-0.197，0.027］，直接效应不显著。总效应为-0.237，其中间接效应占比67.93%，表明积极学业情绪在自尊与品行问题行为间起部分中介作用。见图8-8。

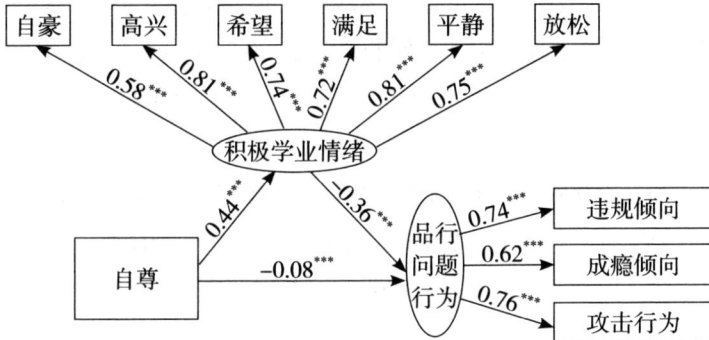

图8-8　积极学业情绪在自尊与品行问题行为间中介作用模型

9. 易地搬迁青少年情绪表达在自尊与品行问题行为的中介分析

由于易地搬迁青少年正性情绪表达与自尊呈显著正相关，而负性情绪表达与自尊不存在显著相关，因此只研究易地搬迁青少年正性情绪表达在自尊与品行间的中介作用。

（1）共同方法偏差检验。

采用Harman单因素法检验本研究中全部量表收集到的数据，对易地搬迁青少年正性情绪表达、自尊和品行问题行为3个变量涉及测量条目进行因素分析。探索性因素分析结果显示，有7个因子的特征值大于1，第1个因子的解释率为17.684%，低于40%的标准，由此可判定本研究中不存在显著的共同方法偏差。

（2）正性情绪表达的中介作用。

为减少参数估计偏差，取自尊总分作为观测变量，以正性情绪表达9个题项的各自分数作为潜变量正性情绪表达的观测变量，以品行问题行为3个因子的各自总分作为潜变量品行问题行为的观测变量。使用AMOS软件运用最大似然法对自尊影响品行问题行为——正性情绪表达的中介作用进行检验，结果显示，$\chi^2=206.234$，$df=63$，$\chi^2/df=3.274$，SRMR=0.04，RMSEA=0.064，CFI=0.929，IFI=0.930，TLI=0.912，各项拟合指数均大于0.90，表明模型拟合较为理想，达到心理测量学要求。基于模型拟合结果，采用偏差校正的非参数百分位Bootstrap方法进行中介效应的检验，重复抽样2 000次，计算95%置信区间。结果表明，模型中自尊可显著预测正性情绪表达（β=0.563，$p<0.001$），正性情绪表达可显著预测品行问题行为（β=-0.340，$p<0.05$），自尊对品行问题行为的预测作用亦显著（β=-0.991，$p<0.001$）。结果还显示，正性情绪表达通过自尊对品行问题行为的间接效应为-0.039（p=0.001），其95%的置信区间为［-0.079，-0.006］，间接效应显著；自尊对品行问题行为的直接效应为-0.202（p=0.001），其95%的置信区间为［-0.310，0.094］，直接效应显著。总效应为-0.241，其中间接效应占比16.18%，表明正性情绪表达在自尊与品行问题行为间起中介作用。见图8-9。

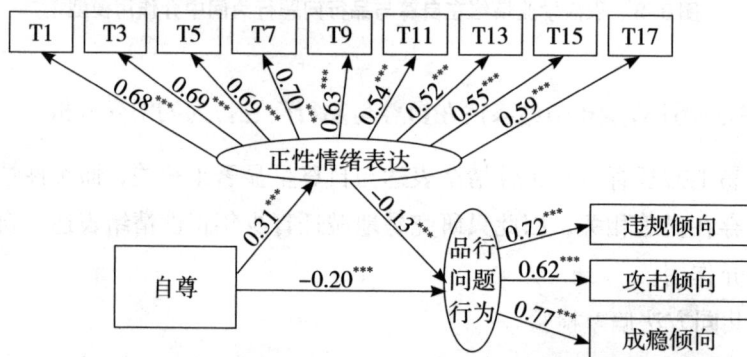

图8-9 正性情绪表达在自尊与品行问题行为间中介作用模型

四、分析与讨论

自尊是青少年心理健康的重要组成部分。研究表明，易地搬迁可能对青少年的自尊产生负面影响。根据刘瑞等人（2020）的研究，易地搬迁会使青少年面临新环境的适应挑战，可能导致其自尊感受到威胁。失去原有社会网络和文化环境的支持，青少年可能感到孤立和不安，进而影响其自尊的建立和维护。此外，易地搬迁可能导致青少年身份认同的混淆，进一步削弱其自尊（李明，2019）。根据李华等人（2018）的研究，易地搬迁可能导致青少年面临着新环境的适应困难，缺乏社会支持和稳定的社会关系可能增加其品行问题的发生。因此，易地扶贫搬迁对青少年的自尊和品行可能构成双重挑战。我们应该重视这一问题，为青少年提供必要的心理支持和社会支持，帮助他们顺利适应新环境，提升自尊感和良好的品行。

　　自尊受到影响的青少年可能缺乏自信心和社会交往能力，从而影响其在学校的适应能力。根据赵云等人（2019）的研究，易地搬迁可能导致青少年面临新环境的适应困难，失去原有的社会支持和文化环境可能影响其自尊的建立和维护。研究表明，自尊水平较高的青少年更有可能积极面对学校挑战，更好地适应新环境。根据李娟等人（2020）的研究，自尊水平较高的青少年在面对学校生活中的困难和挑战时更能保持乐观和自信，更具有解决问题的能力，因此更容易适应新的学校环境。因此，需要为易地搬迁的青少年提供必要的心理支持和社会支持，帮助他们提升自尊感，增强学校适应能力，更好地融入新的学习环境。

　　易地搬迁可能对青少年的自尊产生影响，进而影响其学业情绪。根据张丽等人（2018）的研究，易地搬迁可能导致青少年面临新环境的适应挑战，失去原有的社会支持和文化环境可能影响其自尊的建立和维护。自尊受到影响的青少年可能缺乏自信心和积极性，从而影响其对学业的情绪体验。自尊水平较高的青少年更有可能表现出积极的学业情绪。根据王刚等人（2020）的研究，自尊水平较高的青少年更容易树立积极的学习态度，更有动力面对学习中的困难和挑战，因此更容易保持良好的学业情绪。

　　对于易地搬迁青少年来说，青少年的自尊水平可能影响其情绪表达。自尊受到影响的青少年可能表现出情绪上的不稳定性，情绪表达可能更为消极或内向。研究表明，自尊水平较高的青少年更有可能表现出积极的情绪表达。根据赵云等人（2020）的研究，自尊水平较高的青少年更倾向于表达积极的情感，更能够适应新环境中的挑战和压力，因此在情绪表达上更为开放和自信。

第九章

易地搬迁青少年品行问题与学校适应、学业情绪的关系

一、关系概述

1. 品行问题与学校适应的相关研究

以往的研究都是以问题行为与学校适应的关系来进行的，还很少从品行问题着手探究与学校适应的关系。已有研究表明，学校适应与儿童的问题行为有联系，如在研究儿童社会行为与其学校适应的关系的结果表明，不良学校适应更多地与攻击性－破坏性行为相联系（李晓巍 等，2009）。高攻击性、被拒绝的学生被老师认为他们对学校明显缺乏兴趣；还有研究表明攻击性的孩子具有更多的适应困难；儿童问题行为不仅会影响他们的成长和社会化过程，还会造成成年时期的适应不良（李京花，2008）。孙晓莉（2006）的研究发现，儿童的问题行为与师生关系之间存在显著负相关；王中会等（2015）研究结果表明，良好的师生关系和同伴关系可以降低儿童的问题行为。

2. 品行问题与学业情绪的相关研究

根据王刚（2020）的研究，品行问题与学业情绪之间存在着相互影响的关系。一方面，品行问题可能影响青少年的学业情绪。根据赵云（2020）的研究，品行问题可能导致青少年出现情绪失控、学习逃避等问题。因此品行问题的存在可能导致青少年在学习过程中出现注意力不集中、学习动力下降等问题，进

而影响其学业情绪。另一方面，学业情绪的不稳定也可能加剧青少年的品行问题，例如，学习压力过大可能导致青少年出现情绪失控和攻击性行为。

3. 品行问题与情绪表达的相关研究

根据贾明（2019）的研究，青少年的品行问题可能受到家庭环境、社会支持、个体特质等多种因素的影响。例如，家庭冲突和家庭暴力可能导致青少年出现品行问题，而良好的社会支持和情感教育有助于减少青少年的品行问题。根据李娟（2020）的研究，青少年在情绪表达上可能存在个体差异，一些青少年可能更倾向于内化情绪，而另一些青少年则更倾向于外化情绪。品行问题可能导致青少年在情绪表达上表现出攻击性、愤怒等消极情绪，进而影响其社交关系和心理健康。另一方面，情绪表达的不当也可能加剧青少年的品行问题。例如，情绪表达不当可能导致青少年出现情绪失控和冲动行为。

4. 品行问题与乐商的相关研究

乐商是一种心理体验，指个体在休闲活动中获得的满足感和愉悦感。研究发现，乐商与个体心理健康密切相关。根据陈亮（2020）的研究，高水平的乐商可以促进个体的心理健康，提升其生活满意度和幸福感。青少年时期的乐商水平对其心理健康和品行问题的发展具有重要影响。一方面，品行问题可能影响青少年的乐商水平，品行问题可能导致青少年对休闲活动失去兴趣，无法从中获得满足感，进而降低其乐商水平。另一方面，乐商水平的不同也可能影响青少年的品行问题，乐商水平较低的青少年可能更容易出现情绪失控和行为问题。

二、关系分析

1. 易地搬迁青少年品行问题与学校适应的关系分析

（1）易地搬迁青少年品行问题与学校适应的相关分析。

为探讨易地搬迁青少年品行问题与学校适应之间的关系，采用相关分析方法进行分析，结果见表9-1。

表9-1　易地搬迁青少年品行问题与学校适应的相关分析

项目	违规倾向	成瘾倾向	攻击行为	品行问题总分	学业适应	新家庭学习环境适应	师生关系适应	同伴关系适应	学校适应
违规倾向	1								
成瘾倾向	0.460***	1							
攻击行为	0.559***	0.479***	1						
品行问题总分	0.898***	0.688***	0.827***	1					
学业适应	−0.329***	−0.147***	−0.205***	−0.303***	1				
新家庭学习环境适应	−0.173***	−0.137***	−0.166***	−0.196***	0.379***	1			
师生关系适应	−0.319***	−0.070	−0.182***	−0.270***	0.515***	0.432***	1		
同伴关系适应	−0.209***	−0.112**	−0.154***	−0.206***	0.391***	0.367***	0.414***	1	
学校适应	−0.349***	−0.152***	−0.235***	−0.327***	0.771***	0.675***	0.798***	0.747***	1

　　表9-1显示，易地搬迁青少年品行问题及各维度与学校适应及各维度呈显著的负相关，这就说明易地搬迁青少年品行问题行为得分越高，其学校适应就越差。

　　（2）易地搬迁青少年品行问题对学校适应的预测分析。

　　为了探讨易地搬迁青少年品行问题与学校适应的关系，以品行问题各维度为预测变量，学校适应总分为因变量进行回归分析，回归分析结果见表9-2。

表9-2　易地搬迁青少年品行问题各维度对学校适应的预测分析

因变量	预测变量	R	R^2	F	B	β	t
学校适应总分	违规倾向	0.349	0.122	75.991***	−1.210	−0.349	−8.717***

　　表9-2显示，易地搬迁青少年品行问题的维度中进入学校适应回归方差的因子只有违规倾向，说明违规倾向对学校适应总分的解释最强，模型经检验F值为75.991，在0.001水平上显著，违规倾向对学校适应总分的解释率为12.2%，违规倾向对学校适应总分有显著的负向预测作用。

　　同时为了探讨易地搬迁青少年品行问题总分与学校适应总分的关系，以易地搬迁青少年的品行问题总分为预测变量，学校适应总分为因变量，进行回归分析，结果见表9–3。

表9–3 易地搬迁青少年品行问题总分对学校适应总分的预测分析

因变量	预测变量	R	R^2	F	B	β	t
学校适应总分	品行问题总分	0.327	0.107	65.757***	−0.644	−0.327	−8.109***

表9–3显示，易地搬迁青少年的品行问题总分对学校适应总分有显著的负向预测作用，品行问题行为越严重，学校适应的水平也就越差，品行问题行为对学校适应的解释率有10.7%。

2. 易地搬迁青少年品行问题与学习沉醉感的关系分析

（1）易地搬迁青少年品行问题与学习沉醉感相关分析。

为了探讨易地搬迁青少年品行问题与学习沉醉感的关系，采用相关分析的方法对易地搬迁青少年品行问题及各维度与学习沉醉感各维度进行分析，结果见表9–4。

表9–4 易地搬迁青少年品行问题与学习沉醉感相关分析

项目	违规倾向	成瘾倾向	攻击行为	品行问题	学习目标清晰	投入体验和享受	自我意识减弱	时间感扭曲	学习沉醉感
违规倾向	1								
成瘾倾向	0.460***	1							
攻击行为	0559***	0.479***	1						
品行问题	0.898***	0.688***	0.827***	1					
学习目标清晰	−0.188***	−0.168***	−0.206***	−0.228***	1				
投入体验和享受	−0.308***	−0.184***	−0.232***	−0.311***	0.690***	1			
自我意识减弱	−0.080	−0.060	−0.079	−0.091***	0.488***	0.425***	1		
时间感扭曲	−0.193***	−0.180***	−0.149***	−0.211***	0.494***	0.608***	0.423***	1	
学习沉醉感	−0.247***	−0.182***	−0.212***	−0.268***	0.836***	0.877***	0.732***	0.747***	1

表9-4显示，易地搬迁青少年学习沉醉感与品行问题各维度呈显著负相关；易地搬迁青少年品行问题与自我意识减弱、时间感扭曲与学习沉醉感总分均呈显著负相关。

（2）易地搬迁青少年学习沉醉感对品行问题的预测分析。

为了探讨易地搬迁青少年学习沉醉感与品行问题的关系，以品行问题为因变量，学习沉醉感各维度为预测变量，进行回归分析，结果见表9-5。

表9-5　易地搬迁青少年学习沉醉感各维度对品行问题的预测分析

因变量	预测变量	R	R^2	F	B	β	t
品行问题	投入体验和享受	0.311	0.096	58.472***	−0.415	−0.311	−7.647***

表9-5显示，易地搬迁青少年的学习沉醉感进入品行问题的回归方程只有投入体验和享受，投入体验和享受对品行问题的解释率达到9.6%，投入体验和享受对品行问题有显著负向预测作用。

同时为了探讨易地搬迁青少年学习沉醉感总分与品行问题总分的关系，以易地搬迁青少年的学习沉醉感总分为预测变量，品行问题总分为因变量，进行回归分析，结果见表9-6。

表9-6　易地搬迁青少年学习沉醉感总分对品行问题总分的预测分析

因变量	预测变量	R	R^2	F	B	β	t
品行问题总分	学习沉醉感总分	0.268	0.072	42.278***	−0.145	−0.268	−6.502***

表9-6显示，易地搬迁青少年的学习沉醉感总分对品行问题总分有显著的负向预测作用，学习沉醉感越高，品行问题也就越少，学习沉醉感对品行问题的解释率有7.2%。

3. 易地搬迁青少年品行问题与积极学业情绪的关系分析

（1）易地搬迁青少年品行问题与积极学业情绪相关分析。

为了探讨易地搬迁青少年品行问题与积极学业情绪的关系，采用相关分析的方法对易地搬迁青少年品行问题及各维度与积极学业情绪各维度进行分析，结果见表9-7。

表9-7　易地搬迁青少年品行问题与积极学业情绪相关分析

项目	违规倾向	成瘾倾向	攻击行为	品行问题	积极高唤醒学业情绪	积极低唤醒学业情绪	积极学业情绪
违规倾向	1						
成瘾倾向	0.460***	1					
攻击行为	0.559***	0.479***	1				
品行问题	0.898***	0.688***	0.827***	1			
积极高唤醒学业情绪	−0.269***	−0.196***	−0.181***	−0.271***	1		
积极低唤醒学业情绪	−0.334***	−0.136***	−0.243***	−0.318***	0.681***	1	
积极学业情绪	−0.328***	−0.182***	−0.231***	−0.321***	0.920***	0.914***	1

表9-7显示，易地搬迁青少年积极学业情绪各维度与品行问题各维度呈显著负相关。

（2）易地搬迁青少年积极学业情绪对品行问题的预测分析。

为了探讨易地搬迁青少年积极学业情绪与品行问题的关系，以品行问题为因变量，积极学业情绪各维度为预测变量，进行回归分析，结果见表9-8。

表9-8　易地搬迁青少年积极学业情绪各维度对品行问题的预测分析

因变量	预测变量	R	R^2	F	B	β	t
品行问题	积极低唤醒学业情绪	0.318	0.101	61.765***	−0.158	−0.318	−7.859***

表9-8显示，易地搬迁青少年的积极学业情绪进入品行问题的回归方程只有积极低唤醒学业情绪，积极低唤醒学业情绪对品行问题的解释率达10.1%，积极低唤醒学业情绪对品行问题有显著负向预测作用。

同时为了探讨易地搬迁青少年积极学业情绪总分与品行问题总分的关系，以易地搬迁青少年的积极学业情绪总分为预测变量，品行问题总分为因变量，进行回归分析，结果见表9-9。

表9-9　易地搬迁青少年积极学业情绪总分对品行问题总分的预测分析

因变量	预测变量	R	R^2	F	B	β	t
品行问题总分	积极学业情绪总分	0.321	0.103	62.836***	−0.085	−0.321	−7.927***

表9-9显示，易地搬迁青少年的积极学业情绪总分对品行问题总分有显著的负向预测作用，积极学业情绪越多，品行问题也就越少，积极学业情绪对品行问题的解释率有10.3%。

4. 易地搬迁青少年品行问题与情绪表达的关系分析

（1）易地搬迁青少年品行问题与情绪表达相关分析。

为了探讨易地搬迁青少年品行问题与情绪表达的关系，采用相关分析的方法对易地搬迁青少年品行问题及各维度与情绪表达各维度进行分析，结果见表9-10。

表9-10 易地搬迁青少年品行问题与情绪表达相关分析

项目	违规倾向	成瘾倾向	攻击行为	品行问题	正性情绪表达	负性情绪表达
违规倾向	1					
成瘾倾向	0.460***	1				
攻击行为	0.559***	0.479***	1			
品行问题	0.898***	0.688***	0.827***	1		
正性情绪表达	−0.113**	−0.113**	−0.117**	−0.137***	1	
负性情绪表达	−0.101*	−0.077	−0.069	−0.103*	0.586***	1

表9-10显示，易地搬迁青少年的正性情绪表达与品行问题各维度呈显著负相关，易地搬迁青少年的负性情绪表达与违规倾向、品行问题总分呈显著负相关。

（2）易地搬迁青少年情绪表达对品行问题的预测分析。

为了探讨易地搬迁青少年情绪表达与品行问题的关系，以品行问题为因变量，情绪表达各维度为预测变量，进行回归分析，结果见表9-11。

表9-11 易地搬迁青少年情绪表达各维度对品行问题的预测分析（n=550）

因变量	预测变量	R	R^2	F	B	β	t
品行问题	正性情绪表达	0.137	0.019	10.509***	−0.891	−0.137	−3.242***

表9-11显示，易地搬迁青少年的情绪表达进入品行问题的回归方程只有正性情绪表达，正性情绪表达对品行问题的解释率达1.9%，正性情绪表达对品行问题有显著负向预测作用。

5. 易地搬迁青少年品行问题与乐商的关系分析

（1）易地搬迁青少年品行问题与乐商相关分析。

为了探讨易地搬迁青少年品行问题与乐商的关系，采用相关分析的方法对易地搬迁青少年品行问题及各维度与乐商各维度进行分析，结果见表9-12。

表9-12　易地搬迁青少年品行问题与乐商相关分析

项目	违规倾向	成瘾倾向	攻击行为	品行问题	快乐阈限值	品味能力	乐观感染力	乐观理解力	乐商
违规倾向	1								
成瘾倾向	0.460***	1							
攻击行为	0.559***	0.479***	1						
品行问题	0.898***	0.688***	0.827***	1					
快乐阈限值	−0.113**	−0.076	−0.142***	−0.139***	1				
品味能力	−0.109**	−0.149***	−0.106*	−0.139***	0.520***	1			
乐观感染力	−0.072	−0.074	−0.039	−0.073	0.035	−0.092*	1		
乐观理解力	−0.114**	−0.055	−0.050	−0.097*	0.480***	0.464***	−0.099*	1	
乐商	−0.159***	−0.134**	−0.129**	−0.321***	0.786***	0.704***	0.350***	0.729***	1

表9-12显示，易地搬迁青少年乐商与品行问题各维度呈显著负相关，易地搬迁青少年品行问题与快乐阈限值、品味能力、乐观理解力和乐商总分呈显著负相关。

（2）易地搬迁青少年乐商对品行问题的预测分析。

为了探讨易地搬迁青少年乐商与品行问题的关系，以品行问题为因变量，乐商各维度为预测变量，进行回归分析，结果见表9-13。

表9-13　易地搬迁青少年乐商各维度对品行问题的预测分析

因变量	预测变量	R	R^2	F	B	β	t
品行问题	品味能力	0.164	0.027	7.574***	−0.352	−0.147	−3.480***
	乐观感染力				−0.174	−0.087	−2.055*

表9-13显示，易地搬迁青少年的乐商进入品行问题的回归方程只有品味能力和乐观感染力，这两个维度对品行问题的解释率是2.7%，品味能力和乐观感染力对品行问题有显著负向预测作用。

同时为了探讨易地搬迁青少年乐商总分与品行问题总分的关系，以易地搬迁青少年的乐商总分为预测变量，品行问题总分为因变量，进行回归分析，结果见表9-14。

表9-14　易地搬迁青少年乐商总分对品行问题总分的预测分析

因变量	预测变量	R	R^2	F	B	β	t
品行问题总分	乐商总分	0.173	0.030	16.928***	-0.141	-0.173	-4.114***

表9-14显示，易地搬迁青少年的乐商总分对品行问题总分有显著的负向预测作用，乐商越高，品行问题也就越少，乐商对品行问题的解释率是3.0%。

三、中介分析

1. 易地搬迁青少年品行问题行为在乐商与心理健康的中介分析

（1）共同方法偏差检验。

采用Harman单因素法检验本研究中全部量表收集到的数据，对易地搬迁青少年品行问题行为、乐商和心理健康3个变量涉及测量条目进行因素分析。探索性因素分析结果显示，有9个因子的特征值大于1，第1个因子的解释率为15.522%，低于40%的标准，由此可判定研究中不存在显著的共同方法偏差。

（2）品行问题行为的中介作用。

为减少参数估计偏差，取乐商4个因子的各自总分作为潜变量乐商的观测变量，以品行问题行为3个因子的各自总分作为潜变量品行问题行为的观测变量，以心理健康总分作为观测变量。使用AMOS软件运用最大似然法对乐商影响心理健康——品行问题行为的中介作用进行检验，结果显示，χ^2=81.877，df=18，χ^2/df=4.549，$SRMR$=0.0358，$RMSEA$=0.080，CFI=0.934，IFI=0.935，TLI=0.898，各项拟合指数均大于0.90，表明模型拟合较为理想，达到心理测量学要求。基于模型拟合结果，采用偏差校正的非参数百分位Bootstrap方法进行中介效应的检验，重复抽样2 000次，计算95%置信区间。结果表明，模型中乐商可显著预测品行问题行为（β=-0.251，$p<0.001$），品行问题行为可显著预测心理健康（β=-0.100，$p<0.001$），乐商对心理健康的预测作用亦显著（β=0.045，$p<0.001$）。结果还显示，品行问题行为通过乐商对心理健康的间接

效应为0.101（p=0.001），其95%的置信区间为［0.042，0.157］，间接效应显著；自尊对心理健康的直接效应为0.181（p=0.001），其95%的置信区间为［0.077，0.300］，直接效应显著。总效应为0.282，其中间接效应占比35.82%，表明品行问题行为在乐商与心理健康间起中介作用。见图9-1。

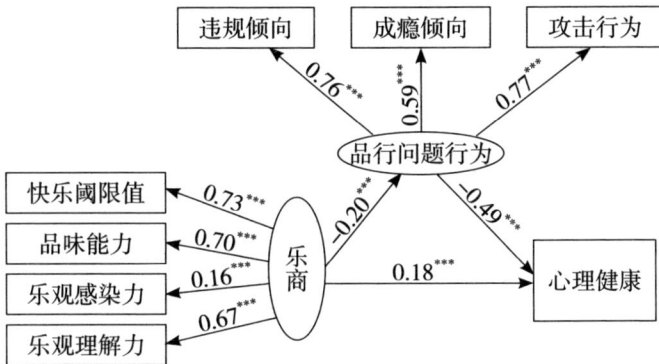

图9-1　品行问题行为在乐商与心理健康间的中介作用模型

2. 易地搬迁青少年品行问题行为在学习沉醉感与心理健康的中介分析

（1）共同方法偏差检验。

采用Harman单因素法检验本研究中全部量表收集到的数据，对易地搬迁青少年学习沉醉感、心理健康和品行问题行为3个变量涉及测量条目进行因素分析。探索性因素分析结果显示，有9个因子的特征值大于1，第1个因子的解释率为20.994%，低于40%的标准，由此可判定研究中不存在显著的共同方法偏差。

（2）品行问题行为的中介作用。

为减少参数估计偏差，取学习沉醉感4个因子的各自总分作为潜变量学习沉醉感的观测变量，以品行问题行为3个因子的各自总分作为潜变量品行问题行为的观测变量，以心理健康总分作为观测变量。使用AMOS软件运用最大似然法对学习沉醉感影响心理健康——品行问题行为的中介作用进行检验，结果显示，χ^2=97.456，df=18，χ^2/df=5.414，$SRMR$=0.04，$RMSEA$=0.090，CFI=0.945，IFI=0.945，TLI=0.914，各项拟合指数均大于0.90，表明模型拟合较为理想，达到心理测量学要求。基于模型拟合结果，采用偏差校正的非参数百分位Bootstrap方法进行中介效应的检验，重复抽样2 000次，计算95%置信区间。结果表明，模型中学习沉醉感可显著预测品行问题行为（$\beta=-0.371$，$p<0.001$），品行问题行为可显著预测心理健康（$\beta=-0.093$，$p<0.001$），学习沉醉感对心理健康的预测作用亦显著（$\beta=0.037$，$p<0.001$）。结果还显示，品行问题行为通过学习沉醉感对心理健康的间接效应为0.168（$p=0.001$），其95%的置信区间为［0.122，0.228］，间接效应显著；学习沉醉感对心理健康的直接效应为0.179（$p=0.001$），其95%的置信区间为［0.083，0.272］，直接效应显著。总效应为0.347，其中间接效应占比48.41%，表明品行问题行为在学习沉醉感与心理健康间起中介作用。见图9-2。

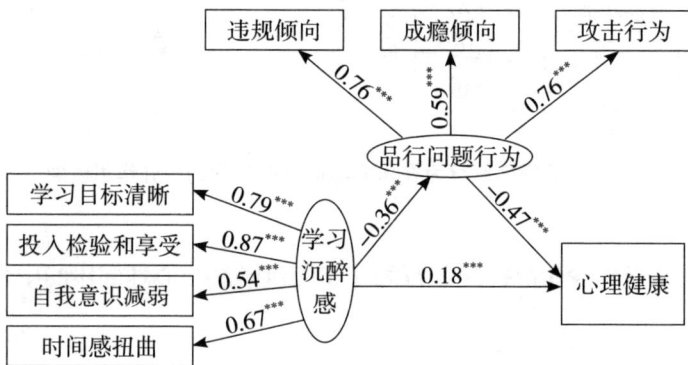

图9-2　品行问题行为在学习沉醉感与心理健康间中介作用模型

3. 易地搬迁青少年品行问题行为在积极学业情绪与心理健康的中介分析

（1）共同方法偏差检验。

采用Harman单因素法检验本研究中全部量表收集到的数据，对易地搬迁青少年积极学业情绪、心理健康和品行问题行为3个变量涉及测量条目进行因素分析。探索性因素分析结果显示，有12个因子的特征值大于1，第1个因子的解释率为22.239%，低于40%的标准，由此可判定研究中不存在显著的共同方法偏差。

（2）品行问题行为的中介作用。

为减少参数估计偏差，取积极学业情绪两个维度的各自总分作为潜变量积极学业情绪的观测变量，以品行问题行为3个因子的各自总分作为潜变量品行问题行为的观测变量，以心理健康总分作为观测变量。使用AMOS软件运用最大似然法对积极学业情绪影响心理健康——品行问题行为的中介作用进行检验，结果显示，χ^2=43.712，df=7，χ^2/df=6.245，$SRMR$=0.04，$RMSEA$=0.098，CFI=0.966，IFI=0.967，TLI=0.928，各项拟合指数均大于0.90，表明模型拟合较为理想，达到心理测量学要求。基于模型拟合结果，采用偏差校正的非参数百分位Bootstrap方法进行中介效应的检验，重复抽样2 000次，计算95%置信区间。结果表明，模型中积极学业情绪可显著预测品行问题行为（β=–0.109，$p<0.001$），品行问题行为可显著预测心理健康（β=–0.077，$p<0.001$），积极学业情绪对心理健康的预测作用亦显著（β=0.025，$p<0.001$）。结果还显示，品行问题行为通过积极学业情绪对心理健康的间接效应为0.137（p=0.001），其95%的置信区间为［0.095，0.192］，间接效应显著；正性情绪表达对心理健康的直接效应为0.413（p=0.001），其95%的置信区间为［0.318，–0.503］，直接效应显著。总效应为0.550，其中间接效应占比24.91%，表明品行问题行为在积极学业情绪与心理健康间起中介作用。见图9-3。

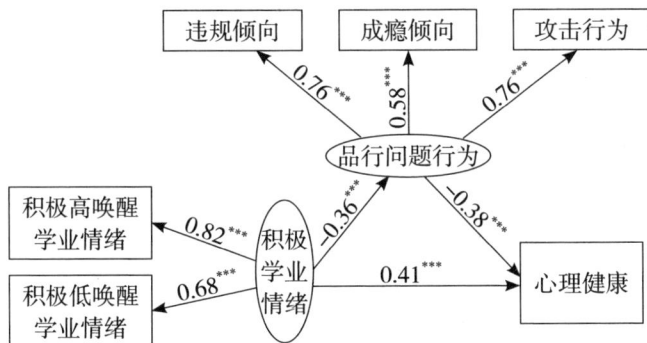

图9-3　品行问题行为在积极学业情绪与心理健康间中介作用模型

4. 易地搬迁青少年品行问题行为在正性情绪表达与心理健康的中介分析

（1）共同方法偏差检验。

采用Harman单因素法检验本研究中全部量表收集到的数据，对易地搬迁青少年正性情绪表达、心理健康和品行问题行为3个变量涉及测量条目进行因素分析。探索性因素分析结果显示，有9个因子的特征值大于1，第1个因子的解释率为19.740%，低于40%的标准，由此可判定本研究中不存在显著的共同方法偏差。

（2）品行问题行为的中介作用。

为减少参数估计偏差，取正性情绪表达九个题项的各自数值作为观测变量，以品行问题行为3个因子的各自总分作为潜变量品行问题行为的观测变量，以心理健康总分作为观测变量。使用AMOS软件运用最大似然法对正性情绪表达影响心理健康——品行问题行为的中介作用进行检验，结果显示，χ^2=223.479，df=63，χ^2/df=3.547，$SRMR$=0.04，$RMSEA$=0.068，CFI=0.925，IFI=0.925，TLI=0.907，各项拟合指数均大于0.90，表明模型拟合较为理想，达到心理测量学要求。基于模型拟合结果，采用偏差校正的非参数百分位Bootstrap方法进行中介效应的检验，重复抽样2 000次，计算95%置信区间。结果表明，模型中正性情绪表达可显著预测品行问题行为（β=-0.606，$p<0.001$），品行问题行为可显著预测心理健康（β=-0.100，$p<0.001$），正性情绪表达对心理健康的预测作用亦显著（β=0.129，$p<0.001$）。结果还显示，品行问题行为通过正性情绪表达对心理健康的间接效应为0.092（p=0.001），其95%的置信区间为[0.041，0.144]，间接效应显著；正性情绪表达对心理健康的直接效应为0.196（p=0.001），其95%的置信区间为[0.101，0.283]，直接效应显著。总效应为0.288，其中间接效应占比31.94%，表明品行问题行为在正性情绪表达与心理健康间起中介作用。见图9-4。

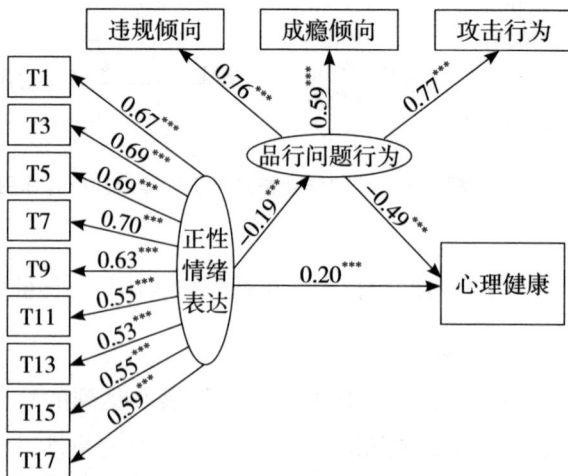

图9-4　品行问题行为在正性情绪表达与心理健康间中介作用模型

5. 易地搬迁青少年品行问题行为在负性情绪表达与心理健康的中介分析

（1）共同方法偏差检验。

采用Harman单因素法检验本研究中全部量表收集到的数据，对易地搬迁青少年负性情绪表达、心理健康和品行问题行为3个变量涉及测量条目进行因素分析。探索性因素分析结果显示，有8个因子的特征值大于1，第1个因子的解释率为18.873%，低于40%的标准，由此可判定本研究中不存在显著的共同方法偏差。

（2）品行问题行为的中介作用。

为减少参数估计偏差，取负性情绪表达九个题项的各自数值作为观测变量，以品行问题行为3个因子的各自总分作为潜变量品行问题行为的观测变量，以心理健康总分作为观测变量。使用AMOS软件运用最大似然法对负性情绪表达影响心理健康——品行问题行为的中介作用进行检验，结果显示，$\chi^2=214.627$，$df=63$，$\chi^2/df=3.407$，$SRMR=0.05$，$RMSEA=0.066$，$CFI=0.923$，$IFI=0.924$，$TLI=0.905$，各项拟合指数均大于0.90，表明模型拟合较为理想，达到心理测量学要求。基于模型拟合结果，采用偏差校正的非参数百分位Bootstrap方法进行中介效应的检验，重复抽样2 000次，计算95%置信区间。结果表明，模型中负性情绪表达可显著预测品行问题行为（$\beta=-0.485$，$p<0.01$），品行问题行为可显著预测心理健康（$\beta=-0.104$，$p<0.001$），负性情绪表达对心理健康的预测作用亦显著（$\beta=0.075$，$p<0.001$）。结果还显示，品行问题行为通过负性情绪表达对心理健康的间接效应为0.073（$p=0.001$），其95%的置信区间为［0.016，0.135］，间接效应显著；正性情绪表达对心理健康的直接效应为0.109（$p=0.001$），其95%的置信区间为［0.007，0.197］，直接效应显著。总效应为0.182，其中间接效应占比40.11%，表明品行问题行为在正性情绪表达与心理健康间起中介作用。见图9-5。

四、分析与讨论

1. 易地搬迁青少年品行问题与学校适应的关系

调研结果表明，易地搬迁青少年品行问题行为及各维度与学校适应及各维

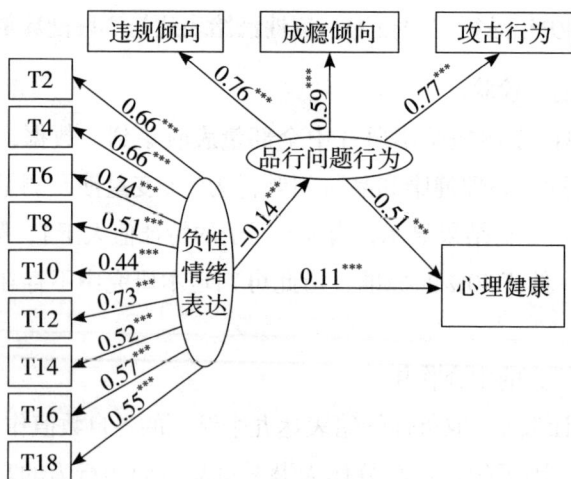

图9-5 品行问题行为在负性情绪表达与心理健康间中介作用模型

度存在显著的负相关，这就说明品行问题行为得分越高，其学校适应就越差。其原因是：对于易地搬迁青少年，由于他们到了一个新环境，刚开始会产生一些对外界的抵触与对抗，没有归属感，因此注意力会转移到其他事物上，如吸烟、酗酒等，而学校不允许学生出现这些违规、成瘾以及攻击行为，学生会因此对学校产生不满，对老师产生不满，甚至对遵守校纪校规的同学产生不满，很难适应学校的环境。

本次调研结果发现进入学校适应的回归方程有违规倾向，说明违规倾向对心理健康的解释最强，违规倾向可以解释学校适应12.2%的变异，违规倾向对学校适应显著负向预测作用，即违规倾向越严重的易地搬迁青少年，其学校适应性就越差。其原因是，在学校违规要受到学校的批评与惩罚，由于青少年极强的自尊心，会对惩罚自己的学校更加不满，因此更加难以适应学校。

2. 易地搬迁青少年品行问题与积极学业情绪的关系

根据李华（2018）的研究，积极的学业情绪对青少年的学习效果和学习动力具有重要影响。学习动机、学习兴趣、学习成就感等都是积极学业情绪的表现。青少年如果能够保持积极的学业情绪，将更有可能取得优异的学业成绩，从而为未来的发展打下良好的基础。一方面，品行问题可能影响青少年的积极学业情绪，品行问题可能导致青少年出现情绪失控、学习逃避等问题，进而降低其对学习的兴趣和动力。另一方面，积极的学业情绪也可能影响青少年的品行问题，例如，学业成就感的提升可能会增强青少年的自信心和自尊心，从而减少其品行问题的发生。

3. 易地搬迁青少年品行问题与情绪表达的关系

情绪表达表现在个体在行为上展现的情感状态，如面部表情、言语语气、身体姿态等。家庭冲突、家庭暴力等不良家庭环境可能会导致青少年产生品行问题。此外，社会支持也在一定程度上影响着青少年的品行问题。良好的社会支持体系能够提供情感支持和社会支持，有助于减少青少年的品行问题的发生。青少年的情绪表达是内心情感状态的体现，它可能受到多种因素的影响，包括个体情感认知、情感调节能力以及社会文化背景等。品行问题可能导致情绪表达的不当，例如，青少年可能因为情绪失控而表现出攻击性行为或者愤怒爆发，这种不当的情绪表达可能会加剧其品行问题。情绪表达的不当也可能导致品行问题的产生，青少年如果无法有效地表达自己的情感，可能会产生情绪压力和沟通障碍，进而出现挑衅、攻击等品行问题行为。

第十章

易地搬迁青少年学校适应与学业、情绪的关系

一、关系概述

1. 学习沉醉感与学校适应的相关研究

目前对于青少年学习沉醉感与学校适应的研究很少，但是有研究发现学习投入与学校适应有一定的关系。学习投入指学生在学习过程中，积极参与学校各项学习活动，深入地进行思考，并伴有积极的情感体验，因此，学习投入与学习沉醉感有一定的相关和联系。熊红星等人（2020）的研究表明，师生关系通过心理健康和学习投入的链式中介作用影响留守儿童的学校适应，学习投入与学校适应存在显著正相关，即留守儿童学习投入水平越高，其学校适应越好。同时，Robu（2013）的研究发现，儿童的学习投入可以显著正向预测其学校适应。

2. 积极学业情绪与学校适应的相关研究

苏世将等人（2009）的研究发现，大学生学校适应的各维度以及总分均与正性学业情绪呈显著正相关，表明大学生适应与学业情绪相互影响，两者有紧密联系。陈懋慈（2019）对初中生的研究显示学校适应与积极学业情绪显著正相关。积极学业情绪与学校适应在一定程度上有紧密的联系。

3. 情绪表达与学校适应的相关研究

目前在国内对情绪表达与学校适应的研究还很少，只有少量的关于情绪调节与学校适应的研究。据研究表明，情绪调节能力可以显著预测个体的学校适应能力，积极情绪调节策略运用得越多，则情绪调节的能力越高，学校适应能力也就越强（刘启刚 等，2007）。张庆华（2011）研究也指出调节积极情绪的自我效能感可显著预测师生关系和同伴关系。有学者研究发现，情绪表达对学校适应存在显著的正向主效应（索怡宁，2020）。

4. 乐商与学校适应的相关研究

目前，国内外对乐商和学校适应的相关研究相对较少，以易地搬迁青少年为研究对象的就更少。Charles 等（2014）的研究中表明乐观主义者比悲观主义者更能感受到社会支持。李文道等（2003）研究发现，一个学生如果能够得到更多的社会支持，那么他们在学校的适应水平也就越高，很少或得不到社会支持的同学，往往适应水平也较低。曾练平等人（2020）的研究得出积极情感与学校适应呈正相关，与消极情感呈负相关。还有研究发现个体的乐观倾向越高越能维持良好的适应水平。邹容（2016）认为气质性乐观是个体积极适应结果的有力预测指标。刘艳和陈建文（2020）认为个体拥有越乐观的解释风格，那么对其社会适应能力的提升就越有利，社会适应和学校适应都与其所处的生活环境和文化背景有密切的关系，因此个体拥有越乐观的解释风格，学校适应也更好。

综上所述，从以往的研究中得出乐商或者说乐观可以使人们感受到更多的社会支持，帮助个体从消极事件中获取积极力量，对逆境的情绪反应更好，情绪更加积极，并且还能改善人际关系。社会支持、人际关系、获得积极力量这些因素都有利于学校适应。易地扶贫地区青少年脱离了原居地熟悉的生活环境，居住的社会环境和学校环境都发生了变化，又因为搬迁后角色转变不清，人际关系发生变化，所以容易出现学校适应问题。而乐商的一些影响因素恰好有利于青少年易地学校适应。

二、关系分析

1. 易地搬迁青少年学习沉醉感与学校适应的关系分析

（1）易地搬迁青少年学习沉醉感与学校适应的相关分析。

为探讨易地搬迁青少年学习沉醉感与学校适应的关系，采用相关分析的方法对易地搬迁青少年学习沉醉感及各维度与学校适应及各维度进行分析，结果见表10-1。

表10-1　易地搬迁青少年学习沉醉感与学校适应的相关分析

项目	学习目标清晰	投入体验和享受	自我意识减弱	时间感知扭曲	学习沉醉感	学业适应	新家庭学习环境适应	师生关系适应	同伴关系适应	学校适应
学习目标清晰	1									
投入体验和享受	0.690***	1								
自我意识减弱	0.488***	0.425***	1							
时间感知扭曲	0.494***	0.608***	0.423***	1						
学习沉醉感	0.836***	0.877***	0.732***	0.747***	1					
学业适应	0.368***	0.389***	0.202***	0.154***	0.364***	1				
新家庭学习环境适应	0.278***	0.229***	0.103*	0.070	0.222***	0.379***	1			
师生关系适应	0.308***	0.303***	0.224***	0.160***	0.320***	0.515***	0.432***	1		
同伴关系适应	0.234***	0.244***	0.094*	0.130**	0.225***	0.391***	0.367***	0.414***	1	
学校适应	0.394***	0.391***	0.211***	0.176***	0.380***	0.771***	0.675***	0.798***	0.747***	1

表10-1显示，除了时间感知扭曲与新家庭学习环境适应不存在显著相关，易地搬迁青少年学习沉醉感及各维度与学校适应及各维度均呈显著的正相关。

（2）易地搬迁青少年学习沉醉感对学校适应的预测分析。

为探讨易地搬迁青少年学习沉醉感与学校适应的关系，以学习沉醉感各维度为预测变量，学校适应总分为因变量，进行回归分析，结果见表10-2。

表10-2 易地搬迁青少年学习沉醉感各维度对学校适应的预测分析

因变量	预测变量	R	R^2	F	B	β	t
	学习目标清晰				0.950	0.256	4.777***
学校适应总分	投入体验和享受	0.439	0.193	43.408***	0.768	0.292	4.971***
	时间感扭曲				−0.623	−0.128	−2.614**

表10-2显示，易地搬迁青少年的学习沉醉感进入学校适应的回归方程有3个因子，即学习目标清晰、投入体验和享受、时间感扭曲，说明这3个因子对学校适应有显著的预测作用，最先进入回归模型的是学习目标清晰，说明学习目标清晰对学校适应的解释最强。3个因子的回归模型经检验 F 值为43.408，在0.001水平上显著，3个因子对学校适应的联合解释达到19.3%，学习目标清晰、投入体验和享受对学校适应有显著的正向预测作用；而时间感扭曲对学校适应有显著的负向预测作用。

易地搬迁青少年学习沉醉感各维度对学校适应的预测分同时为了探讨易地搬迁青少年学习沉醉感总分与学校适应总分的关系，以易地搬迁青少年的学习沉醉感总分为预测变量，学校适应总分为因变量，进行回归分析，结果见表10-3。

表10-3 易地搬迁青少年学习沉醉感总分对学校适应总分的预测分析

因变量	预测变量	R	R^2	F	B	β	t
学校适应总分	学习沉醉感总分	0.380	0.144	92.441***	0.406	0.380	9.615***

表10-3显示，易地搬迁青少年的学习沉醉感总分对学校适应总分有显著的负向预测作用，学习沉醉感越强，学校适应的水平也就越强，学习沉醉感总分对学校适应的解释率为14.4%。

2. 易地搬迁青少年积极学业情绪与学校适应的关系分析

（1）易地搬迁青少年积极学业情绪与学校适应的相关分析。

为了探讨易地搬迁青少年积极学业情绪与学校适应的关系，采用相关分析的方法对易地搬迁青少年积极学业情绪及各维度与学校适应及各维度进行分析，结果见表10-4。

表10-4　易地搬迁青少年积极学业情绪与学校适应的相关分析

项目	积极高唤醒学业情绪	积极低唤醒学业情绪	积极学业情绪	学业适应	新家庭学习环境适应	师生关系适应	同伴关系适应	学校适应
积极高唤醒学业情绪	1							
积极低唤醒学业情绪	0.681***	1						
积极学业情绪	0.920***	0.914***	1					
学业适应	0.479***	0.619***	0.598***	1				
新家庭学习环境适应	0.347***	0.410***	0.412***	0.379***	1			
师生关系适应	0.410***	0.544***	0.519***	0.515***	0.432***	1		
同伴关系适应	0.378***	0.466***	0.460***	0.391***	0.367***	0.414***	1	
学校适应	0.540***	0.685***	0.667***	0.771***	0.675***	0.798***	0.747***	1

表10-4显示，易地搬迁青少年积极学业情绪各维度及总分与学校适应各维度及总分均呈显著正相关，也就是说，易地搬迁青少年积极学业情绪越好，学校适应就越强。

（2）易地搬迁青少年积极学业情绪对学校适应的预测分析

为了探讨易地搬迁青少年积极学业情绪表达与学校适应的关系，以学校适应为因变量，积极学业情绪各维度为预测变量，进行回归分析，结果见表10-5。

表10-5　易地搬迁青少年积极学业情绪各维度对学校适应的预测分析

因变量	预测变量	R	R^2	F	B	β	t
学校适应	积极低唤醒学业情绪	0.693	0.480	252.103***	0.576	0.592	14.040***
	积极高唤醒学业情绪				0.130	0.137	3.258***

表10-5显示，易地搬迁青少年的学业情绪进入学校适应的回归方程有积极低唤醒学业情绪和积极高唤醒学业情绪，积极低唤醒学业情绪最先进入回归方程，说明积极低唤醒学业情绪对学校适应的解释最强，模型经检验 F 值为252.103，在0.001水平上显著，对学校适应解释率达到48.0%，积极低唤醒学

业情绪和积极高唤醒学业情绪对学校适应有显著正向预测作用。为进一步探讨具体哪一个学业情绪因子影响学校适应，以自豪、高兴、希望、满足、平静和放松6个因子为自变量，学校适应为因变量进行回归分析，结果见表10-6。

表10-6　易地搬迁青少年积极学业情绪各因子对学校适应的预测分析

因变量	预测变量	R	R^2	F	B	β	t
学校适应	放松	0.698	0.488	129.675***	0.750	0.338	7.155***
	希望				0.530	0.162	4.198***
	满足				0.499	0.199	4.551***
	平静				0.432	0.139	2.970**

易地搬迁青少年积极学业情绪6个因子中进入学校适应的回归方程的只有4个因子，即放松、希望、满足和平静，放松因子最先进入回归方程，说明放松因子对学校适应的解释最强，模型经检验F值为129.675，在0.001水平上显著，对学校适应解释率达到48.8%，学业情绪中的放松、希望、满足和平静均对学校适应有显著正向预测作用。

同时为了探讨易地搬迁青少年积极学业情绪总分与学校适应总分的关系，以易地搬迁青少年的积极学业情绪总分为预测变量，学校适应总分为因变量，进行回归分析，结果见表10-7。

表10-7　易地搬迁青少年积极学业情绪总分对学校适应总分的预测分析

因变量	预测变量	R	R^2	F	B	β	t
学校适应总分	积极学业情绪总分	0.667	0.445	439.469***	0.349	0.667	20.964***

表10-7显示，易地搬迁青少年的积极学业情绪总分对学校适应总分有显著的正向预测作用，积极学业情绪越高，学校适应的水平也就越强，积极学业情绪总分对学校适应的解释率有44.5%。

3. 易地搬迁青少年情绪表达与学校适应的关系分析

（1）易地搬迁青少年情绪表达与学校适应的相关分析。

为探讨易地搬迁青少年情绪表达与学校适应的关系，采用相关分析的方法对情绪表达各维度与学校适应及各维度进行分析，结果见表10-8。

表10-8　易地搬迁青少年情绪表达与学校适应的相关分析

项目	正性情绪表达	负性情绪表达	学业适应	新家庭学习环境适应	师生关系适应	同伴关系适应	学校适应
正性情绪表达	1						
负性情绪表达	0.586***	1					
学业适应	0.282***	0.237***	1				
新家庭学习环境适应	0.313***	0.323***	0.379***	1			
师生关系适应	0.304***	0.350***	0.515***	0.432***	1		
同伴关系适应	0.445***	0.301***	0.391***	0.367***	0.414***	1	
学校适应	0.451***	0.400***	0.771***	0.675***	0.798***	0.747***	1

表10-8显示，易地搬迁青少年的正、负性情绪表达与学校适应及各维度均呈显著的正相关。

（2）易地搬迁青少年情绪表达对学校适应的预测分析。

为探讨易地搬迁青少年情绪表达与学校适应的关系，以情绪表达各维度为预测变量，学校适应为因变量，进行逐步回归分析，结果见表10-9。

表10-9　易地搬迁青少年情绪表达各维度对学校适应的预测分析

因变量	预测变量	R	R^2	F	B	β	t
学校适应	正性情绪表达	0.481	0.231	82.373***	0.467	0.329	7.113***
	负性情绪表达				0.305	0.208	4.486***

表10-9显示，易地搬迁青少年的情绪表达进入学校适应的回归方程有正性情绪表达和负性情绪表达，正性情绪表达最先进入回归方程，说明正性情绪表达对学校适应的解释最强，模型经检验F值为82.373，在0.001水平上显著，对学校适应解释达到了23.1%，正、负性情绪表达对学校适应均有显著的正向预测作用。

4. 易地搬迁青少年乐商与学校适应的关系分析

（1）易地搬迁青少年乐商与学校适应的相关分析。

为探讨易地搬迁青少年乐商与学校适应的关系，采用相关分析的方法对易地搬迁青少年乐商及各维度与学校适应及各维度进行分析，结果见表10-10。

表 10–10　易地搬迁青少年乐商与学校适应的相关分析

项目	快乐阈限值	品味能力	乐观感染力	乐观理解力	乐商	学业适应	新家庭学习环境适应	师生关系适应	同伴关系适应	学校适应
快乐阈限值	1									
品味能力	0.520***	1								
乐观感染力	0.035	−0.092*	1							
乐观理解力	0.480***	0.464***	−0.099*	1						
乐商	0.786***	0.704***	0.350***	0.729***	1					
学业适应	0.276***	0.164***	0.072	0.428***	0.375***	1				
新家庭学习环境适应	0.167***	0.166***	0.048	0.256***	0.250***	0.379***	1			
师生关系适应	0.255***	0.181***	0.030	0.271***	0.289***	0.515***	0.432***	1		
同伴关系适应	0.405***	0.306***	0.162***	0.351***	0.478***	0.391***	0.367***	0.414***	1	
学校适应	0.380***	0.277***	0.108**	0.440***	0.474***	0.771***	0.675***	0.798***	0.747***	1

表 10–10 显示，除乐观感染力和学业适应、新家庭学习环境适应、师生关系适应的相关性不显著外，易地搬迁青少年学校适应与乐商其他各维度均存在显著正相关。

（2）易地搬迁青少年乐商对学校适应的预测分析。

为探讨易地搬迁青少年乐商各维度与学校适应的关系，以乐商各维度为预测变量，学校适应总分为因变量，进行回归分析，结果见表 10–11。

表 10–11　易地搬迁青少年乐商各维度对学校适应的预测分析

因变量	预测变量	R	R^2	F	B	β	t
	乐观理解力				1.349	0.356	8.338***
学校适应总分	快乐阈限值	0.499	0.249	60.289***	0.841	0.204	4.811***
	乐观感染力				0.535	0.136	3.640***

表 10–11 显示，易地搬迁青少年的乐商进入学校适应的回归方程有 3 个因子，即乐观理解力、快乐阈限值、乐观感染力，说明这 3 个因子对学校适应有显著的预测作用，最先进入回归模型的是乐观理解力，说明乐观理解力对学校适应的解释最强。3 个因子的回归模型经检验 F 值为 60.289，在 0.001 水平上显

著，3个因子对学校适应的联合解释达到24.9%，乐观理解力、快乐阈限值和乐观感染力对学校适应均有显著的正向预测作用。

同时为了探讨易地搬迁青少年乐商总分与学校适应总分的关系，以易地搬迁青少年的乐商总分为预测变量，学校适应总分为因变量，进行回归分析，结果见表10–12。

表10–12　易地搬迁青少年乐商总分对学校适应总分的预测分析

因变量	预测变量	R	R^2	F	B	β	t
学校适应总分	乐商总分	0.474	0.224	158.599***	0.762	0.474	12.594***

表10–12显示，易地搬迁青少年的乐商总分对学校适应总分有显著的正向预测作用，乐商越高，学校适应的水平也就越强，乐商总分对学校适应的解释率有22.4%。

三、中介分析

1. 易地搬迁青少年学习沉醉感在自尊与学校适应间的中介分析

（1）共同方法偏差检验。

采用Harman单因素法检验本研究中全部量表收集到的数据，对易地搬迁青少年学校适应、学习沉醉感和自尊3个变量涉及测量条目进行因素分析。探索性因素分析结果显示，有8个因子的特征值大于1，第1个因子的解释率为23.444%，低于40%的标准，由此可判定研究中不存在显著的共同方法偏差。

（2）学习沉醉感的中介作用。

为减少参数估计偏差，取自尊总分作为观测变量，以学习沉醉感4个因子的各自总分作为潜变量学习沉醉感的观测变量，以学校适应4个因子的各自总分作为潜变量学校适应的观测变量。使用AMOS软件运用最大似然法对自尊影响学校适应——学习沉醉感的中介作用进行检验，结果显示，χ^2=110.208，df=25，χ^2/df=4.408，$SRMR$=0.04，$RMSEA$=0.079，CFI=0.943，IFI=0.943，TLI=0.918，各项拟合指数均大于0.90，表明模型拟合较为理想，达到心理测量学要求。基于模型拟合结果，采用偏差校正的非参数百分位Bootstrap方法进行中介效应的检验，重复抽样2 000次，计算95%置信区间。结果表明，模型中自尊可显著预测学习沉醉感（$\beta=1.436$，$p<0.001$），学习沉醉感可显著预测学校适应（$\beta=0.491$，$p<0.001$），自尊对学校适应的预测作用亦显著（$\beta=0.491$，$p<0.001$）。结果还显示，学习沉醉感通过自尊对学校适应的间接效应为0.122（$p=0.001$），其95%的置信区间为［0.078，0.176］，间接效应显著；自尊对学校适应的直接效应为0.290（$p=0.001$），其95%的置信区间为［0.187，0.393］，直接效应显著。总效应为0.412，其中间接效应占比29.61%，表明学习沉醉感在自尊与学校适应间起中介作用。见图10-1。

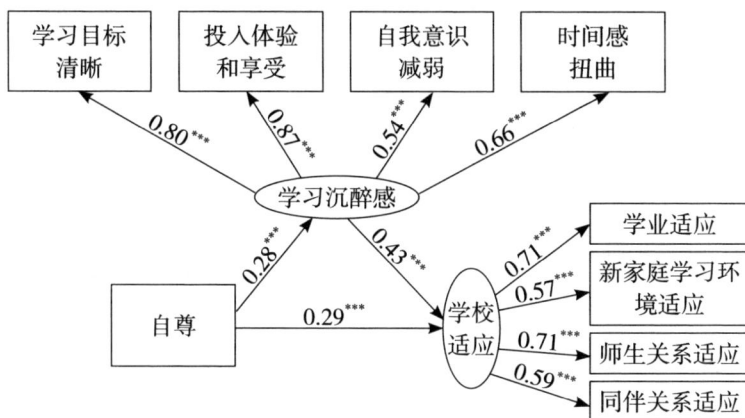

图10-1　学习沉醉感在自尊与学校适应间中介作用模型

2. 易地搬迁青少年积极学业情绪在情绪表达与学校适应间的中介分析

（1）易地搬迁青少年积极学业情绪在正性情绪表达与学校适应间的中介。

采用Harman单因素法检验本研究中全部量表收集到的数据，对易地搬迁青少年正性情绪表达、积极学业情绪和学校适应3个变量涉及测量条目进行因素分析。探索性因素分析结果显示，有10个因子的特征值大于1，第1个因子的解释率为26.739%，低于40%的标准，由此可判定研究中不存在显著的共同方法偏差。

为减少参数估计偏差，取正性情绪表达9个题项的各自数值作为潜变量正性情绪表达的观测变量，以积极学业情绪6个因子的各自总分作为潜变量积极学业情绪的观测变量，以学校适应4个因子的各自总分作为潜变量学校适应的观测变量。使用AMOS软件运用最大似然法对正性情绪表达影响学校适应——

积极学业情绪的中介作用进行检验，结果显示，$\chi^2=828.988$，$df=149$，$\chi^2/df=5.564$，$SRMR=0.05$，$RMSEA=0.09$，$CFI=0.849$，$IFI=0.850$，$TLI=0.827$，各项拟合指数均大于0.80，表明模型拟合较为理想，达到心理测量学要求。基于模型拟合结果，采用偏差校正的非参数百分位Bootstrap方法进行中介效应的检验，重复抽样2 000次，计算95%置信区间。结果表明，模型中正性情绪表达可显著预测积极学业情绪（$\beta=1.747$，$p<0.001$），积极学业情绪可显著预测学校适应（$\beta=0.766$，$p<0.001$），正性情绪表达对学校适应的预测作用亦显著（$\beta=0.327$，$p<0.05$）。结果还显示，积极学业情绪通过正性情绪表达对学校适应的间接效应为0.433（$p=0.001$），其95%的置信区间为［0.358，0.520］，间接效应显著；正性情绪表达对学校适应的直接效应为0.105（$p=0.001$），其95%的置信区间为［-0.011，0.221］，置信区间包括0，因此该直接效应不显著。总效应为0.538，其中间接效应占比80.48%，表明积极学业情绪在正性情绪表达与学校适应间起完全中介作用。见图10-2。

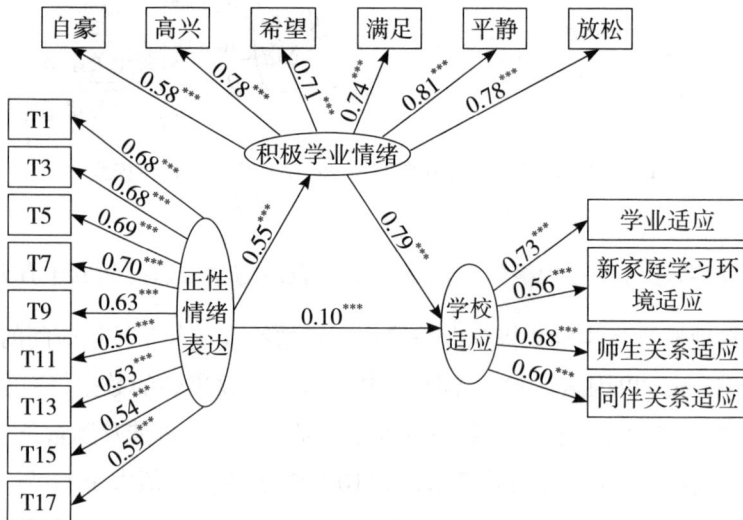

图10-2　积极学业情绪在正性情绪表达与学校适应间中介作用模型

（2）易地搬迁青少年积极学业情绪在负性情绪表达与学校适应间的中介。

采用Harman单因素法检验本研究中全部量表收集到的数据，对易地搬迁青少年负性情绪表达、积极学业情绪和学校适应3个变量涉及测量条目进行因素分析。探索性因素分析结果显示，有9个因子的特征值大于1，第1个因子的解释率为25.865%，低于40%的标准，由此可判定本研究中不存在显著的共同方法偏差。

为减少参数估计偏差，取负性情绪表达9个题项的各自数值作为潜变量负性情绪表达的观测变量，以积极学业情绪6个因子的各自总分作为潜变量积极学业情绪的观测变量，以学校适应4个因子的各自总分作为潜变量学校适应的观测变量。使用AMOS软件运用最大似然法对负性情绪表达影响学校适应——积极学业情绪的中介作用进行检验，结果显示，χ^2=732.048，df=149，χ^2/df=4.913，$SRMR$=0.05，$RMSEA$=0.08，CFI=0.862，IFI=0.863，TLI=0.842，各项拟合指数均大于0.80，表明模型拟合较为理想，达到心理测量学要求。基于模型拟合结果，采用偏差校正的非参数百分位Bootstrap方法进行中介效应的检验，重复抽样2 000次，计算95%置信区间。结果表明，模型中负性情绪表达可显著预测积极学业情绪（β=1.473，$p<0.001$），积极学业情绪可显著预测学校适应（β=0.758，$p<0.001$），负性情绪表达对学校适应的预测作用亦显著（β=0.566，$p<0.001$）。结果还显示，积极学业情绪通过负性情绪表达对学校适应的间接效应为0.332（p=0.001），其95%的置信区间为［0.243，0.413］，间接效应显著；负性情绪表达对学校适应的直接效应为0.168（p=0.001），其95%的置信区间为［0.057，0.267］，直接效应显著。总效应为0.500，其中间接效应占比66.4%，表明积极学业情绪在负性情绪表达与学校适应间起中介作用。见图10-3。

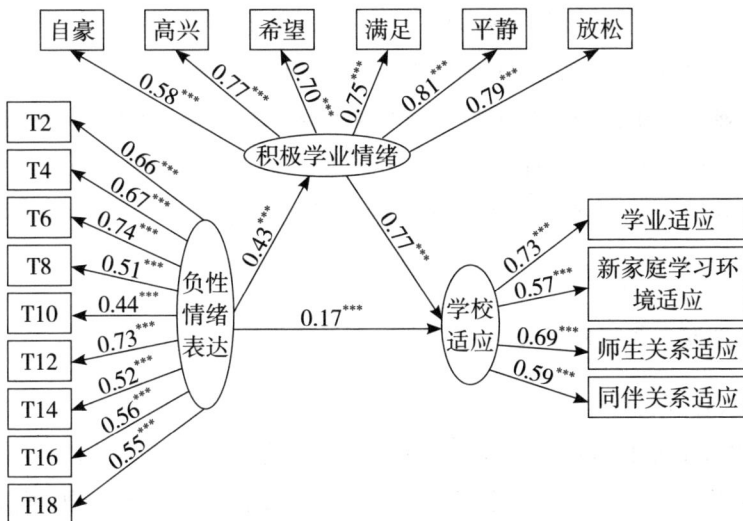

图10-3 积极学业情绪在负性情绪表达与学校适应间中介作用模型

3. 易地搬迁青少年积极学业情绪在乐商与学校适应间的中介分析

（1）共同方法偏差检验。

采用Harman单因素法检验本研究中全部量表收集到的数据，对易地搬迁青少年学校适应、积极学业情绪、乐商3个变量涉及测量条目进行因素分析。探索性因素分析结果显示，有12个因子的特征值大于1，第1个因子的解释率为24.420%，低于40%的标准，由此可判定研究中不存在显著的共同方法偏差。

（2）积极学业情绪的中介作用。

为减少参数估计偏差，取乐商4个因子各自总分作为潜变量乐商的观测变量，以积极学业情绪6个因子的各自总分作为潜变量积极学业情绪的观测变量，以学校适应4个因子的各自总分作为潜变量学校适应的观测变量。使用AMOS软件运用最大似然法对乐商影响学校适应——积极学业情绪的中介作用进行检验，结果显示，χ^2=601.075，df=75，χ^2/df=8.123，$SRMR$=0.05，$RMSEA$=0.114，CFI=0.841，IFI=0.842，TLI=0.804，各项拟合指数均大于0.80，表明模型拟合较为理想，达到心理测量学要求。基于模型拟合结果，采用偏差校正的非参数百分位Bootstrap方法进行中介效应的检验，重复抽样2 000次，计算95%置信区间。结果表明，模型中乐商可显著预测积极学业情绪（β=0.794，$p<0.001$），积极学业情绪可显著预测学校适应（β=0.779，$p<0.001$），乐商对学校适应的预测作用亦显著（β=0.180，$p<0.05$）。结果还显示，积极学业情绪通过乐商对学校适应的间接效应为0.463（p=0.001），其95%的置信区间为［0.370，0.577］，间接效应显著；乐商对学校适应的直接效应为0.135（p=0.001），其95%的置信区间为［-0.018，0.307］，置信区间包含0，该直接效应不显著。总效应为0.597，其中间接效应占比77.55%，表明积极学业情绪在乐商与学校适应间起中介作用。见图10-4。

4. 易地搬迁青少年学校适应在自尊与心理健康间的中介分析

（1）共同方法偏差检验。

采用Harman单因素法检验本研究中全部量表收集到的数据，对易地搬迁青少年学校适应、自尊、心理健康3个变量涉及测量条目进行因素分析。探索性因素分析结果显示，有8个因子的特征值大于1，第一个因子的解释率为

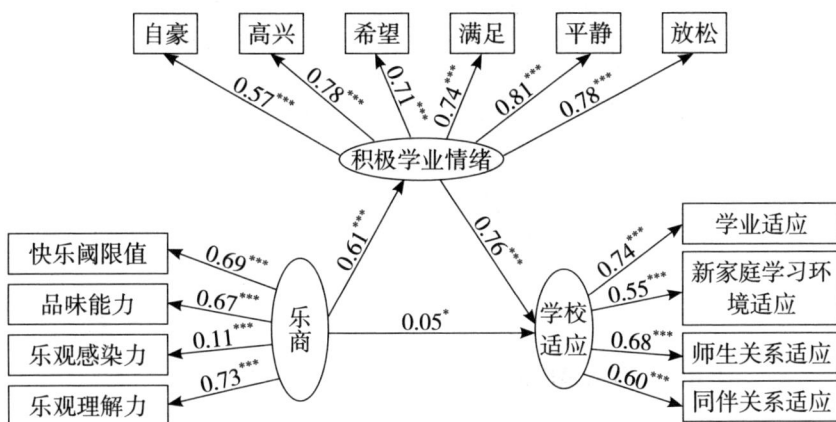

图10-4 积极学业情绪在乐商与学校适应间中介作用模型

23.479%，低于40%的标准，由此可判定研究中不存在显著的共同方法偏差。

（2）积极学业情绪的中介作用。

为减少参数估计偏差，取自尊总分作为观测变量，以学校适应4个因子的各自总分作为潜变量学校适应的观测变量，以心理健康总分作为观测变量。使用AMOS软件运用最大似然法对自尊影响心理健康——学校适应的中介作用进行检验，结果显示，χ^2=31.440，df=8，χ^2/df=3.930，$SRMR$=0.03，$RMSEA$=0.073，CFI=0.971，IFI=0.971，TLI=0.946，各项拟合指数均大于0.90，表明模型拟合较为理想，达到心理测量学要求。基于模型拟合结果，采用偏差校正的非参数百分位Bootstrap方法进行中介效应的检验，重复抽样2 000次，计算95%置信区间。结果表明，模型中自尊可显著预测学校适应（β=2.249，$p<0.001$），学校适应可显著预测心理健康（β=0.095，$p<0.001$），自尊对心理健康的预测作用亦显著（β=0.280，$p<0.001$）。结果还显示，学校适应通过自尊对心理健康的间接效应为0.206（p=0.001），其95%的置信区间为［0.152，0.272］，间接效应显著；乐商对学校适应的直接效应为0.271（p=0.001），其95%的置信区间为［0.196，0.344］，直接效应显著。总效应为0.477，其中间接效应占比43.19%，表明学校适应在自尊与心理健康间起中介作用。见图10-5。

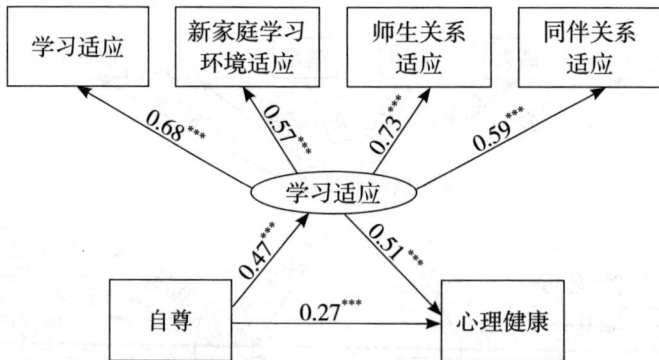

图10-5　学校适应在自尊与心理健康间中介作用模型

5. 易地搬迁青少年品行问题行为在自尊与学校适应间的中介分析

（1）共同方法偏差检验。

采用Harman单因素法检验本研究中全部量表收集到的数据，对易地搬迁青少年学校适应、品行问题行为、自尊3个变量涉及测量条目进行因素分析。探索性因素分析结果显示，有8个因子的特征值大于1，第1个因子的解释率为19.410%，低于40%的标准，由此可判定研究中不存在显著的共同方法偏差。

（2）品行问题行为的中介作用。

为减少参数估计偏差，取自尊总分作为观测变量，以品行问题行为总分作为潜变量品行问题行为的观测变量，以学校适应4个因子的各自总分作为潜变量学校适应的观测变量。使用AMOS软件运用最大似然法对自尊影响学校适应——品行问题行为的中介作用进行检验，结果显示，χ^2=74.127，df=18，χ^2/df=4.118，$SRMR$=0.04，$RMSEA$=0.075，CFI=0.945，IFI=0.946，TLI=0.915，各项拟合指数均大于0.90，表明模型拟合较为理想，达到心理测量学要求。基于模型拟合结果，采用偏差校正的非参数百分位Bootstrap方法进行中介效应的检验，重复抽样2 000次，计算95%置信区间。结果表明，模型中自尊可显著预测品行问题行为（β=-1.228，$p < 0.001$），品行问题行为可显著预测学校适应（β=-0.354，$p < 0.001$），自尊对学校适应的预测作用亦显著（β=1.720，$p < 0.001$）。结果还显示，品行问题行为通过自尊对学校适应的间接效应为0.083（p=0.001），其95%的置信区间为［0.042，0.147］，间接效应显著；乐商对学校适应的直接效

应为0.328（p=0.001），其95%的置信区间为［0.228，0.434］，直接效应显著。总效应为0.411，其中间接效应占比20.19%，表明品行问题行为在自尊与学校适应间起中介作用。见图10-6。

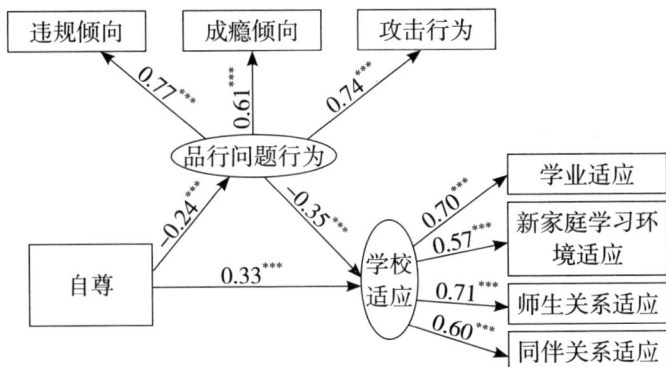

图10-6　品行问题行为在自尊与学校适应间中介作用模型

6. 易地搬迁青少年品行问题行为在学习沉醉感与学校适应间的中介分析

（1）共同方法偏差检验。

采用Harman单因素法检验本研究中全部量表收集到的数据，对易地搬迁青少年学校适应、品行问题行为、学习沉醉感3个变量涉及测量条目进行因素分析。探索性因素分析结果显示，有8个因子的特征值大于1，第1个因子的解释率为21.008%，低于40%的标准，由此可判定研究中不存在显著的共同方法偏差。

（2）品行问题行为的中介作用。

为减少参数估计偏差，取学习沉醉感总分作为潜变量学习沉醉感的观测变量，以品行问题行为总分作为潜变量品行问题行为的观测变量，以学校适应4个因子的各自总分作为潜变量学校适应的观测变量。使用AMOS软件运用最大似然法对学习沉醉感影响学校适应——品行问题行为的中介作用进行检验，结果显示，χ^2=141.340，df=41，χ^2/df=3.447，$SRMR$=0.04，$RMSEA$=0.067，CFI=0.947，IFI=0.947，TLI=0.929，各项拟合指数均大于0.90，表明模型拟合较为理想，达到心理测量学要求。基于模型拟合结果，采用偏差校正的非参数百分位Bootstrap方法进行中介效应的检验，重复抽样2 000次，计算95%置信区间。结果表明，模型中学习沉醉感可显著预测品行问题行为（$\beta=-0.594$, $p<0.001$），品行问题行为可显著预测学校适应（$\beta=-0.268$, $p<0.001$），学习沉醉感对学校适应的预测作用亦显著（$\beta=0.628$, $p<0.001$）。结果还显示，品行问题行为通过学习沉醉感对学校适应的间接效应为0.103（$p=0.001$），其95%的置信区间为 [0.051, 0.168]，间接效应显著；学习沉醉感对学校适应的直接效应为0.407（$p=0.001$），其95%的置信区间为 [0.290, 0.520]，直接效应显著。总效应为0.510，其中间接效应占比20.20%，表明品行问题行为在学习沉醉感与学校适应间起中介作用。见图10-7。

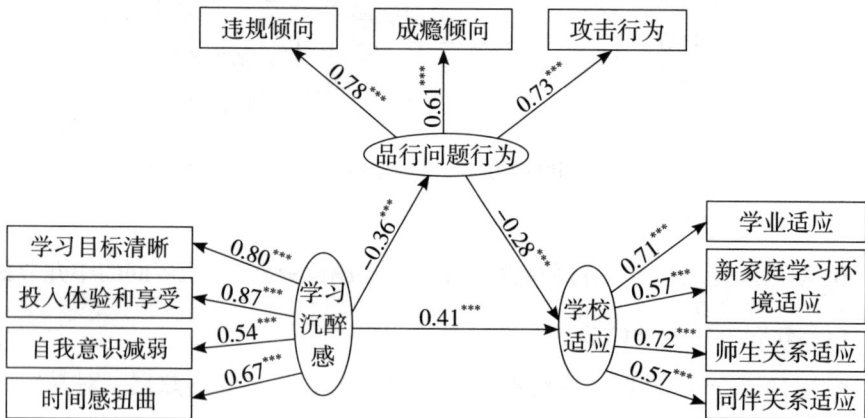

图10-7　品行问题行为在学习沉醉感与学校适应间中介作用模型

7. 易地搬迁青少年品行问题行为在乐商与学校适应间的中介分析

（1）共同方法偏差检验。

采用Harman单因素法检验本研究中全部量表收集到的数据，对易地搬迁青少年学校适应、品行问题行为、乐商3个变量涉及测量条目进行因素分析。探索性因素分析结果显示，有11个因子的特征值大于1，第1个因子的解释率为18.296%，低于40%的标准，由此可判定研究中不存在显著的共同方法偏差。

（2）品行问题行为的中介作用。

为减少参数估计偏差，取乐商4个因子总分作为潜变量乐商的观测变量，以品行问题行为4个因子总分作为潜变量品行问题行为的观测变量，以学校适应4

个因子的各自总分作为潜变量学校适应的观测变量。使用 AMOS 软件运用最大似然法对乐商影响学校适应——品行问题行为的中介作用进行检验，结果显示，χ^2=193.530，df=41，χ^2/df=4.720，$SRMR$=0.05，$RMSEA$=0.067，CFI=0.900，IFI=0.901，TLI=0.866，各项拟合指数均大于0.80，表明模型拟合较为理想，达到心理测量学要求。基于模型拟合结果，采用偏差校正的非参数百分位 Bootstrap 方法进行中介效应的检验，重复抽样 2 000 次，计算 95% 置信区间。结果表明，模型中乐商可显著预测品行问题行为（β=-0.259，$p < 0.001$），品行问题行为可显著预测学校适应（β=-0.334，$p < 0.001$），乐商对学校适应的预测作用亦显著（β=0.698，$p < 0.001$）。结果还显示，品行问题行为通过乐商对学校适应的间接效应为 0.066（p=0.001），其 95% 的置信区间为［0.033，0.117］，间接效应显著；乐商对学校适应的直接效应为 0.529（p=0.001），其 95% 的置信区间为［0.354，0.686］，直接效应显著。总效应为 0.595，其中间接效应占比 11.09%，表明品行问题行为在乐商与学校适应之间起中介作用。见图 10-8。

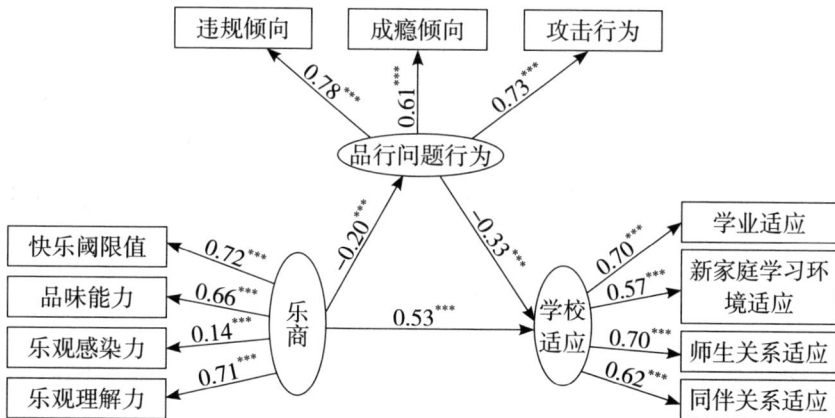

图 10-8　品行问题行为在乐商与学校适应间中介作用模型

8. 易地搬迁青少年品行问题行为在正性情绪表达与学校适应间的中介分析

（1）共同方法偏差检验。

采用 Harman 单因素法检验本研究中全部量表收集到的数据，对易地搬迁青少年学校适应、品行问题行为、正性情绪表达 3 个变量涉及测量条目进行因素分析。探索性因素分析结果显示，有8个因子的特征值大于1，第1个因子的解释率为20.536%，低于40%的标准，由此可判定本研究中不存在显著的共同方法偏差。

（2）品行问题行为的中介作用。

为减少参数估计偏差，取正性情绪表达9个题项各自数值作为潜变量正性情绪表达的观测变量，以品行问题行为总分作为潜变量品行问题行为的观测变量，以学校适应4个因子的各自总分作为潜变量学校适应的观测变量。使用AMOS软件运用最大似然法对正性情绪表达影响学校适应——品行问题行为的中介作用进行检验，结果显示，χ^2=353.355，df=101，χ^2/df=3.499，$SRMR$=0.05，$RMSEA$=0.067，CFI=0.906，IFI=0.906，TLI=0.888，各项拟合指数均大于0.80，表明模型拟合较为理想，达到心理测量学要求。基于模型拟合结果，采用偏差校正的非参数百分位Bootstrap方法进行中介效应的检验，重复抽样2 000次，计算95%置信区间。结果表明，模型中正性情绪表达可显著预测品行问题行为（β=-0.555，$p < 0.001$），品行问题行为可显著预测学校适应（β=-0.354，$p < 0.001$），正性情绪表达对学校适应的预测作用亦显著（β=1.523，$p < 0.001$）。结果还显示，品行问题行为通过正性情绪表达对学校适应的间接效应为0.063（p=0.001），其95%的置信区间为［0.032，0.112］，间接效应显著；正性情绪表达对学校适应的直接效应为0.489（p=0.001），其95%的置信区间为［0.374，0.599］，直接效应显著。总效应为0.552，其中间接效应占比11.41%，表明品行问题行为在正性情绪表达与学校适应之间起中介作用。见图10–9。

9. 易地搬迁青少年品行问题行为在负性情绪表达与学校适应间的中介分析

（1）共同方法偏差检验。

采用Harman单因素法检验本研究中全部量表收集到的数据，对易地搬迁青少年学校适应、品行问题行为、负性情绪表达3个变量涉及测量条目进行因素分析。探索性因素分析结果显示，有8个因子的特征值大于1，第1个因子的解释率为19.656%，低于40%的标准，由此可判定研究中不存在显著的共同方法偏差。

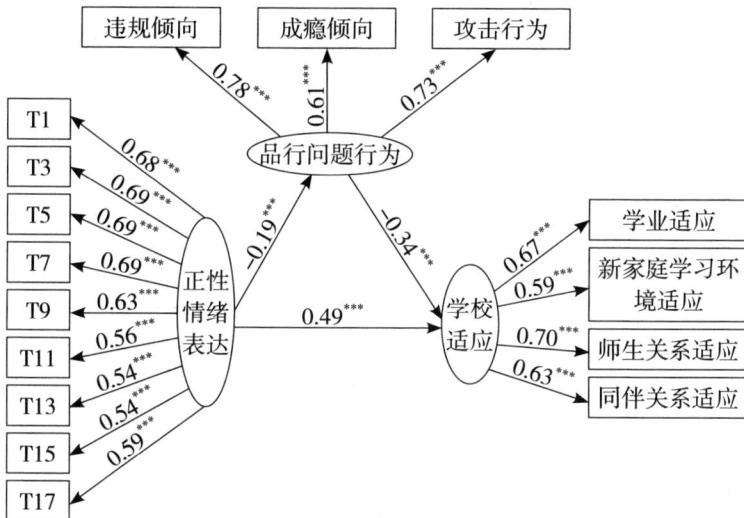

图10-9　品行问题行为在正性情绪表达与学校适应间中介作用模型

（2）品行问题行为的中介作用。

为减少参数估计偏差，取负性情绪表达9个题项的各自数值作为潜变量负性情绪表达的观测变量，以品行问题行为总分作为潜变量品行问题行为的观测变量，以学校适应4个因子的各自总分作为潜变量学校适应的观测变量。使用AMOS软件运用最大似然法对负性情绪表达影响学校适应——品行问题行为的中介作用进行检验，结果显示，χ^2=288.015，df=101，χ^2/df=2.852，$SRMR$=0.04，$RMSEA$=0.058，CFI=0.924，IFI=0.925，TLI=0.910，各项拟合指数均大于0.90，表明模型拟合较为理想，达到心理测量学要求。基于模型拟合结果，采用偏差校正的非参数百分位Bootstrap方法进行中介效应的检验，重复抽样2 000次，计算95%置信区间。结果表明，模型中负性情绪表达可显著预测品行问题行为（β=-0.574，$p<0.01$），品行问题行为可显著预测学校适应（β=-0.353，$p<0.001$），负性情绪表达对学校适应的预测作用亦显著（β=1.779，$p<0.001$）。结果还显示，品行问题行为通过负性情绪表达对学校适应的间接效应为0.052（p=0.001），其95%的置信区间为［0.015，0.103］，间接效应显著；负性情绪表达对学校适应的直接效应为0.460（p=0.001），其95%的置信区间为［0.345，

0.563]，直接效应显著。总效应为 0.512，其中间接效应占比 10.16%，表明品行问题行为在负性情绪表达与学校适应之间起中介作用。见图 10-10。

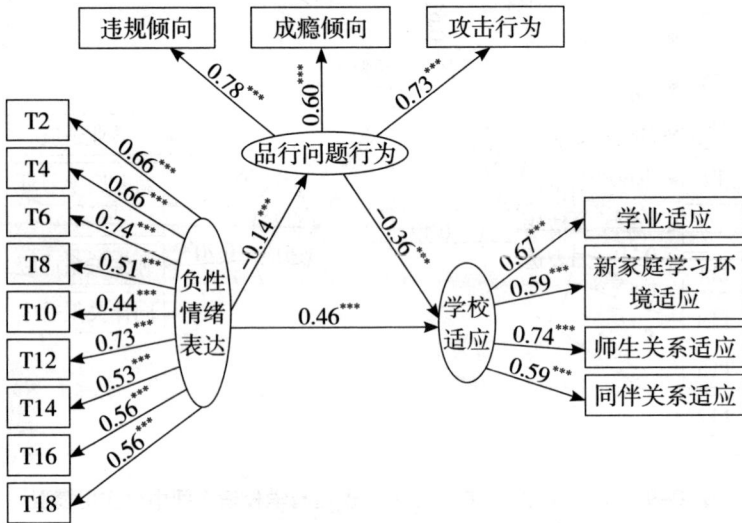

图 10-10　品行问题行为在负性情绪表达与学校适应间中介作用模型

四、分析与讨论

1. 易地搬迁青少年学习沉醉感与学校适应的关系

易地搬迁青少年学习沉醉感与学校适应存在显著的正相关，这一研究与熊红星等人（2020）的结果一致。其原因是：学习沉醉感比较高的青少年，他们对学习表现出浓厚的兴趣并能推动他们完全投入学习中去，在学校里，他们积极参与学校的各项活动，深入地进行思考，充满活力地应对挑战和挫折，并伴有积极的情感体验。这样一来，这些积极的体验就会使学生对于班级、学校有着更多的认同和更为积极的情感体验。

本研究的回归分析表明，首先学习目标清晰对学校适应的影响最大，其次是投入体验和享受，均对学校适应具有显著的正向预测作用，其原因是：学习投入比较高的青少年，他们对学习的目标比较清晰，把学习当作一种享受的过程，他们更愿意和老师、同学交流，愿意接受挑战和挫折。面对失败，他们会冷静、沉着地分析问题并找到解决问题的方法，学校适应就会越好。反之，青少年就会对学习没有兴趣，产生更多的消极情绪，从而学校适应的问题就更严重；最后，时间感扭曲对学校适应的影响最小，并对学校适应有显著的负向预测作用，其原因是青少年在全身心投入学习过程中意识在逐渐减弱，他们只注意到与学习有关的事，忽略到与学习无关的事，意识不到时间的流逝，对时间的辨认无法正确地判断，对学校的适应就越差。

2. 易地搬迁青少年积极学业情绪与学校适应的关系

易地搬迁青少年积极学业情绪各维度与学校适应各维度均呈显著正相关。易地搬迁青少年积极学业情绪越好，则学校适应越好，这与已有研究结果一致（陈懋慈，2019）。积极学业情绪的好坏直接影响易地搬迁青少年学校适应。经常体验到积极学业情绪，对学校生活会充满兴趣与期待，能促进青少年学校适应。

积极学业情绪的两个维度，积极低唤醒学业情绪和积极高唤醒学业情绪对学校适应有显著正向预测作用。青少年在积极学业情绪维度上的得分高，则其学校适应也比较好。其原因是：越好的积极学业情绪，使得易地搬迁青少年在新的学习环境中归属感越强，在学业、新家庭学习环境、同伴关系、师生关系方面适应越好，学校适应也就更好。

3. 易地搬迁青少年情绪表达与学校适应的关系

研究结果表明，易地搬迁青少年正性情绪表达和负性情绪表达与学校适应及各维度均存在显著的正相关。再进行逐步回归分析，结果表明，正性情绪表达和负性情绪表达对学校适应有显著的正向预测作用，这一结论与前人一致（张庆华，2011）。原因是：易地搬迁情绪表达能力好的学生，对新学校环境的适应也更好。情绪表达能力好的学生对自己情绪的理解力较强，并能充分理解他人的情绪和情感，所以在与其他人的交往过程中，会给他人留下一个好的印象，在与老师、同学的相处下，相应地也就变得更加轻松。情绪表达能力好的学生能够促进师生关系、同伴关系向好发展，良好的关系能提高学生的学校适应能力。

第十一章

易地搬迁青少年学业与情绪的关系

一、关系概述

1. 积极学业情绪与学习沉醉感的相关研究

大多数研究者从学业情绪与学习投入的视角来研究，并有了相对统一的结论。李丹阳（2016）的研究发现学生的学业情绪和学习投入有紧密的关系，在学生的学习过程中，积极学业情绪高，那么相应地在学习投入上也就越多；康健（2017）的研究中发现学生的课堂学业情绪与学习投入存在显著的正相关；王庆玲（2019）和刘凯庆（2019）的研究表明积极高、低唤醒与学习投入存在显著正相关，且积极高、低唤醒能够显著正向预测学习投入。

2. 乐商与积极学业情绪的相关研究

在乐商与积极学业情绪的相关研究中，陈文娟（2017）对高职学生的研究发现，社会支持与积极学业情绪之间呈显著正相关，并且社会支持对积极学业情绪有预测作用，而Charles等（2014）的研究中表明乐观主义者比悲观主义者感受到拥有更多的社会支持。刘在花（2014）的研究得出学习乐观在学习价值观对学业情绪影响中发挥中介作用。

3. 情绪表达与积极学业情绪的相关研究

已有的研究对学业情绪和情绪表达两者的关系研究很少。情绪表达是情绪调节过程中重要的一项。在情绪调节过程的模型里，表达抑制和表达宣泄是个体情绪表达调节策略的两种主要形式。其中，表达宣泄也称为情绪表达，是指当情绪被唤醒时，有意识地宣泄自己的情绪表达行为（Gross& John, 1997）。刘影和桑标（2020）的研究结果表明，调节积极学业情绪时，积极学业情绪与表达宣泄呈显著正相关；积极学业情绪能显著正向预测表达宣泄策略。因为表达宣泄也称为情绪表达，所以积极学业情绪与情绪表达呈显著正相关；积极学业情绪能显著正向预测情绪表达。

4. 乐商与情绪表达的相关研究

以往对于乐商与情绪表达的研究较少。也有学者对其进行了研究，袁莉敏（2012）认为传统的应对方式一般分为问题取向的应对方式和情绪取向的应对方式，有研究结果表明，乐观者更倾向于采取问题取向应对方式，开展灵活的问题解决和应对的努力，悲观者更多地采用情绪取向应对方式，采取回避的应对方式。因此，应对方式不同导致了乐观者和悲观者不同的情感状态和心理适应结果。

二、关系分析

1. 易地搬迁青少年积极学业情绪与学习沉醉感的关系分析

（1）易地搬迁青少年积极学业情绪与学习沉醉感的相关分析。

为探讨易地搬迁青少年积极学业情绪与学习沉醉感的关系，采用相关分析的方法对积极学业情绪及各维度与学习沉醉感及各维度进行分析，结果见表11–1。

表11–1显示，通过皮尔逊积差相关统计分析可得出，易地搬迁青少年积极学业情绪与学习沉醉感呈显著的正相关。

表11-1　易地搬迁青少年积极学业情绪与学习沉醉感的相关分析

项目	积极高唤醒学业情绪	积极低唤醒学业情绪	积极学业情绪	学习目标清晰	投入体验和享受	自我意识减弱	时间感扭曲	学习沉醉感
积极高唤醒学业情绪	1							
积极低唤醒学业情绪	0.681***	1						
积极学业情绪	0.920***	0.914***	1					
目标清晰	0.449***	0.405***	0.466***	1				
投入体验和享受	0.540***	0.461***	0.546***	0.690***	1			
自我意识减弱	0.286***	0.246***	0.291***	0.488***	0.425***	1		
时间感扭曲	0.345***	0.196***	0.296***	0.494***	0.608***	0.423***	1	
学习沉醉感	0.518***	0.427***	0.516***	0.836***	0.877***	0.732***	0.747***	1

（2）易地搬迁青少年积极学业情绪对学习沉醉感的预测分析。

为探讨易地搬迁青少年积极学业情绪与学习沉醉感的关系，以积极学业情绪各维度为预测变量，学习沉醉感总分为因变量，进行回归分析，结果见表11-2。

表11-2　易地搬迁青少年积极学业情绪各维度对学习沉醉感的预测分析

因变量	预测变量	R	R^2	F	B	β	t
学习沉醉感	积极高唤醒学业情绪	0.528	0.278	105.508***	0.374	0.423	8.532***
	积极低唤醒学业情绪				0.126	0.138	2.791**

表11-2显示，易地搬迁青少年的积极学业情绪进入学习沉醉感的回归方程有两个因子，说明这两个因子对学习沉醉感有显著的预测作用，最先进入回归模型的是积极高唤醒学业情绪，说明它对学习沉醉感的解释力最强。两个自变量的模型经检验 F 为105.508，在0.001水平上显著，两个变量对学习沉醉感的联合解释达到27.8%，积极高唤醒学业情绪和积极低唤醒学业情绪对学习沉醉感均有显著的正向预测作用。

同时为了探讨易地搬迁青少年积极学业情绪总分与学习沉醉感总分的关

系，以易地搬迁青少年的积极学业情绪总分为预测变量，学习沉醉感总分为因变量，进行回归分析，结果见表11-3。

表11-3 易地搬迁青少年积极学业情绪总分对学习沉醉感总分的预测分析

因变量	预测变量	R	R^2	F	B	β	t
学习沉醉感	积极学业情绪总分	0.516	0.266	198.855***	0.252	0.516	14.102***

表11-3显示，易地搬迁青少年的积极学业情绪总分对学习沉醉感总分有显著的正向预测作用，积极学业情绪越高，学习沉醉感也就越高，积极学业情绪对学习沉醉感的解释率是26.6%。

2. 易地搬迁青少年情绪表达与学习沉醉感的关系分析

（1）易地搬迁青少年情绪表达与学习沉醉感的相关分析。

为探讨易地搬迁青少年情绪表达与学习沉醉感的关系，采用相关分析的方法对情绪表达及各维度与学习沉醉感及各维度进行分析，结果见表11-4。

表11-4 易地搬迁青少年情绪表达与学习沉醉感的相关分析

项目	正性情绪表达	负性情绪表达	学习目标清晰	投入体验和享受	自我意识减弱	时间感扭曲	学习沉醉感
正性情绪表达	1						
负性情绪表达	0.681***	1					
学习目标清晰	0.449***	0.405***	1				
投入体验和享受	0.540***	0.461***	0.690***	1			
自我意识减弱	0.286***	0.246***	0.488***	0.425***	1		
时间感扭曲	0.345***	0.196***	0.494***	0.608***	0.423***	1	
学习沉醉感	0.518***	0.427***	0.836***	0.877***	0.732***	0.747***	1

表11-4显示，通过皮尔逊积差相关统计分析可得出，易地搬迁青少年情绪表达与学习沉醉感呈显著的正相关。

（2）易地搬迁青少年情绪表达对学习沉醉感的预测分析。

为探讨易地搬迁青少年情绪表达与学习沉醉感的关系，分别以正性情绪表达和负性情绪表达为预测变量，学习沉醉感总分为因变量，进行回归分析，结果见表11-5。

表11-5 易地搬迁青少年情绪表达对学习沉醉感的预测分析

因变量	预测变量	R	R^2	F	B	β	t
学习沉醉感	正性情绪表达	0.312	0.097	58.932***	3.726	0.312	7.677***
	负性情绪表达	0.276	0.076	45.098***	3.416	0.276	6.716**

表11-5显示，易地搬迁青少年的正性情绪表达和负性情绪表达均能进入学习沉醉感的回归方程，说明正性情绪表达和负性情绪表达对学习沉醉感均有显著的预测作用。正性情绪表达对学习沉醉感解释力的回归模型经检验 F 值为58.932，在0.001水平上显著，正性情绪表达对学习沉醉感的解释率达到9.7%，正性情绪表达对学习沉醉感有显著的正向预测作用；负性情绪表达对学习沉醉感解释力的回归模型经检验 F 值为45.098，在0.001水平上显著，负性情绪表达对学习沉醉感的解释率达到7.6%，负性情绪表达对学习沉醉感有显著的正向预测作用。

3. 易地搬迁青少年乐商与学习沉醉感的关系分析

（1）易地搬迁青少年乐商与学习沉醉感的相关分析。

为探讨易地搬迁青少年乐商与学习沉醉感的关系，采用相关分析的方法对乐商及各维度与学习沉醉感及各维度进行分析，结果见表11-6。

表11-6 易地搬迁青少年乐商与学习沉醉感的相关分析

项目	快乐阈限值	品味能力	乐观感染力	乐观理解力	乐商	学习目标清晰	投入体验和享受	自我意识减弱	时间感扭曲	学习沉醉感
快乐阈限值	1									
品味能力	0.520***	1								
乐观感染力	0.035	−0.092*	1							
乐观理解力	0.480***	0.464***	−0.099*	1						
乐商	0.786***	0.704***	0.350***	0.729***	1					
学习目标清晰	0.134**	0.149***	0.081	0.240***	0.238***	1				
投入体验和享受	0.186***	0.260***	0.079	0.279***	0.312***	0.690***	1			

项目	快乐阈限值	品味能力	乐观感染力	乐观理解力	乐商	学习目标清晰	投入体验和享受	自我意识减弱	时间感扭曲	学习沉醉感
自我意识减弱	0.026	0.100*	−0.079	0.131**	0.067	0.488***	0.425***	1		
时间感扭曲	0.074	0.118***	−0.009	0.144***	0.127**	0.494***	0.608***	0.423***	1	
学习沉醉感	0.139***	0.207***	0.028	0.257***	0.245***	0.836***	0.877***	0.732***	0.747***	1

表11-6显示，通过皮尔逊积差相关统计分析可以得出，自我意识减弱和时间感扭曲两个维度与快乐阈限值的相关性不显著，乐观感染力与学习沉醉感的4个维度的相关性不显著，乐商总分与自我意识减弱的相关性不显著，易地搬迁青少年乐商与学习沉醉感其他各维度呈显著的正相关。

（2）易地搬迁青少年乐商对学习沉醉感的预测分析。

为探讨易地搬迁青少年乐商与学习沉醉感的关系，以乐商各维度为预测变量，学习沉醉感总分为因变量，进行回归分析，结果见表11-7。

表11-7　易地搬迁青少年乐商各维度对学习沉醉感的预测分析

因变量	预测变量	R	R^2	F	B	β	t
学习沉醉感	乐观理解力	0.275	0.076	22.401***	0.728	0.205	4.417***
	品味能力				0.490	0.112	2.404*

表11-7显示，易地搬迁青少年的乐商进入学习沉醉感的回归方程有两个因子，即乐观理解力和品味能力，说明这两个因子对学习沉醉感有显著的预测作用，两个因子对学习沉醉感的联合解释有7.6%，乐观理解力和品味能力对学习沉醉感均有显著的正向预测作用。

同时为了探讨易地搬迁青少年乐商总分与学习沉醉感总分的关系，以易地搬迁青少年的乐商总分为预测变量，学习沉醉感总分为因变量，进行回归分析，结果见表11-8。

表11-8　易地搬迁青少年乐商总分对学习沉醉感总分的预测分析

因变量	预测变量	R	R^2	F	B	β	t
学习沉醉感	乐商总分	0.245	0.060	34.995***	0.369	0.245	5.916***

表11-8显示，易地搬迁青少年的乐商总分对学习沉醉感总分有显著的正向

预测作用，乐商数值越高，学习沉醉感也就越高，乐商对学习沉醉感的解释率是6.0%。

4. 易地搬迁青少年积极学业情绪与情绪表达的关系分析

（1）易地搬迁青少年积极学业情绪与情绪表达的相关分析。

为了探讨易地搬迁青少年积极学业情绪与情绪表达的关系，采用相关分析的方法对易地搬迁青少年积极学业情绪及各维度与情绪表达各维度进行分析，结果见表11-9。

表11-9　易地搬迁青少年积极学业情绪与情绪表达相关分析（n=550）

项目	积极高唤醒学业情绪	积极低唤醒学业情绪	积极学业情绪	正性情绪表达	负性情绪表达
积极高唤醒学业情绪	1				
积极低唤醒学业情绪	0.681***	1			
积极学业情绪	0.920***	0.914***	1		
正性情绪表达	0.497***	0.386***	0.482***	1	
负性情绪表达	0.378***	0.306***	0.373***	0.586***	1

表11-9显示，易地搬迁青少年积极学业情绪各维度与正、负性情绪表达呈显著正相关，也就是说，易地搬迁青少年积极学业情绪越好，正、负性情绪表达水平越高。

（2）易地搬迁青少年情绪表达对积极学业情绪的预测分析。

为了探讨易地搬迁青少年的积极学业情绪与情绪表达的关系，以积极学业情绪为因变量，情绪表达各维度为预测变量，进行回归分析，结果见表11-10。

表11-10　易地搬迁青少年情绪表达对积极学业情绪的预测分析（n=550）

因变量	预测变量	R	R^2	F	B	β	t
积极学业情绪	正性情绪表达	0.495	0.245	88.732***	9.805	0.401	8.745***
	负性情绪表达				3.504	0.138	3.016***

表11-10显示，易地搬迁青少年情绪表达进入积极学业情绪的回归方程有正性情绪表达和负性情绪表达，这两个因子对积极学业情绪的解释率达到了24.5%，正、负性情绪表达对积极学业情绪有显著正向预测作用。

5. 易地搬迁青少年积极学业情绪与乐商的关系分析

（1）易地搬迁青少年积极学业情绪与乐商的相关分析。

为了探讨易地搬迁青少年积极学业情绪与乐商的关系，采用相关分析的方法对易地搬迁青少年积极学业情绪及各维度与乐商各维度进行分析，结果见表11–11。

表 11–11　易地搬迁青少年积极学业情绪与乐商相关分析（n=550）

项目	积极高唤醒学业情绪	积极低唤醒学业情绪	积极学业情绪	快乐阈限值	品味能力	乐观感染力	乐观理解力	乐商
积极高唤醒学业情绪	1							
积极低唤醒学业情绪	0.681***	1						
积极学业情绪	0.920***	0.914***	1					
快乐阈限值	0.349***	0.288***	0.348***	1				
品味能力	0.372***	0.293***	0.363***	0.520***	1			
乐观感染力	0.061	0.027	0.048	0.035	−0.092*	1		
乐观理解力	0.392***	0.434***	0.450***	0.480***	0.464***	−0.099*	1	
乐商	0.455***	0.407***	0.471***	0.786***	0.704***	0.350***	0.729***	1

表11–11显示，易地搬迁青少年乐商与积极学业情绪各维度呈显著正相关；除了乐观感染力，易地搬迁青少年积极学业情绪与乐商各维度呈显著正相关。

（2）易地搬迁青少年乐商对积极学业情绪的预测分析。

为了探讨易地搬迁青少年的积极学业情绪与乐商的关系，以乐商各维度为因变量，积极学业情绪为预测变量，进行回归分析，结果见表11–12。

表 11–12　易地搬迁青少年乐商对积极学业情绪的预测分析（n=550）

因变量	预测变量	R	R^2	F	B	β	t
积极学业情绪	乐观理解力	0.500	0.250	45.329***	2.437	0.336	7.566***
	品味能力				1.488	0.166	3.636***
	乐观感染力				0.701	0.093	2.482**
	快乐阈限值				0.768	0.097	2.113*

表11-12显示，易地搬迁青少年乐商的4个因子均进入了积极学业情绪的回归方程，这4个因子对积极学业情绪的解释率达到了25.0%，对积极学业情绪有显著的正向预测作用。

同时为了探讨易地搬迁青少年乐商总分与积极学业情绪总分的关系，以易地搬迁青少年的乐商总分为预测变量，积极学业情绪总分为因变量，进行回归分析，结果见表11-13。

表11-13　易地搬迁青少年乐商总分对积极学业情绪总分的预测分析

因变量	预测变量	R	R^2	F	B	β	t
积极学业情绪	乐商总分	0.471	0.221	155.914***	1.448	0.471	12.487***

表11-13显示，易地搬迁青少年的乐商总分对积极学业情绪总分有显著的正向预测作用，乐商数值越高，积极学业情绪也就越高，乐商对积极学业情绪的解释率是22.1%。

6. 易地搬迁青少年情绪表达与乐商的关系分析

（1）易地搬迁青少年情绪表达与乐商的相关分析。

为了探讨易地搬迁青少年情绪表达与乐商的关系，采用相关分析的方法对易地搬迁青少年情绪表达及各维度与乐商各维度进行分析，结果见表11-14。

表11-14　易地搬迁青少年情绪表达与乐商相关分析（n=550）

项目	正性情绪表达	负性表达	快乐阈限值	品味能力	乐观感染力	乐观理解力	乐商
正性情绪表达	1						
负性情绪表达	0.586***	1					
快乐阈限值	0.449***	0.215***	1				
品味能力	0.450***	0.258***	0.520***	1			
乐观感染力	0.098*	−0.015	0.035	−0.092*	1		
乐观理解力	0.303***	0.195***	0.480***	0.464***	−0.099*	1	
乐商	0.498***	0.248***	0.786***	0.704***	0.350***	0.729***	1

表11-14显示，易地搬迁青少年乐商与情绪表达各维度呈显著正相关；除了乐观感染力，易地搬迁青少年正、负性情绪表达与乐商各维度呈显著正相关。

（2）易地搬迁青少年乐商对情绪表达的预测分析。

为了探讨易地搬迁青少年的情绪表达与乐商的关系，以情绪表达为因变量，以乐商各维度为预测变量，进行回归分析。由于情绪表达分为正性情绪表达和负性情绪表达，首先以正性情绪表达为因变量进行回归分析，结果见表11-15。

表11-15　易地搬迁青少年乐商各维度对正性情绪表达的预测分析（n=550）

因变量	预测变量	R	R^2	F	B	β	t
正性情绪表达	品味能力	0.528	0.279	70.465***	0.115	0.314	7.317***
	快乐阈限值				0.091	0.282	6.594***
	乐观感染力				0.036	0.117	3.192***

表11-15显示，易地搬迁青少年乐商的3个因子均进入了正性情绪表达的回归方程，回归方程中最先进入回归方程的是品味能力，也就是说品味能力在回归中的解释率最高，品味能力、快乐阈限值和乐观感染力对积极学业情绪有显著的正向预测作用，这3个因子对正性情绪表达的解释率达到27.9%。同时为了探讨易地搬迁青少年乐商总分与正性情绪表达的关系，以易地搬迁青少年的乐商总分为预测变量，正性情绪表达为因变量，进行回归分析，结果见表11-16。

表11-16　易地搬迁青少年乐商总分对正性情绪表达的预测分析

因变量	预测变量	R	R^2	F	B	β	t
正性情绪表达	乐商总分	0.498	0.248	180.604***	0.063	0.498	13.439***

表11-16显示，易地搬迁青少年的乐商总分对正性情绪表达有显著的正向预测作用，乐商数值越高，正性情绪表达也就越高，乐商对正性情绪表达的解释率是24.8%。

再以负性情绪表达为因变量，乐商各维度为自变量，进行回归分析，结果见表11-17。

表11-17　易地搬迁青少年乐商各维度对负性情绪表达的预测分析（n=550）

因变量	预测变量	R	R^2	F	B	β	t
负性情绪表达	品味能力	0.275	0.075	22.296***	0.071	0.200	4.165***
	快乐阈限值				0.034	0.110	2.294*

表11-17显示，易地搬迁青少年乐商的两个因子均进入了负性情绪表达的回归方程，回归方程中最先进入回归方程的是品味能力，也就是说品味能力在回归中的解释率最高，品味能力和快乐阈限值对负性情绪表达有显著的正向预测作用，这两个因子对负性情绪表达的解释率达到7.5%。同时为了探讨易地搬迁青少年乐商总分与负性情绪表达的关系，以易地搬迁青少年的乐商总分为预测变量，负性情绪表达为因变量，进行回归分析，结果见表11-18。

表11-18　易地搬迁青少年乐商总分对负性情绪表达的预测分析

因变量	预测变量	R	R^2	F	B	β	t
负性情绪表达	乐商总分	0.248	0.062	36.048***	0.030	0.248	6.004***

表11-18显示，易地搬迁青少年的乐商总分对负性情绪表达有显著的正向预测作用，乐商分数越高，负性情绪表达也就越高，乐商对负性情绪表达的解释率是6.2%。

三、中介分析

1. 易地搬迁青少年乐商在自尊与学习沉醉感间的中介作用

（1）共同方法偏差检验。

采用Harman单因素法检验本研究中全部量表收集到的数据，对易地搬迁青少年乐商、自尊和学习沉醉感3个变量涉及测量条目进行因素分析。探索性因素分析结果显示，有8个因子的特征值大于1，第1个因子的解释率为19.559%，低于40%的标准，由此可判定研究中不存在显著的共同方法偏差。

（2）乐商的中介作用。

为减少参数估计偏差，取自尊总分作为观测变量，以乐商4个因子的各自总分作为潜变量乐商的观测变量，以学习沉醉感4个因子的各自总分作为潜变量学习沉醉感的观测变量。使用AMOS软件运用最大似然法对自尊影响学习沉醉感——乐商的中介作用进行检验，结果显示，χ^2=132.259，df=25，χ^2/df=5.290，$SRMR$=0.05，$RMSEA$=0.08，CFI=0.921，IFI=0.922，TLI=0.887，各项拟合指数均大于0.80，表明模型拟合较为理想，达到心理测量学要求。基于模型拟合结果，采用偏差校正的非参数百分位Bootstrap方法进行中介效应的检验，重复抽样2 000次，计算95%置信区间。结果表明，模型中自尊可显著预测乐商（β=1.613，$p < 0.001$），乐商可显著预测学习沉醉感（β=0.327，$p < 0.001$），自尊对学习沉醉感的预测作用显著（β=0.880，$p < 0.001$）。结果还显示，乐商通过自尊对学习沉醉感的间接效应为0.106（p=0.003），其95%的置信区间为［0.108，0.588］，间接效应显著；自尊对学习沉醉感的直接效应为0.176（p=0.001），其95%的置信区间为［0.354，1.501］，直接效应显著。总效应为0.282，其中间接效应占比37.59%，表明乐商在自尊与学习沉醉感间起中介作用。见图11-1。

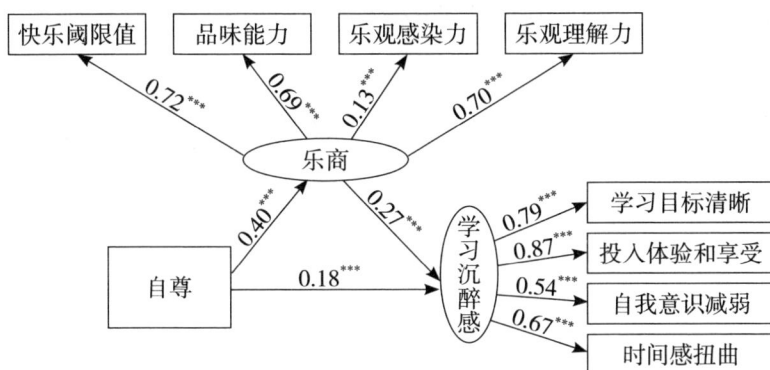

图11-1 乐商在自尊与学习沉醉感间中介作用模型

2. 易地搬迁青少年积极学业情绪在自尊与学习沉醉感间的中介作用

（1）共同方法偏差检验。

采用Harman单因素法检验本研究中全部量表收集到的数据，对易地搬迁青少年积极学业情绪、自尊和学习沉醉感3个变量涉及测量条目进行因素分析。探索性因素分析结果显示，有9个因子的特征值大于1，第1个因子的解释率为25.643%，低于40%的标准，由此可判定研究中不存在显著的共同方法偏差。

（2）积极学业情绪的中介作用。

为减少参数估计偏差，取自尊总分作为观测变量，以积极学业情绪6个因子的各自总分作为潜变量积极学业情绪的观测变量，以学习沉醉感4个因子的各自总分作为潜变量学习沉醉感的观测变量。使用AMOS软件运用最大似然法对自尊影响学习沉醉感——积极学业情绪的中介作用进行检验，结果显示，χ^2=411.645，df=42，χ^2/df=9.801，$SRMR$=0.05，$RMSEA$=0.127，CFI=0.873，IFI=0.873，TLI=0.833，各项拟合指数均大于0.80，表明模型拟合较为理想，达到心理测量学要求。基于模型拟合结果，采用偏差校正的非参数百分位Bootstrap方法进行中介效应的检验，重复抽样2 000次，计算95%置信区间。结果表明，模型中自尊可显著预测积极学业情绪（β=2.661，$p<0.001$），积极学业情绪可显著预测学习沉醉感（β=0.517，$p<0.001$），自尊对学习沉醉感的预测作用不显著（β=0.028，$p>0.05$）。结果还显示，乐商通过自尊对学习沉醉感的间接效应为0.277（p=0.001），其95%的置信区间为［0.218, 0.341］，间接效应显著；自尊对学习沉醉感的直接效应为0.006（p=0.932），其95%的置信区间为［-0.081, 0.093］，置信区间包括0，因此该直接效应不显著。总效应为0.283，其中间接效应占比97.88%，表明积极学业情绪在自尊与学习沉醉感间起完全中介作用。见图11-2。

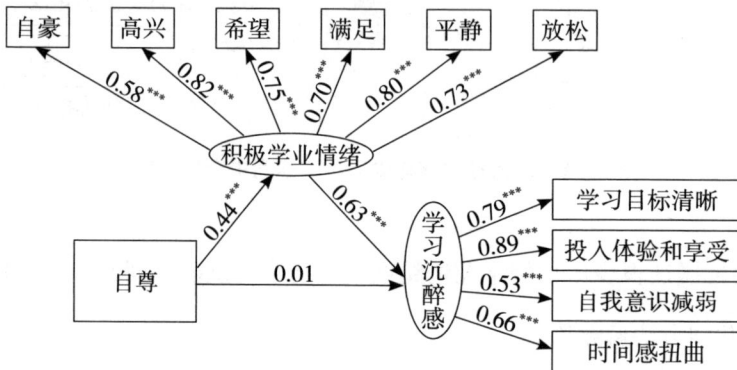

图11-2　积极学业情绪在自尊与学习沉醉感间中介作用模型

3. 易地搬迁青少年正性情绪表达在自尊与学习沉醉感间的中介作用

（1）共同方法偏差检验。

采用Harman单因素法检验本研究中全部量表收集到的数据，对易地搬迁青少年正性情绪表达、自尊和学习沉醉感3个变量涉及测量条目进行因素分析。探索性因素分析结果显示，有6个因子的特征值大于1，第1个因子的解释率为23.747%，低于40%的标准，由此可判定研究中不存在显著的共同方法偏差。

（2）正性情绪表达的中介作用。

为减少参数估计偏差，取自尊总分作为观测变量，以正性情绪表达9个题项的各自数值作为潜变量正性情绪表达的观测变量，以学习沉醉感4个因子的各自总分作为潜变量学习沉醉感的观测变量。使用AMOS软件运用最大似然法对自尊影响学习沉醉感——正性情绪表达的中介作用进行检验，结果显示，χ^2=282.415，df=75，χ^2/df=3.766，$SRMR$=0.05，$RMSEA$=0.071，CFI=0.918，IFI=0.918，TLI=0.900，各项拟合指数均大于0.90，表明模型拟合较为理想，达到心理测量学要求。基于模型拟合结果，采用偏差校正的非参数百分位Bootstrap方法进行中介效应的检验，重复抽样2 000次，计算95%置信区间。结果表明，模型中自尊可显著预测正性情绪表达（β=0.572，$p<0.001$），正性情绪表达可显著预测学习沉醉感（β=0.936，$p<0.001$），自尊对学习沉醉感的预测作用亦显著（β=0.870，$p<0.001$）。结果还显示，正性情绪表达通过自尊对学习沉醉感的间接效应为0.107（p=0.001），其95%的置信区间为［0.063，0.164］，间接效应显著；自尊对乐商的直接效应为0.175（p=0.001），其95%的置信区间为［0.082，0.268］，直接效应显著。总效应为0.282，其中间接效应占比37.94%，表明正性情绪表达在自尊与学习沉醉感间起部分中介作用。见图11-3。

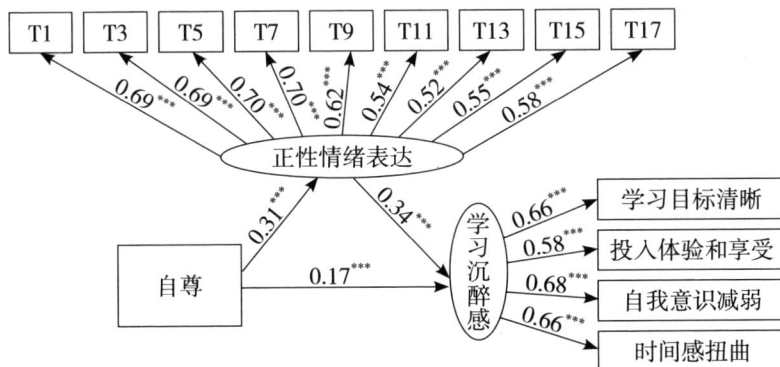

图11-3　正性情绪表达在自尊与学习沉醉感间中介作用模型

4. 易地搬迁青少年乐商在自尊与积极学业情绪间的中介作用

（1）共同方法偏差检验。

采用Harman单因素法检验本研究中全部量表收集到的数据，对易地搬迁青少年积极学业情绪、自尊和乐商3个变量涉及测量条目进行因素分析。探索性因素分析结果显示，有10个因子的特征值大于1，第1个因子的解释率为23.016%，低于40%的标准，由此可判定研究中不存在显著的共同方法偏差。

（2）乐商的中介作用。

为减少参数估计偏差，取自尊总分作为观测变量，以乐商4个因子的各自总分作为潜变量乐商的观测变量，以积极学业情绪两个分量表的各自总分作为潜变量积极学业情绪的观测变量。使用AMOS软件运用最大似然法对自尊影响积极学业情绪——乐商的中介作用进行检验，结果显示，χ^2=81.007，df=12，χ^2/df=6.751，$SRMR$=0.005，$RMSEA$=0.09，CFI=0.933，IFI=0.933，TLI=0.882，各项拟合指数均大于0.80，表明模型拟合较为理想，达到心理测量学要求。基于模型拟合结果，采用偏差校正的非参数百分位Bootstrap方法进行中介效应的检验，重复抽样2 000次，计算95%置信区间。结果表明，模型中自尊可显著预测乐商（β=1.590，$p < 0.001$），乐商可显著预测积极学业情绪（β=2.704，$p < 0.001$），自尊对积极学业情绪的预测作用亦显著（β=5.014，$p < 0.01$）。结果还显示，乐商通过自尊对积极学业情绪的间接效应为0.208（p=0.001），其95%的置信区间为［0.130，0.306］，间接效应显著；自尊对积极学业情绪的直接效应为0.242（p=0.001），其95%的置信区间为［0.141，0.349］，直接效应显著。总效应为0.450，其中间接效应占比46.22%，表明乐商在自尊与积极学业情绪间起部分中介作用。见图11-4。

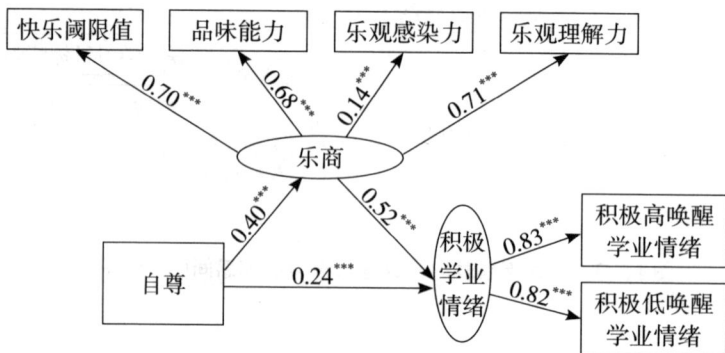

图11-4 乐商在自尊与积极学业情绪间中介作用模型

5. 易地搬迁青少年积极学业情绪在乐商与学习沉醉感间的中介作用

（1）共同方法偏差检验。

采用 Harman 单因素法检验本研究中全部量表收集到的数据，对易地搬迁青少年积极学业情绪、学习沉醉感和乐商 3 个变量涉及测量条目进行因素分析。探索性因素分析结果显示，有 11 个因子的特征值大于 1，第 1 个因子的解释率为 23.623%，低于 40% 的标准，由此可判定研究中不存在显著的共同方法偏差。

（2）积极学业情绪的中介作用。

为减少参数估计偏差，取乐商四个因子的各自总分作为潜变量乐商的观测变量，以积极学业情绪 6 个因子的各自总分作为潜变量积极学业情绪的观测变量，以学习沉醉感 4 个因子的各自总分作为潜变量学习沉醉感的观测变量。使用 AMOS 软件运用最大似然法对乐商影响学习沉醉感——积极学业情绪的中介作用进行检验，结果显示，χ^2=509.467，df=74，χ^2/df=6.885，$SRMR$=0.005，$RMSEA$=0.09，CFI=0.871，IFI=0.872，TLI=0.841，各项拟合指数均大于 0.80，表明模型拟合较为理想，达到心理测量学要求。基于模型拟合结果，采用偏差校正的非参数百分位 Bootstrap 方法进行中介效应的检验，重复抽样 2000 次，计算 95% 置信区间。结果表明，模型中乐商预测学习沉醉感的作用显著（β=1.590，$p < 0.001$），乐商可显著预测积极学业情绪（β=0.612，$p < 0.001$），积极学业情绪对学习沉醉感的预测作用亦显著（β=0.671，$p < 0.01$）。结果还显示，积极学业情绪通过乐商对学习沉醉感的间接效应为 0.533，其 95% 的置信区间为 [0.315，0.533]，间接效应显著；自尊对积极学业情绪的直接效应为 0.065，其 95% 的置信区间为 [−0.203，0.096]，直接效应不显著。表明积极学业情绪在乐商与学习沉醉感间起完全中介作用。见图 11-5。

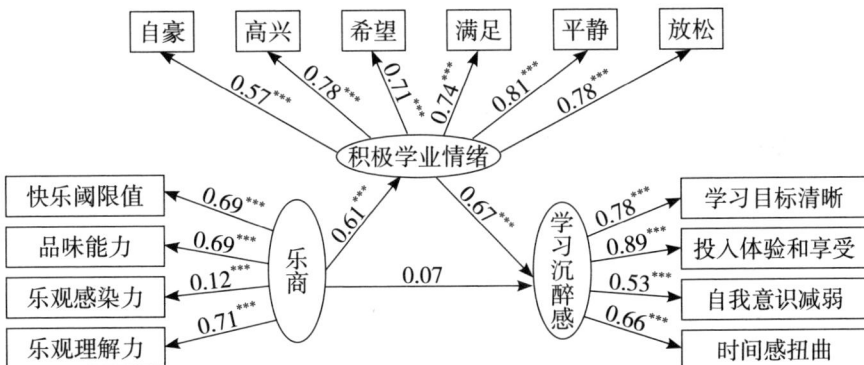

图 11-5　积极学业情绪在乐商与学习沉醉感间中介作用模型

6. 易地搬迁青少年学习沉醉感在乐商与品行问题行为间的中介作用

（1）共同方法偏差检验。

采用Harman单因素法检验本研究中全部量表收集到的数据，对易地搬迁青少年学习沉醉感、品行问题行为和乐商3个变量涉及测量条目进行因素分析。探索性因素分析结果显示，有9个因子的特征值大于1，第1个因子的解释率为17.566%，低于40%的标准，由此可判定研究中不存在显著的共同方法偏差。

（2）学习沉醉感的中介作用。

为减少参数估计偏差，取乐商4个因子的各自总分作为潜变量乐商的观测变量，以学习沉醉感4个因子的各自总分作为潜变量学习沉醉感的观测变量，以品行问题行为3个因子的各自总分作为潜变量品行问题行为的观测变量。使用AMOS软件运用最大似然法对乐商影响品行问题行为——学习沉醉感的中介作用进行检验，结果显示，χ^2=134.517，df=41，χ^2/df=3.281，$SRMR$=0.04，$RMSEA$=0.064，CFI=0.945，IFI=0.945，TLI=0.926，各项拟合指数均大于0.90，表明模型拟合较为理想，达到心理测量学要求。基于模型拟合结果，采用偏差校正的非参数百分位Bootstrap方法进行中介效应的检验，重复抽样2 000次，计算95%置信区间。结果表明，模型中乐商可显著预测学习沉醉感（β=0.411，$p<0.001$），学习沉醉感可显著预测品行问题行为（β=-0.338，$p<0.001$），乐商对品行问题行为的预测作用不显著（β=-0.117，$p>0.05$）。结果还显示，学习沉醉感通过乐商对品行问题行为的间接效应为-0.111（p=0.001），其95%的置信区间为［-0.184，-0.061］，间接效应显著；乐商对品行问题行为的直接效应为-0.094（p=0.125），其95%的置信区间为［-0.210，0.023］，直接效应不显著。总效应为-0.205，其中间接效应占比54.15%，表明学习沉醉感在乐商与品行问题行为间起中介作用。见图11-6。

7. 易地搬迁青少年学习沉醉感在积极学业情绪与品行问题行为间的中介作用

（1）共同方法偏差检验。

采用Harman单因素法检验本研究中全部量表收集到的数据，对易地搬迁青少年积极学业情绪、品行问题行为和学习沉醉感3个变量涉及测量条目进行

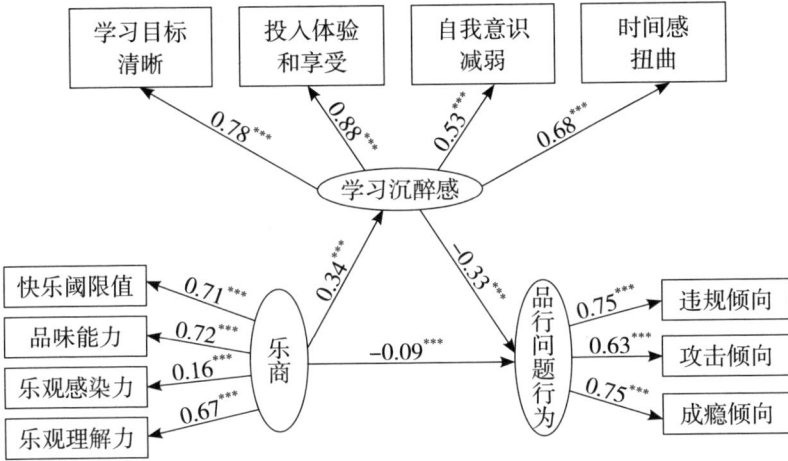

图11-6 学习沉醉感在乐商与品行问题行为间中介作用模型

因素分析。探索性因素分析结果显示，有11个因子的特征值大于1，第1个因子的解释率为23.080%，低于40%的标准，由此可判定研究中不存在显著的共同方法偏差。

（2）学习沉醉感的中介作用。

为减少参数估计偏差，取积极学业情绪6个因子的各自总分作为潜变量积极学业情绪的观测变量，以学习沉醉感4个因子的各自总分作为潜变量学习沉醉感的观测变量，以品行问题行为3个因子的各自总分作为潜变量品行问题行为的观测变量。使用AMOS软件运用最大似然法对积极学业情绪影响品行问题行为——学习沉醉感的中介作用进行检验，结果显示，χ^2=475.520，df=62，χ^2/df=7.670，$SRMR$=0.05，$RMSEA$=0.110，CFI=0.875，IFI=0.875，TLI=0.842，各项拟合指数均大于0.80，表明模型拟合较为理想，达到心理测量学要求。基于模型拟合结果，采用偏差校正的非参数百分位Bootstrap方法进行中介效应的检验，重复抽样2 000次，计算95%置信区间。结果表明，模型中积极学业情绪可显著预测学习沉醉感（β=0.403，$p<0.001$），学习沉醉感可显著预测品行问题行为（β=-0.197，$p<0.01$），积极学业情绪对品行问题行为的预测作用亦显著（β=-0.188，$p<0.001$）。结果还显示，学习沉醉感通过积极学业情绪对品行问题行为的间接效应为-0.118（p=0.001），其95%的置信区间为［-0.211，-0.032］，

间接效应显著；乐商对品行问题行为的直接效应为–0.280（p=0.001），其95%的置信区间为［–0.418，–0.136］，直接效应显著。总效应为–0.398，其中间接效应占比29.65%，表明学习沉醉感在积极学业情绪与品行问题行为间起中介作用。见图11–7。

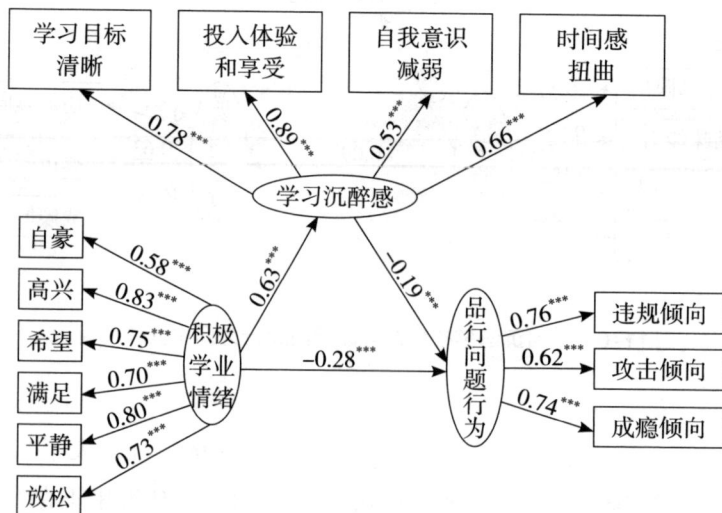

图11–7　学习沉醉感在积极学业情绪与品行问题行为间中介作用模型

8. 易地搬迁青少年积极学业情绪在情绪表达与学习沉醉感间的中介作用

（1）易地搬迁青少年积极学业情绪在正性情绪表达与学习沉醉感间的中介作用。

采用Harman单因素法检验本研究中全部量表收集到的数据，对易地搬迁青少年正性情绪表达、积极学业情绪和学习沉醉感3个变量涉及测量条目进行因素分析。探索性因素分析结果显示，有8个因子的特征值大于1，第1个因子的解释率为26.287%，低于40%的标准，由此可判定研究中不存在显著的共同方法偏差。

为减少参数估计偏差，取正性情绪表达9个题项的各自数值作为观测变量，以积极学业情绪6个因子的各自总分作为潜变量积极学业情绪的观测变量，以学习沉醉感4个因子的各自总分作为潜变量学习沉醉感的观测变量。使用AMOS软件运用最大似然法对正性情绪表达影响学习沉醉感——积极学业情绪的中介作用进行检验，结果显示，χ^2=731.440，df=149，χ^2/df=4.909，

SRMR=0.05，*RMSEA*=0.08，*CFI*=0.873，*IFI*=0.873，*TLI*=0.854，各项拟合指数均大于0.80，表明模型拟合较为理想，达到心理测量学要求。基于模型拟合结果，采用偏差校正的非参数百分位Bootstrap方法进行中介效应的检验，重复抽样2 000次，计算95%置信区间。结果表明，模型中正性情绪表达可显著预测积极学业情绪（β=1.826，$p < 0.001$），积极学业情绪可显著预测学习沉醉感（β=0.484，$p < 0.001$），正性情绪表达对学习沉醉感的预测作用不显著（β=0.158，$p > 0.05$）。结果还显示，积极学业情绪通过正性情绪表达对学习沉醉感的间接效应为0.338（p=0.001），其95%的置信区间为［0.263，0.421］，间接效应显著；正性情绪表达对学习沉醉感的直接效应为0.060（p=0.322），其95%的置信区间为［-0.061，0.177］，置信区间包括了0，因此该直接效应不显著。总效应为0.398，其中间接效应占比84.92%，表明积极学业情绪在正性情绪表达与学习沉醉感间起完全中介作用。见图11-8。

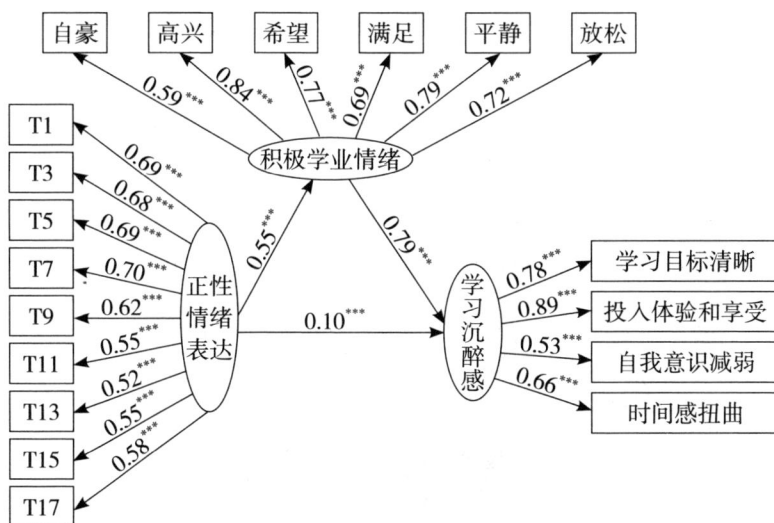

图11-8　积极学业情绪在正性情绪表达与学习沉醉感间中介作用模型

（2）易地搬迁青少年积极学业情绪在负性情绪表达与学习沉醉感间的中介作用。

采用Harman单因素法检验本研究中全部量表收集到的数据，对易地搬迁青少年负性情绪表达、积极学业情绪和学习沉醉感3个变量涉及测量条目进行因素分析。探索性因素分析结果显示，有8个因子的特征值大于1，第一个因子的解释率为25.368%，低于40%的标准，由此可判定本研究中不存在显著的共同方法偏差。

为减少参数估计偏差，取负性情绪表达9个题项的各自数值作为观测变量，以积极学业情绪6个因子的各自总分作为潜变量积极学业情绪的观测变量，以学习沉醉感4个因子的各自总分作为潜变量学习沉醉感的观测变量。使用AMOS软件运用最大似然法对负性情绪表达影响学习沉醉感——积极学业情绪的中介作用进行检验，结果显示，χ^2=677.891，df=149，χ^2/df=4.550，$SRMR$=0.05，$RMSEA$=0.08，CFI=0.878，IFI=0.879，TLI=0.860，各项拟合指数均大于0.80，表明模型拟合较为理想，达到心理测量学要求。基于模型拟合结果，采用偏差校正的非参数百分位Bootstrap方法进行中介效应的检验，重复抽样2 000次，计算95%置信区间。结果表明，模型中负性情绪表达可显著预测积极学业情绪（β=1.510，$p<0.001$），积极学业情绪可显著预测学习沉醉感（β=0.479，$p<0.001$），负性情绪表达对学习沉醉感的预测作用不显著（β=0.256，$p>0.05$）。结果还显示，积极学业情绪通过负性情绪表达对学习沉醉感的间接效应为0.256（p=0.001），其95%的置信区间为［0.183，0.335］，间接效应显著；负性情绪表达对学习沉醉感的直接效应为0.091（p=0.08），其95%的置信区间为［−0.012，0.195］，置信区间包括了0，因此该直接效应不显著。总效应为0.347，其中间接效应占比73.78%，表明积极学业情绪在负性情绪表达与学习沉醉感间起完全中介作用。见图11-9。

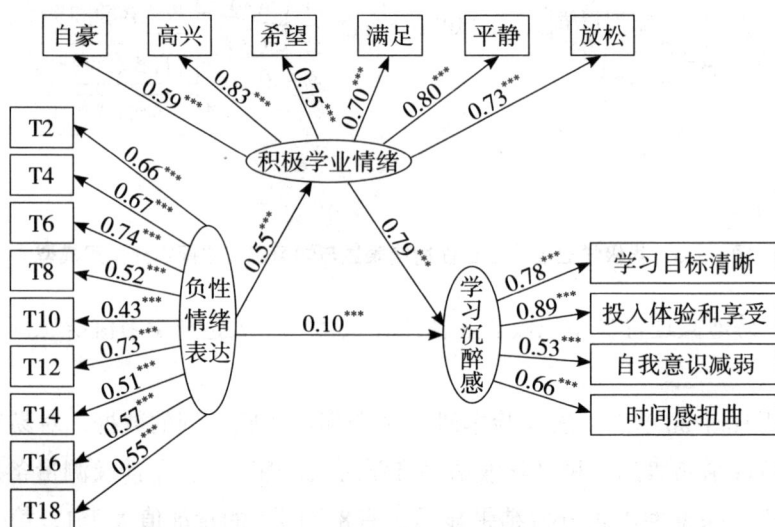

图11-9 积极学业情绪在负性情绪表达与学习沉醉感间中介作用模型

9.易地搬迁青少年情绪表达在自尊与积极学业情绪间的中介作用

由于易地搬迁青少年正性情绪表达与自尊呈显著正相关，而负性情绪表达与自尊不存在显著相关，因此只研究易地搬迁青少年正性情绪表达在自尊与积极学业情绪间的中介作用。

（1）共同方法偏差检验。

采用Harman单因素法检验本研究中全部量表收集到的数据，对易地搬迁青少年正性情绪表达、自尊和积极学业情绪3个变量涉及测量条目进行因素分析。探索性因素分析结果显示，有8个因子的特征值大于1，第1个因子的解释率为25.516%，低于40%的标准，由此可判定研究中不存在显著的共同方法偏差。

（2）正性情绪表达的中介作用。

为减少参数估计偏差，取自尊总分作为观测变量，以正性情绪表达的9个题项各自数值作为潜变量正性情绪表达的观测变量，以积极学业情绪6个因子的各自总分作为潜变量积极学业情绪的观测变量。使用AMOS软件运用最大似然法对自尊影响积极学业情绪——正性情绪表达的中介作用进行检验，结果显示，χ^2=621.994，df=102，χ^2/df=6.098，$SRMR$=0.05，$RMSEA$=0.09，CFI=0.858，IFI=0.858，TLI=0.833，各项拟合指数均大于0.80，表明模型拟合较为理想，达到心理测量学要求。基于模型拟合结果，采用偏差校正的非参数百分位Bootstrap方法进行中介效应的检验，重复抽样2 000次，计算95%置信区间。结果表明，模型中自尊可显著预测正性情绪表达（β=0.572，$p<0.001$），正性情绪表达可显著预测积极学业情绪（β=1.560，$p<0.001$），自尊对积极学业情绪的预测作用亦显著（β=1.792，$p<0.001$）。结果还显示，正性情绪表达通过自尊对积极学业情绪的间接效应为0.147（p=0.001），其95%的置信区间为［0.101，0.202］，间接效应显著；自尊对积极学业情绪的直接效应为0.296（p=0.001），其95%的置信区间为［0.212，0.377］，直接效应显著。总效应为0.443，其中间接效应占比46.22%，表明正性情绪表达在自尊与积极学业情绪间起部分中介作用。见图11-10。

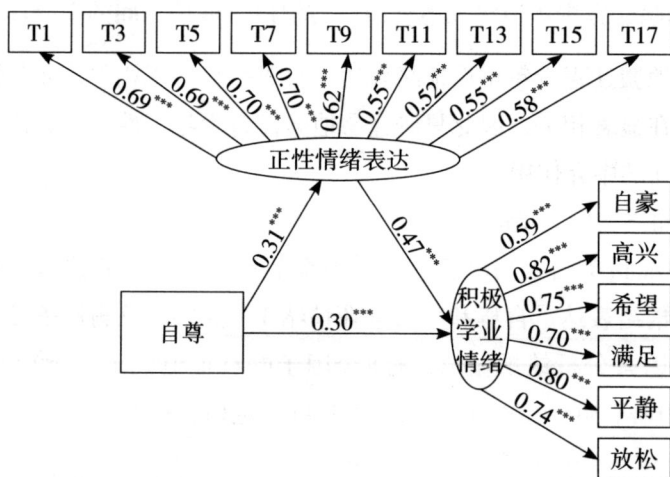

图11-10 正性情绪表达在自尊与积极学业情绪间中介作用模型

10. 易地搬迁青少年情绪表达在乐商与积极学业情绪间的中介作用

（1）易地搬迁青少年正性情绪表达在乐商与积极学业情绪间的中介作用。

采用Harman单因素法检验本研究中全部量表收集到的数据，对易地搬迁青少年正性情绪表达、积极学业情绪和乐商3个变量涉及测量条目进行因素分析。探索性因素分析结果显示，有10个因子的特征值大于1，第1个因子的解释率为23.956%，低于40%的标准，由此可判定研究中不存在显著的共同方法偏差。

为减少参数估计偏差，取乐商4个因子的各自总分作为潜变量乐商的观测变量，以正性情绪表达9个题项的各自数值作为潜变量正性情绪表达的观测变量，以积极学业情绪6个因子的各自总分作为潜变量积极学业情绪的观测变量。使用AMOS软件运用最大似然法对乐商影响积极学业情绪——正性情绪表达的中介作用进行检验，结果显示，$\chi^2=783.566$，$df=149$，$\chi^2/df=5.259$，$SRMR=0.05$，$RMSEA=0.08$，$CFI=0.851$，$IFI=0.851$，$TLI=0.828$，各项拟合指数均大于0.80，表明模型拟合较为理想，达到心理测量学要求。基于模型拟合结果，采用偏差校正的非参数百分位Bootstrap方法进行中介效应的检验，重复抽样2 000次，计算95%置信区间。结果表明，模型中乐商可显著预测正性情绪表达（$\beta=0.288$，$p<0.001$），正性情绪表达可显著预测积极学业情绪（$\beta=1.007$，$p<0.001$），乐

商对积极学业情绪的预测作用亦显著（β=0.595，$p<0.001$）。结果还显示，正性情绪表达通过乐商对积极学业情绪的间接效应为0.196（p=0.001），其95%的置信区间为 [0.030，0.296]，间接效应显著；乐商对积极学业情绪的直接效应为0.402（p=0.001），其95%的置信区间为 [0.198，0.688]，直接效应显著。总效应为0.598，其中间接效应占比32.78%，表明正性情绪表达在乐商与积极学业情绪间起中介作用。见图11-11。

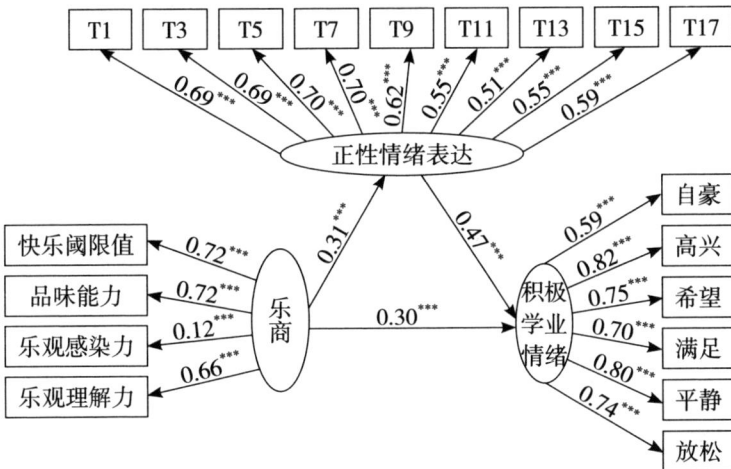

图11-11　正性情绪表达在乐商与积极学业情绪间中介作用模型

（2）易地搬迁青少年负性情绪表达在乐商与积极学业情绪间的中介作用。

采用Harman单因素法检验本研究中全部量表收集到的数据，对易地搬迁青少年负性情绪表达、积极学业情绪和乐商3个变量涉及测量条目进行因素分析。探索性因素分析结果显示，有10个因子的特征值大于1，第1个因子的解释率为22.660%，低于40%的标准，由此可判定研究中不存在显著的共同方法偏差。

为减少参数估计偏差，取乐商4个因子的各自总分作为潜变量乐商的观测变量，以负性情绪表达9个题项的各自数值作为潜变量负性情绪表达的观测变量，以积极学业情绪6个因子的各自总分作为潜变量积极学业情绪的观测变量。使用AMOS软件运用最大似然法对乐商影响积极学业情绪——负性情绪表达的中介作用进行检验，结果显示，χ^2=694.382，df=149，χ^2/df=4.660，$SRMR$=0.05，$RMSEA$=0.08，CFI=0.860，IFI=0.861，TLI=0.839，各项拟合指数均大于0.80，表明模型拟合较为理想，达到心理测量学要求。基于模型拟合结果，采用偏差校正的非参数百分位Bootstrap方法进行中介效应的检验，重复抽样2 000次，计算95%置信区间。结果表明，模型中乐商可显著预测负性情绪表达（$\beta=0.148$，$p < 0.001$），负性情绪表达可显著预测积极学业情绪（$\beta=0.833$，$p < 0.001$），乐商对积极学业情绪的预测作用亦显著（$\beta=0.720$，$p < 0.001$）。结果还显示，负性情绪表达通过乐商对积极学业情绪的间接效应为0.089（$p=0.001$），其95%的置信区间为［0.036，0.145］，间接效应显著；乐商对积极学业情绪的直接效应为0.519（$p=0.001$），其95%的置信区间为［0.371，0.696］，直接效应显著。总效应为0.608，其中间接效应占比14.64%，表明负性情绪表达在乐商与积极学业情绪间起中介作用。见图11-12。

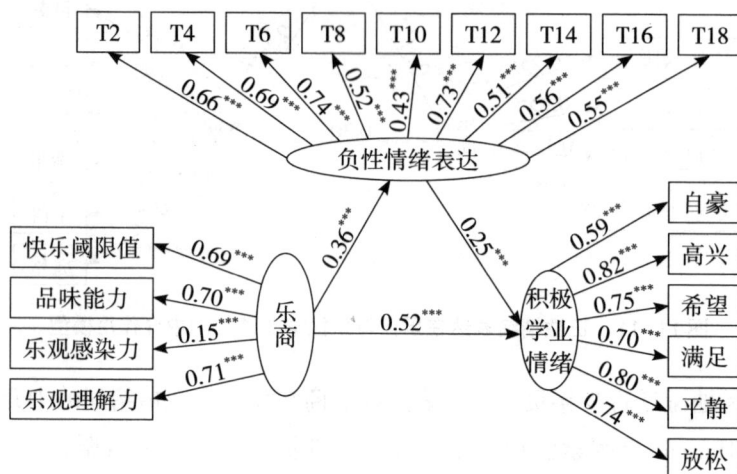

图11-12　负性情绪表达在乐商与积极学业情绪间中介作用模型

11. 易地搬迁青少年乐商在自尊与情绪表达间的中介作用

由于易地搬迁青少年正性情绪表达与自尊呈显著正相关，而负性情绪表达与自尊不存在显著相关性，因此只研究易地搬迁青少年乐商在自尊与正性情绪表达间的中介作用。

（1）共同方法偏差检验。

采用Harman单因素法检验本研究中全部量表收集到的数据，对易地搬迁青少年正性情绪表达、自尊和乐商3个变量涉及测量条目进行因素分析。探索性因素分析结果显示，有10个因子的特征值大于1，第1个因子的解释率为23.016%，低于40%的标准，由此可判定研究中不存在显著的共同方法偏差。

（2）乐商的中介作用。

为减少参数估计偏差，取自尊总分作为观测变量，以乐商4个因子的各自总分作为潜变量乐商的观测变量，以正性情绪表达9个题项的各自数值作为潜变量正性情绪表达的观测变量。使用AMOS软件运用最大似然法对自尊影响正性情绪表达——乐商的中介作用进行检验，结果显示，χ^2=306.594，df=75，χ^2/df=4.088，$SRMR$=0.05，$RMSEA$=0.075，CFI=0.897，IFI=0.898，TLI=0.875，各项拟合指数均大于0.80，表明模型拟合较为理想，达到心理测量学要求。基于模型拟合结果，采用偏差校正的非参数百分位Bootstrap方法进行中介效应的检验，重复抽样2 000次，计算95%置信区间。结果表明，模型中自尊可显著预测乐商（β=1.649，$p < 0.001$），乐商可显著预测正性情绪表达（β=0.263，$p < 0.001$），自尊对正性情绪表达的预测作用不显著（β=0.134，$p > 0.05$）。结果还显示，乐商通过自尊对正性情绪表达的间接效应为0.240（p=0.001），其95%的置信区间为［0.164，0.339］，间接效应显著；自尊对正性情绪表达的直接效应为0.074（p=0.001），其95%的置信区间为［-0.030，0.176］，置信区间包括0，因此该直接效应不显著。总效应为0.314，其中间接效应占比76.43%，表明乐商在自尊与正性情绪表达间起完全中介作用。见图11–13。

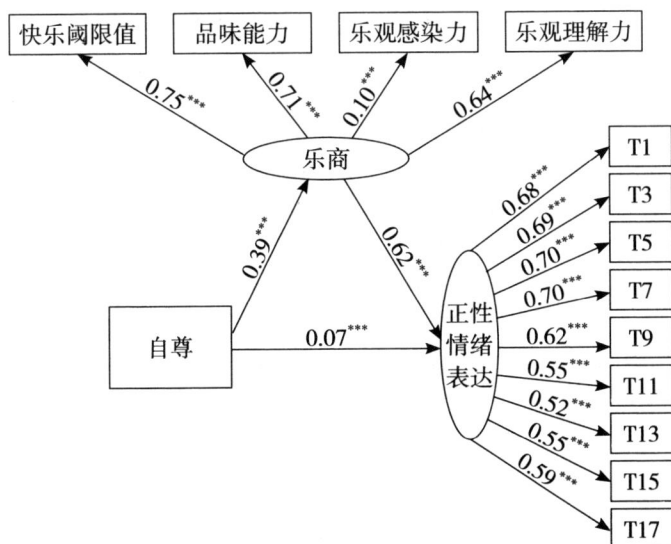

图11–13 乐商在自尊与正性情绪表达间中介作用模型

12. 易地搬迁青少年正性情绪表达在自尊与品行问题行为间的中介作用

由于易地搬迁青少年正性情绪表达与自尊呈显著正相关，而负性情绪表达与自尊不存在显著相关，因此只研究易地搬迁青少年正性情绪表达在自尊与品行问题行为间的中介作用。

（1）共同方法偏差检验。

采用 Harman 单因素法检验本研究中全部量表收集到的数据，对易地搬迁青少年正性情绪表达、自尊和品行问题行为3个变量涉及测量条目进行因素分析。探索性因素分析结果显示，有7个因子的特征值大于1，第1个因子的解释率为17.684%，低于40%的标准，由此可判定研究中不存在显著的共同方法偏差。

（2）正性情绪表达的中介作用。

为减少参数估计偏差，取自尊总分作为观测变量，以正性情绪表达9个题项的各自数值作为潜变量正性情绪表达的观测变量，以品行问题行为3个因子的各自总分作为潜变量品行问题行为的观测变量。使用 AMOS 软件运用最大似然法对自尊影响品行问题行为——正性情绪表达的中介作用进行检验，结果显示，χ^2=206.234，df=63，χ^2/df=3.274，$SRMR$=0.04，$RMSEA$=0.064，CFI=0.929，IFI=0.930，TLI=0.912，各项拟合指数均大于0.90，表明模型拟合较为理想，达到心理测量学要求。基于模型拟合结果，采用偏差校正的非参数百分位 Bootstrap 方法进行中介效应的检验，重复抽样2 000次，计算95%置信区间。结果表明，模型中自尊可显著预测正性情绪表达（β=0.563，$p < 0.001$），正性情绪表达可显著预测品行问题行为（β=-0.340，$p < 0.05$），自尊对品行问题行为的预测作用亦显著（β=-0.991，$p < 0.001$）。结果还显示，正性情绪表达通过自尊对品行问题行为的间接效应为-0.039（p=0.001），其95%的置信区间为［-0.079，-0.006］，间接效应显著；自尊对品行问题行为的直接效应为-0.202（p=0.001），其95%的置信区间为［-0.310，-0.094］，直接效应显著。总效应为-0.241，其中间接效应占比16.18%，表明正性情绪表达在自尊与品行问题行为间起中介作用。见图11-14。

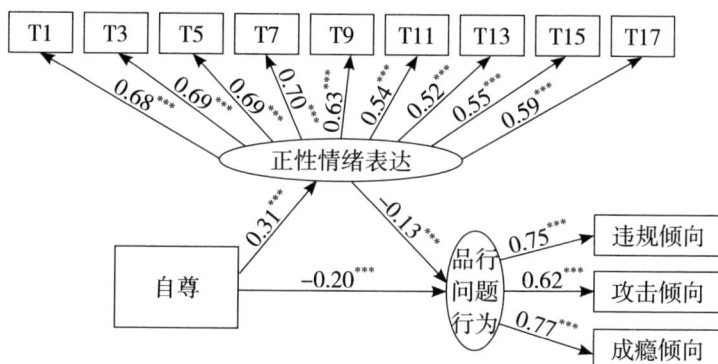

图11-14　正性情绪表达在自尊与品行问题行为间中介作用模型

四、分析与讨论

1. 易地搬迁青少年积极学业情绪与情绪表达的关系

研究结果显示，易地搬迁青少年积极学业情绪各维度与正性情绪表达、负性情绪表达存在显著正相关，与已有研究结果一致（刘影 等，2014）。这说明易地搬迁青少年积极低唤醒学业情绪、积极高唤醒学业情绪越好以及积极学业情绪越好其正性情绪表达、负性情绪表达水平越高。积极学业情绪产生的好坏，直接影响青少年正性情绪表达、负性情绪表达。积极学业情绪的产生能够促进青少年正性情绪表达、负性情绪表达，对青少年情绪表达起着重要的积极作用。

研究结果还表明，积极学业情绪维度中的积极高唤醒学业情绪可以正向预测青少年正性情绪表达、负性情绪表达。也就是积极学业情绪可以正向预测青少年正性情绪表达、负性情绪表达。这说明，积极学业情绪越好的青少年正性情绪表达、负性情绪表达水平更高。其原因是：更多积极学业情绪的产生，使得易地搬迁青少年在新的学习环境中适应得更好，归属感更强。在学业上，学业成绩、学习投入会越好，学习动机、自我效能感会越强。人际关系会更好，与人之间的互动增加。所以，情绪表达水平也就越高。

2. 易地搬迁青少年积极学业情绪与学习沉醉感的关系

易地搬迁青少年积极学业情绪与学习沉醉感存在显著的正相关，这一研究与以往的研究结果一致（李丹阳，2016；康健，2017；王庆玲，2019；刘凯庆，2019）。其原因是：学业情绪在一定程度上会影响青少年对学习的热爱、投入等。积极的学业情绪能够激发青少年对学习的热情、创造力的发挥、学业成就的提高。消极的学业情绪则会降低青少年对学习的热爱，产生对学习的厌恶，不利于学习成绩的提高。

易地搬迁青少年积极学业情绪对学习沉醉感的预测分析表明，积极高低唤醒学业情绪共同解释学习沉醉感27.8%的变异，对学习沉醉感均有显著的正向预测作用，这与以往的研究结果是一致的（王庆玲，2019；刘凯庆，2019）。其原因可能是，积极高唤醒学业情绪的青少年为自己感到自豪、高兴，希望能够实现自己的目标，因此对学习投入水平最高；积极低唤醒学业情绪的青少年也会投入学习中去，他们感到满足、平静、放松，面对学习中的问题，会用理智的头脑来分析问题。这说明了较高的学习沉醉感离不开积极学业情绪的作用，如果青少年长期处于消极的学业情绪下，那么学习沉醉感的程度必然不高。

3. 易地搬迁青少年积极学业情绪与乐商的关系

乐商高的青少年往往更倾向于以积极的心态看待学习中的挑战和困难。他们相信自己能够克服困难，更有信心面对学业挑战，从而更容易产生积极的学业情绪，如学习动机和学习兴趣。乐商高的青少年往往具有较强的情绪调节能力，能够有效地应对学习中的负面情绪和挫折。当面临困难时，他们更倾向于采用积极的应对策略，如寻求帮助、积极思考和调整学习策略，从而减少了负面情绪的影响，提高了积极学业情绪的产生。乐商高的青少年可能更注重自我成长和进步，他们更容易感受到学习的成就感。当他们取得进步或取得好成绩时，会感到满足和愉悦，从而产生更多的积极学业情绪。由于乐商能够促进积极心态、增强情绪调节能力、提升学业成就感以及获得社会支持等方面的作用。因此可以通过培养青少年的乐商，帮助他们更好地应对学习中的挑战和困难，提高学业情绪的积极性，促进其全面发展。

4. 易地搬迁青少年乐商与情绪表达的关系

乐商作为一种积极的心态和情绪调节能力，被认为与青少年的应对方式密切相关。个体有对生活中的挑战和困难保持乐观态度以及有效管理情绪的能力。乐商通常包括积极心态、情绪调节、应对压力等方面的能力。积极应对包括积极解决问题、寻求社会支持等策略，而消极应对包括逃避、否认等策略（Carver et al., 1989）。乐商高的青少年往往更倾向于以积极的心态看待生活中的挑战和困难。他们相信自己能够克服困难，更有信心面对生活中的挑战，因此更倾向于采取积极的应对方式，如积极解决问题、主动寻求社会支持等（Scheier et al., 1985）。乐商高的青少年往往具有较强的情绪调节能力，能够有效地管理自己的情绪。当面临挑战和压力时，他们更倾向于采取积极的情绪调节策略，如积极思考、放松调节等，从而更倾向于选择积极的应对方式。乐商高的青少年可能更注重自我成长和进步，他们更容易感受到生活中的成就感。当他们取得进步或取得好成绩时，会感到满足和愉悦，从而增强了选择积极表达方式的意愿。

第十二章

对策与展望

青少年是祖国的花朵，是祖国的未来。解决了搬迁群众子女的教育问题，就等于解决了搬迁群众心中所急、心中所需，给搬迁群众吃了一颗"定心丸"。建立、健全易地搬迁社区青少年服务机制，建立全方位的协同育人模式，对易地搬迁青少年健康成长具有重要意义。随着易地搬迁后续工作的逐步深入，宜结合实际发展情况对易地搬迁青少年的心理健康关照对策作出调整。

一、对策建议

1. 促进交流互融，提升教育自觉

易地搬迁青少年面临多重心理健康挑战。新的生活和学习环境可能与他们熟悉的环境大不相同，他们可能面临学业压力、社交挑战等，导致适应困难。易地搬迁青少年在新环境中可能感到自己的身份认同受到威胁，他们需要重新审视自己的文化和社会身份，可能导致自我认同问题，这些挑战可能导致青少年出现焦虑、抑郁和其他心理健康问题。

促进交流可以帮助青少年更好地理解和尊重不同地区文化背景和习俗，这有助于提高其适应能力。更多交流可鼓励青少年积极融入新的社交网络，有助于减轻其社交隔离和孤独感。帮助他们更好地面对新环境和挑战。

可以通过不同的渠道促进交流。整合多元教育交流课程，这些课程可以涵盖不同地区的历史、传统和庆祝活动；学校可以组织交流活动，使青少年有机会与不同家庭背景的同龄人互动，这有助于打破社交隔离，增加社交技能；鼓励家庭积极参与活动，家长可以与学校合作，促进家庭和学校之间的交流；提供易地搬迁青少年的心理健康支持，包括心理治疗和咨询服务，这可更好地帮助他们应对分离焦虑和其他心理健康问题。

为了确保交流的有效性，需要进行评估和改进。实施和改进策略的步骤有：数据收集，定期收集数据，包括学生的社交互动和心理健康水平等，这有助于评估效果；听取学生的反馈，了解他们对校园文化交流活动的看法和需求，有助于调整课程和活动；根据数据和反馈进行持续改进，使其不断适应青少年的需求和变化的环境。

因此，要构建家、校、社会有机结合的青少年服务机制，提升教育自觉。家庭在其中承担主要作用。在易地搬迁社区青少年服务工作中，不仅要注重对青少年本身的关爱和教育，还要加强与儿童监护人的沟通交流，并对其进行指导和培训。

首先，父母应该注重孩子的抗打击能力与情绪处理方式，以及积极乐观的心态，尤其要关注刚进入青春期的孩子，家长在对孩子进行教育的时候，要适当放下"权威"，换位思考，这样能更好帮助孩子改正错误；易地搬迁青少年更加需要家庭的温暖，父母应该注重营造一个温暖的家庭氛围，多给予他们鼓励与帮助；青少年的求知欲望强烈，如果家长一味地反对、制止青少年与外部社会接触，他们的好奇心就长期处于压抑之中，因此就会产生逆反心理，家长要利用其好奇心，帮助他们成长，而不是回避；父母在与孩子的沟通中，要让孩子感受到父母对他们的关心与爱，满足他们的情感需求，父母还能及时知道孩子的心理情绪，从而掌握他们的心理变化，及时帮助他们解决问题；其次，家庭成员要有良好的行为习惯，为青少年树立好榜样，培养青少年独立自主性，从而提高青少年的适应性，家长要起到带头作用，在家庭中营造一个积极主动的学习氛围，特别是对于高中生，由于巨大的学业压力，他们很容易产生厌学情绪，从研究结果看男生的学习沉醉感低于女生，父母还应更加重视男生学习兴趣的培养；最后，建立一个安全的家庭情绪环境，父母要向孩子传达积极正向的情绪，若父母通常都展现出负性情绪，孩子成为父母的情绪垃圾桶，那么子女就更有可能患心理疾病，尤其是对于初中生与小学生，他们的心智还不够成熟，不能很好地处理自己的情绪，另外当孩子很少表达自己的情绪时，父母要多与其进行交流，还要处理好自己的情绪，用温和的态度面对孩子。

促进交流互融，提升教育自觉可以提高这些青少年的适应能力、自我认同、社交技能和心理健康水平，这将帮助他们更好地应对挑战，融入新的环境，实现全面的发展，从而为社会的可持续发展作出贡献。同时需要学校、社会组织和家庭共同努力，为易地搬迁青少年提供支持和资源。

2. 集聚共享资源，融合支持力量

要了解易地搬迁青少年的心理健康水平，首先必须深入了解他们所面临的挑战。这些挑战可能包括社交孤立，搬迁后，青少年可能离开原有的社交网络，导致社交孤立和孤独感；学业压力，新的学校环境和学业要求可能对青少年产生压力，尤其是在适应期内；家庭变迁，搬迁也可能导致家庭关系的变化，这可能对青少年的心理健康产生负面影响。

为了帮助青少年应对搬迁带来的心理压力，为其提供的心理健康支持服务应当涵盖情感管理、压力管理、解决冲突的技能等内容，学校和社区可以合作开展提供心理咨询服务的活动，以支持青少年处理心理健康问题，以确保青少年可以随时获得帮助。因此学校可以组织的社交活动，社区提供的俱乐部和团体活动，以帮助青少年建立新的友谊和社交关系。要实施这些支持力量，需要集聚不同的资源组织机构。他们可以提供资金支持，用于开展心理健康教育项目、心理咨询服务等，还可以鼓励学校和社区提供这些服务，学校和社区可以合作开展心理健康教育和社交支持项目，学校可以提供场地，社区可以提供志愿者和资源。不同部门之间的合作也至关重要。

易地搬迁家庭面临社会生活方式的转变，易地搬迁青少年也会面临社会生活适应和学校适应的过程。学习环境的变动促使青少年在适应新环境中变得更为独立，但也可能因不适应而产生学业问题、心理问题。新学习环境可能提供更好的机会和更多的友伴关系、与不同家庭背景同伴的互动机会。对学校的教育活动来说，一方面，学校应该健全与完善青少年心理健康问题的预防与干预机制，加大对心理健康科研的投入，要时刻关注学生心理健康状况，特别是易地搬迁的青少年，他们刚来到一个陌生环境，会有更多的不适应问题与心理健

康问题，因此可以定期排查有心理问题的学生，开设专业的心理咨询室，建立
学生心理档案，这样能更好地了解学生成长过程中的心理发展状况，并及时定
方案来进行干预，也可以定期开展心理健康班会与讲座，对于高年级的学生，
不要只注重学生的学习成绩，心理健康也同等重要；另一方面，老师应注重学
习的氛围与秩序，培养学生的兴趣，让学生主动学习，在讲课时，通过小游戏
或者讲述生动的小故事等，将学生的思维兴趣调动起来，活跃课堂气氛；同时
要塑造良好的形象与人格魅力，因为学生往往因为教师的原因而喜欢或者讨厌
某个学科，因此教师应注意自身形象，建立良好的师生关系，让学生对你所教
学科感兴趣，且学生对学科感兴趣是建立良好学习氛围的前提；多对学生给予
鼓励，著名的"罗森塔尔效应"实验告诉我们，学生能否持之以恒地学习，与
老师的信任程度有密切关系，因此当学生不能流利地回答问题时，教师应说一
些鼓励与信任的话语，当他们得到赏识时，会产生自身价值感，增强学习的动
力，并引导学生建立明确的学习目标，尤其是针对叛逆较严重的学生以及承受
巨大学习压力的高中学生；研究发现，班干部的积极学业情绪与情绪表达高于
非班干部，班干部通常要以身作则，往往对自身要求严格，自控能力与表达能
力较强，能更好地处理身边的人际关系和情绪，因此教师应该让班级里的学生
轮流当班干部，尽量让每一位学生都当一次班干部；此外，应加强对学生，特
别是对初中生的管控，定期对其进行思想教育，时刻关注其心理状况，发现问
题及时疏导。

　　布朗芬布伦纳的生态系统理论指出，个体生活于环境之中，并与环境相互
作用。家庭、学校和周围的生活区域作为微系统与中系统，对青少年的心理健
康发展有较大的影响；而易地搬迁对于青少年来说，是人生经历中非常重要的
生活事件节点。对易地搬迁青少年来说，从匮乏的物质环境与紧密的家庭、人
际联结的氛围中，迁移到集中安置区域，在物质生活条件大为改善的同时，也
面临着父母外出务工带来的家庭关系改变、动迁后人际交往环境的复杂化和陌
生化，甚至会面临着原有的学校人际关系与师生关系的改变——陌生的物理环
境与心理环境的巨变，这对青少年的心理适应是一个重大的挑战。在宏系统与
外系统环境得到极大改善的同时，应对搬迁青少年的心理健康加以关照，协调
好中系统，发挥学校的教育与指导功能，推动易地搬迁青少年的微系统改良，
以帮助他们更好地适应、更快地融入新的生活与学习环境。

3. 关注发展阶段，提升心理健康

生态系统理论的时间系统认为，重大生活事件与儿童自身的成长发育阶段会对人的一生产生重要影响，在核心的成长时期加以良好的引导与教育，对孩子的毕生发展有着十分重要的意义。相对于成年期而言，青少年期整体生长发育迅速，在不同的年龄阶段，青少年身心发育的具体需求存在特定的阶段性，特别是在儿童生长和发育的早期，易地搬迁对青少年未来成长和发展的影响相较于其他年龄段更为深远。因此对易地搬迁青少年的教育与心理扶贫工作不仅十分重要，而且相当紧迫。然而，青少年作为未成年人，其生活状况无法由自身决定，而是依赖家庭环境而生，成年人对青少年身心发展的认知直接影响着孩子的成长。由此，在教育与心理扶贫的具体工作中，注重提升家长对教育的认识，不仅可以改善贫困地区青少年成长的微系统，更可促进青少年终身价值观与心理资本的培育。

进入学龄初期，随着青少年对外部世界的探索范围加大，青少年的认知、思维、社会情感需求进入快速发展阶段。早期教育作为教育最早也是最为基础的阶段，是青少年终身成长和发展的关键。易地搬迁青少年在认知、语言、社交情绪和运动早期发展等方面仍面临一定挑战，且随着时间推移，风险不断增大。家庭教育与早期教育的结合为青少年的健康发展提供极为有力的助益；同时，易地搬迁青少年养成良好的入学习惯，可有效辅助青少年在义务教育阶段更好地适应学习生活环境，进一步促进其良好学习动机的形成。

对易地搬迁青少年的关爱和教育，既是一项长期的系统性工程，也是一项细致与精细的工作；系统化的教育与心理扶贫，是"拔除穷根"、阻断贫困代际传递的重要途径，青少年自身的健康成长可为当地的持续发展提供长久的动力。在改善教育基础物质与经济条件的同时，关注贫困地区青少年身心发展的阶段性，以青少年的真实身心需求为本，以精细化、多元化的视角推动易地搬迁青少年的教育扶贫工作，结合青少年身心发展的差异性与多元性需求进行精准调适，方可促进教育扶贫工作的进一步深化与精准化，从而更好地促进易地搬迁青少年心理健康发展。

二、讨论与展望

易地扶贫搬迁旨在改善贫困地区的居民生活条件，是一项重大举措。有力推动了搬迁地区乡村振兴战略实施和新型城镇化进程，助推解决区域性整体贫困，为打赢脱贫攻坚战做出了重要贡献。当前，我国易地扶贫搬迁工作进入以做好后续扶持为主的阶段，搬迁群众的生计途径、发展诉求等都发生了重要变化，对后续资源保障体系的转变提出了新的要求。要做好易地扶贫搬迁"后半篇文章"，真正实现搬迁群众"稳得住、有就业、逐步能致富"，要想真正"拔穷根"，需要重点关注易地搬迁的青少年及其产生的一系列心理健康问题。

易地搬迁青少年正处于生命发展的关键阶段，容易受到新环境和生活方式的影响，其心理健康问题可能会对其未来的生活产生深远的影响。

总体来说，易地搬迁青少年的心理健康状况较好，其心理健康水平在性别上不存在显著差异，小学生的心理健康水平要好于初中生和高中生。担任班干部的青少年的心理健康水平要好于没有担任班干部的青少年。同时班上学习氛围与秩序越好，学生心理健康水平越高。

易地搬迁青少年的品行问题越严重，其心理健康的水平越低，品行问题行为可以解释心理健康水平。学校适应水平越高，易地搬迁青少年心理健康水平越好，其中师生关系适应对心理健康的影响最大，具有较强的预测能力，其次是学业适应、同伴适应、新家庭学习环境适应。青少年学习沉醉感越高，心理健康状况越好，反之亦然，学习沉醉感中的投入体验和享受维度对易地搬迁青少年心理健康的影响最大，具有较强的预测能力。易地搬迁青少年积极学业情绪越好，心理健康状况越好。易地搬迁青少年的积极学业影响着心理健康，积极学业情绪的产生对青少年的心理健康状态有积极的作用，能够体验到更多的满足、平静和放松的积极学业情绪的青少年心理健康状况更好。正性情绪表达对易地搬迁青少年心理健康有显著的正向预测作用。

改善易地搬迁青少年的心理健康水平是一项紧迫而重要的任务，因此需要帮助他们更好地适应新的环境，提高心理健康水平。为易地搬迁青少年提供心理健康支持，可更好地帮助他们应对适应困难和解决其他心理健康问题，包括学校心理健康服务为学生提供咨询和治疗服务及社区心理支持机构提供情感支持和心理健康教育，这可以帮助青少年应对压力和直面困难。鼓励家庭积极参与学校社区活动，促进家庭和学校之间的交流和沟通。例如，家长培训可以帮助家庭更好地应对挑战,学校还可以组织家庭活动,促进亲子互动和提升家庭凝聚力,这有助于提高家庭的支持性和稳定性。建立社会支持网络,包括同龄人、社区组织和志愿者团体,社会支持可以缓解青少年的适应困难,如组织不同团体的社交活动可使易地搬迁青少年有机会建立新的友谊和社交网络,鼓励志愿者组织提供社会支持,如辅导、学业支持和心理健康服务。组织文化活动和庆祝,以弘扬和传承青少年的文化传统,这有助于增强他们的自我认同和自尊心。提供社交技能培训,帮助青少年更好地与同龄人和社会互动,社交技能可以帮助他们建立健康的人际关系。如教授青少年有效的沟通和冲突解决技巧,以改善他们的人际关系,组织团队合作活动帮助青少年学会与他人协作和建立友谊。提供职业规划和发展支持,帮助青少年树立目标和提高自我价值感。定期监测和评估易地搬迁青少年的心理健康水平和适应情况,这有助于及时调整支持措施和策略。

改善易地搬迁青少年的心理健康水平是一个综合性任务,需要学校、社会组织和家庭的协同努力。通过心理健康支持、家庭参与、社会支持网络、文化活动、社交技能培训、职业规划和发展支持以及给予青少年发言权等策略,我们可以帮助这一群体更好地适应新的环境,提高其心理健康水平,帮助其实现全面发展。这将有助于他们克服挑战,为社会的可持续发展作出贡献。

参考文献

白琪,2019.易地搬迁户的社会适应问题研究 [D].合肥:安徽大学.

曹新美,刘在花,2018.流动儿童学校适应在学校氛围与学习投入之间的中介作用 [J].中国特殊教育,25(8):74–79.

曹渝,2016.学校支持对流动青少年心理健康影响研究—社会工作介入 [D].重庆:重庆大学.

巢传宣,周志鹏,2019.大学生学习投入水平与心理健康自杀意念的关系 [J].中国学校卫生,40(1):138–140.

陈福侠,樊富珉,2014.大学新生学校适应、心理弹性与心理健康的关系 [J].中国健康心理学杂志,22(12):1894–1896.

陈君,2003.大学新生学校适应、社会支持及其关系的调查研究 [D].武汉:华中师范大学.

陈懋慈,2019.内地藏族初中生心理韧性对学习投入的影响:一个有调节的中介模型 [D].聊城:聊城大学.

陈奇,丁可,陆怀初,2013.中小学心理与行为问题现状调查 [J].浙江预防医学,25(10):30–33.

陈文娟,2017.高职生领悟社会支持、心理资本对学业情绪的影响研究 [D].福州:福建师范大学.

陈则敬,2006.中等职业学校学生自尊与心理健康的相关研究 [D].上海:华东师范大学.

丛芳,2008.基于心流体验视角的在线消费者购买影响因素研究 [D].上海:上海交通大学.

崔丽霞,郑日昌,2005.中学生问题行为的问卷编制和聚类分析[J].中国心理卫生杂
志,19(5):313-315.

答会明,2000.大学生的自信、自尊、自我效能与学业、人际成败归因特点的关系研究
[J].兰州学刊,6:63-64.

邓丽芳,徐田丽,郑日昌,2009.大学生家庭功能与情绪表达性、情感体验的关系[J].
心理发展与教育,25(4):109-114.

邓丽芳,郑日昌,2003.大学生的情绪向性、表达性与心理健康关系的研究[J].心理发
展与教育,2:69-73.

丁芳,吴伟,陶红,2012.公立初中流动和本地儿童学校适应状况的调查与分析[J].青
少年研究(山东省团校学报),20(3):1-5.

董妍,俞国良,2007.青少年学业情绪问卷的编制及应用[J].心理学报,5:852-860.

杜玉改,2013.流动儿童学习投入及其影响因素研究[D].南京:南京师范大学.

范金刚,门金泽,2011.高中生自我效能感在班级心理气氛与学习投入间的中介效应
[J].中国健康心理学杂志,19(2):206-208.

范舒怡,2020.小学生自尊与情绪智力的关系研究[J].中小学心理健康教育,5:4-9.

方琴琴,2018.初中生学习投入调查研究[D].温州:温州大学.

冯春莹,张野,张珊珊,2017.高中生学业情绪与心理健康关系的研究[J].黑龙江教育
学院学报,36(6):71-73.

付志高,刘亚,2012.乐观主义、悲观主义与自尊[J].中国健康心理学杂志,20(7):
1115-1117.

高丹丹,2017.初中生学习投入的差异分析[D].上海:华东师范大学.

高龙娟,2018.初中生学业情绪对学业成绩的影响:情绪调节的中介作用[D].广州:
广州大学.

高志奎,2011.大学生自尊与应对方式的关系:乐观人格特质的中介效应[J].中国特
殊教育,7:71-74,81.

郭飞,2019.易地搬迁移民社会融入研究—以兴义市移民安置点为例[D].贵阳:贵州
民族大学.

郭佳星,2018.家庭功能对留守儿童心理健康的影响:社会支持与学校适应的中介作
用[D].兰州:西北师范大学.

郭莲舫,张明园,1993.精神卫生学[M].上海:上海医科大学出版社:15-22.

何更生,葛爱莲,2012.学校适应与进城就读学生的心理健康[J].教育科学研究,10:
67-71.

黄杰,2016.学校人际与群际情绪对高中生学业情绪的影响及其机制研究[D].西安:
陕西师范大学.

黄希庭,杨雄,1998.青年学生自我价值感量表的编制[J].心理科学,4:289-292,382.

黄雨晴,刘璐,王一竹,等,2011.心理控制源和大学生学校适应的关系——自尊的中
介作用[J].西南农业大学学报(社会科学版),9(2):190-192.

姜晶晶,2010.中学生自我同一性地位、情绪表达及其相关研究[J].社会心理科学,25
(8):52-58.

蒋怀滨,林良章.论乐商在个体发展中的积极意义及其培养路径[J].贵州师范大学学
报(社会科学版),2013,4:122-126.

康健,2017.初中生教师关怀行为、自我决定动机、课堂学业情绪与学习投入的关系研
究[D].哈尔滨:哈尔滨师范大学.

乐国安,李文姣,王雪松,2011.亲子关系对自尊的影响:一项基于贫困大学生的研究
[J].应用心理学,1:3-9.

雷雳,马晓辉,王薇,2012.青少年学习沉醉感量表的编制及应用[J].心理研究,1:
45-48.

李彪,陈利涛,张夏莹,等,2021.自尊对初中生学校适应的影响及其中介机制研究
[J].内江师范学院学报,36(12):25-30.

李春荣,2019.初中生学业情绪、心理弹性与学习成绩的关系研究[D].曲阜:曲阜师
范大学.

李丹阳,2016.初中生心理资本、学业情绪与学习投入之间的关系[D].石家庄:河北
师范大学.

李娇,2005.情绪表达自我调节的特征研究[D].上海:华东师范大学.

李京花,2008.初中生思维风格与品行行为、学校适应关系的研究[D].贵阳:贵州师
范大学.

李俊雅,2018.学校人际关系对初中生乐观倾向的影响:社交自我概念与心理一致感
的中介作用[D].沈阳:沈阳师范大学.

李平福,2018.易地搬迁移民子女的学校适应研究[D].贵阳:贵州民族大学.

李文道,邹泓,赵霞,2003.初中生的社会支持与学校适应的关系[J].心理发展与教

育,3:73–81.

李文倩,2017.初中生亲子关系与心理健康的关系:自尊的中介效应[D].石家庄:河北师范大学.

李文桃,刘学兰,喻承甫,等,2017.学校氛围与初中生学业成就:学业情绪的中介和未来取向的调节作用[J].心理发展与教育,33(2):198–205.

李晓巍,邹泓,王莉,2009.北京市公立学校与打工子弟学校流动儿童学校适应的比较研究[J].中国特殊教育,9:81–85.

李英华,孟宪鹏,庞静等,2007.北京市东城区高中生心理健康状况及其影响因素分析[J].中国健康教育,23(3):173–176.

李迎,马毓芬,米娜瓦尔,2010.乌鲁木齐市护士心理健康现状及焦虑影响因素分析[J].护理学报,17(10):71–74.

李占红,2011.小学生情绪表达规则及其与自尊、同伴关系的相关研究[D].开封:河南大学.

廖建英,许建国,马迎教,2014.少数民族地区大学生学校适应性与心理健康的关系[J].中国学校卫生,35(6):922–924.

林崇德,2002.发展心理学(2002年版)[M].高等教育出版社.

刘春霞,2018.初中生学业压力、心理弹性、学业情绪的关系以及心理弹性的干预研究[D].金华:浙江师范大学.

刘广增,张大均,2016.中学生心理素质与同伴关系的研究:自尊的中介作用[J].心理科学,39(6):1290–1295.

刘华山,2001.心理健康概念与标准的再认识[J].心理科学,24(4):480–481.

刘华山,2008.关于高中生自尊与心理健康关系的研究[J].教育研究与实验,5:43–47.

刘凯庆,2019.初中生父母教养方式与学习投入的关系:学业情绪的中介作用[D].芜湖:安徽师范大学.

刘丽虹,张积家,2010.动机的自我决定理论及其应用[J].华南师范大学学报(社会科学版),55(4):53–59.

刘丽中,2016.青少年乐观与心理健康的关系研究[D].武汉:华中师范大学.

刘琳,2014.中学生传统欺凌、网络欺凌及其与自尊的关系[D].沈阳:沈阳师范大学.

刘启刚,李飞,2007.大学生认知情绪调节策略对抑郁和焦虑的影响[J].中国健康心理学杂志,5(7):604–605.

刘万伦,沃建中,2005.师生关系与中小学生学校适应性的关系[J].心理发展与教育,21(1):87-90.

刘艳,陈建文,2020.大学生自尊与社会适应的关系:积极核心图示与同伴依恋的链式中介效应分析[J].心理发展与教育,36(6):694-699.

刘影,刘佳佳,张扩滕,等,2014.初中生学业归因方式、学业情绪与心理健康[J].中国健康心理学杂志,22(5):760-763.

刘影,桑标,2020,中学生学业情绪表达策略及其与学业情绪的关系[J].心理科学,43（3）:600-607.

刘在花,2014.学习价值观对中学生学业情绪的影响:学习乐观的中介作用[J].中国特殊教育.

陆小英,2001.儿童青少年品行障碍研究综述[J].医学与哲学,21(9):45-47.

鹿孟颖,2019.高中生感知的学校氛围与心理健康的关系:心理弹性的调节作用[D].济南:济南大学.

吕春明,王淑珍,刘均民等,2007.234名大学一年级学生自尊与父母教养方式的相关性研究[J].中国行为医学科学,16(10):938-939.

马静,邓欢,纪婷婷,等,2012.流动儿童学校适应特点及其与成就动机、自尊的相关研究[J].河南教育学院学报(自然科学版),21(1):48-52.

聂丽芳,2010.初中生学校适应问题的学校改进策略研究[D].上海:华东师范大学.

潘秋霞,2019.青少年亲子界限混淆、情绪表达冲突与自尊之间的关系研究[D].深圳:深圳大学.

彭华民,2016.人类行为与社会环境(第三版)[M].北京:高等教育出版社.

齐晓栋,彭万英,2017.大学生气质性乐观、自尊与适应性的交叉滞后分析[J].西南师范大学学报(自然科学版),42(12):148-153.

钱玲,2013.青少年积极学业情绪量表的编制与应用[D].金华:浙江师范大学.

钱铭怡,肖广兰,1998.青少年心理健康水平、自我效能、自尊与父母养育方式的相关研究[J].心理科学,6:553-555.

秦建,2012.流动儿童家校处境、社会认同对自尊与学校适应的影响研究[D].郑州:郑州大学.

任俊,彭年强,罗劲,2013.乐商:一个比智商和情商更能决定命运的因素[J].心理科学进展,21(4):571-580.

任俊,杨滢晖,2013.乐商:打开积极教育的钥匙[J].小学教学(语文版),6:55.

任俊,叶爽,朱琼嫦,2016.中小学生乐商的测量和乐商的发展研究[J].心理技术与应用,4(3):129-134,159.

尚金梅,2007.情境的社会属性对大学生情绪表达的影响[D].重庆:西南大学.

石海梅,2005.大学生社交网站沉浸体验对自尊、孤独感的影响研究[D].武汉:华中科技大学.

宋爱芬,张向葵,高丽,2007.青少年学校适应的调查研究[J].宁波大学学报(教育科学版),20(4):17-21,31.

宋健,2018.中职学生问题行为与社会支持相关性研究[D].天津:天津职业技术师范大学.

宋晓燕,2012.流动儿童家庭环境、自尊与学校适应的关系研究[D].郑州:郑州大学.

宋怡景,2019.新型城镇化对西南民族地区青少年心理健康与幸福感的影响研究[D].成都:西南民族大学.

苏昊,许霞,2011.初中生自尊与心理健康的关系研究[J].沙洋师范高等专科学校学报,3:8-10,18.

苏世将,马惠霞,2009.大学生的一般学业情绪现状及其与大学适应的关系研究[J].中国健康心理学杂志,17(5):591-593.

孙晓莉,2006.流动儿童学校适应性现状研究[J].现代教育科学,12:20-21,5.

索怡宁,2020.大一新生的情绪表达和生活事件、学校适应的关系及干预[D].石家庄:河北师范大学.

覃露,2019.随迁儿童家庭教养模式、自我概念与学校适应的关系研究[D].南京:南京大学.

汤苏艳,2014.中职生的品行问题行为倾向与自我控制的现状与关系研究[D].福州:福建师范大学.

陶侃,2009.沉浸理论视角下的虚拟交互与学习探究——兼论成人学习者"学习内存"的拓展[J].中国远程教育,29(1):20-25,78.

田录梅,2005.自尊对大学生失败后情绪状态的影响[J].心理发展与教育,3:104-107.

田录梅,李双,2005.自尊概念辨析[J].心理学探新,25(25):26-29.

万国军,2020.父母教养方式对初中生乐商的影响[J].中小学心理健康教育,8:8-11.

汪品淳,桑青松,童晓丽,2012.课堂学业情绪及其影响因素[J].教育文化论坛,4(2):80-83.

王登封,崔红,2003.心理卫生学[M].北京:高等教育出版社.

王飞宇,2018.青少年学业情绪发展调查研究[D].牡丹江:牡丹江师范学院.

王晶,2019.高中生自我印象评价对情绪表达的影响及干预[D].武汉:华中师范大学.

王蒙蒙,2019.中学生自尊与孤独感的相关研究[J].知识经济,6:158-159.

王苗苗,孙昊翔,2020.特殊教育师范生学习投入与心理健康的关系[J].职业与健康,36(16):2261-2264,2269.

王明忠,周宗奎,陈武,2013.父母情感温暖与青少年人际能力:情绪表达能力和社交性的间接效应[J].中国临床心理学杂志,21(2):288-291.

王庆玲,2019.农村小学班级环境、学业情绪与学习投入的关系研究[D].济南:山东师范大学.

王庆涛,2014.医科大学生学业情绪与心理健康关系研究[D].锦州:辽宁医学院.

王淑琴,2012.不良品行学生的心理辅导[J].河北教育(德育版),25(12):13.

王雪,2019.学业动机与情绪对奖赏学习的影响及学业情绪的最优调节机制[D].曲阜:曲阜师范大学.

王妍,2009.小学生学业情绪的问卷编制与现状研究[D].上海:上海师范大学.

王运彩,2005.论父母教育方式对青少年心理健康的影响[J].安阳师范学院报,1:68-70.

王振宏,郭德俊,马欣笛,2007.初中生情绪反应、表达及其与攻击行为[J].心理发展与教育,3:93-97.

王中会,石雪玉,2015.流动儿童问题行为与学校适应的关系研究[J].中国特殊教育,6:86-91.

魏华,周宗奎,田媛,等,2016.网络游戏成瘾:竞争、合作体验与沉醉感的影响[J].心理与行为研究,14(2):264-269.

魏茜,张珊珊,冯春莹,2018.高中生学业情绪在学习策略和心理健康间的中介作用[J].黑龙江教育学院学报,37(5):96-98.

温忠麟,侯杰泰,马什赫伯特,2004.结构方程模型检验:拟合指数与卡方准则[J].心理学报,2:186-194.

吴晓庆,2020.高职学生情绪表达与心理健康的关系研究[J].文化创新比较研究,4(28):19-21.

熊红星,刘凯文,张璟,2020.师生关系对留守儿童学校适应的影响:心理健康和学习投入的链式中介作用[J].心理技术与应用,8(1):1-8.

徐凤娇,2010.长沙市流动儿童生活事件、学校适应性与自尊相关性的研究[D].长沙:中南大学.

徐莉,2016.家庭教养方式对青少年心理健康的影响研究[D].郑州:华北水利水电大学.

徐速,魏秋羽,蔡景西,2013.高中生数学学业情绪及其相关因素的研究[J].心理研究,6(5):74-80.

徐先彩,龚少英,2009.学业情绪及其影响因素[J].心理科学进展,17(1):92-97.

徐贤明,钱胜,2012.心理韧性对留守儿童品行问题行为倾向的保护作用机制[J].中国特殊教育,15(3):68-72.

严凤平,2018.初一年级新生的乐商状况调查分析[J].校园心理,16(3):196-197.

杨虹,2017.高中生心理资本、学习投入、心理健康与学业成就的关系研究[D].哈尔滨:哈尔滨师范大学.

杨美荣,高志华,王丹凤,2012.心理虐待与忽视对初中生品行问题行为的影响[J].中国学校卫生,33(7):868-869.

杨雪娟,2010.延边地区初中寄宿生学校适应与心理健康关系研究[D].延吉:延边大学.

杨智,陈宛玉,2015.父母婚姻冲突知觉与小学生自尊的相关研究[J].当代教育实践与教学研究,12:64-65.

俞国良,董妍,2005.学业情绪研究及其对学生发展的意义[J].教育研究,10:39-43.

袁莉敏,2012.乐观对积极情感、消极情感的影响:情绪应对的中介作用[J].中国特殊教育,6:75-80,96.

曾练平,葛文静,2020.青少年积极/消极情感与学校适应:亲子亲合调节作用的性别差异[J].中国特殊教育,10:83-89.

曾蓉,姜辉,蒙衡,等,2007.低年级医学生自尊与心理健康状况的关系研究[J].医学与社会,5:53-55.

曾守锤,2009.流动儿童的自尊及其稳定性和保护作用的研究[J].华东师范大学学报(教育科学版),27(2):64-69.

张红艳,2014.农民工随迁子女学校适应研究——基于长春市两所小学的调查[D].长春:东北师范大学.

张静,2002.自尊问题研究综述[J].南京航空航天大学学报(社科版),4(2):82-86.

张俊涛,陈毅文,田树军,等,2009.青少年品行问题行为倾向问卷的初步编制[J].中国临床心理学杂志,17(3):321-326.

张娜,2019.流动儿童学校适应问题研究[D].南京:南京大学.

张庆华,2011.高中生情绪调节自我效能感与家庭功能学校人际环境的关系研究[D].沈阳:沈阳师范大学.

张荣荣,2019.大学生自尊对情绪表达的影响[D].上海:上海师范大学.

张雪纯,2014.我国青少年自尊的影响因素[J].开封教育学院学报,34(2):185-186.

张翼,2014.蒙古族流动青少年学校适应性的实证研究[J].中南民族大学学报(人文社会科学版),34(1):40-43.

张永欣,热娜古丽·艾赛提,魏华,等,2010.自尊的毕生发展[J].心理科学进展,18(7):1128-1135.

张子燕,2016.自尊、乐观、沉思在神经质与大学生心理健康之间的多重中介作用[D].西安:陕西师范大学.

赵东妍,2019.中小学生自尊水平的横断历史研究[D].锦州:渤海大学.

赵冬梅,2006.大专生自尊的研究[J].中国健康心理学杂志,14(1):72.

赵婷,2017.流动儿童师生关系、自我概念与学校适应的关系[D].济南:山东师范大学.

赵溪筱,2021.父亲教养投入对初中生自尊的影响[D].沈阳:沈阳师范大学.

赵云龙,刘佳,高祖会,等,2016.大学生情绪表达与主观幸福感的关系:表达意愿的调节效应[J].大理大学学报,1(3):73-78.

郑丽娜,鲁志鲲,高园艳,等,2014.流动儿童910名学校适应及心理健康状况的调查[J].校园心理,12(5):305-308.

郑瑞强,王英,张春美,2015.扶贫移民适应期生计风险、扶持资源承接与政策优化[J].华中农业大学学报(社会科学版),4:101-106.

郑雯,2007.不同情绪对不同自尊程度个体记忆效果的影响之研究[D].南昌:江西师范大学.

周丹霞,王国松,等,2005.大、中初生焦虑、抑郁、自尊水平测值比较及相关性研究[J].中国健康心理学杂志,13(2):88-89.

周婷,王登峰,2012.情绪表达抑制与心理健康的关系[J].中国临床心理学杂志,20(1):65-68.

周文洁,2013.高中生情绪表达性的个体差异研究[J].中国民康医学,25:67-86.

周宗奎,2015.青少年气质乐观与心理健康的元分析[J].心理与行为研究,13(5):655-663.

邹容,2016.儿童青少年气质性乐观的发展及亲子代际传递—教养方式与亲子关系的作用[D].武汉:华中师范大学.

Anderson P, Armstrong S,2017. The Impact of Relocation on Individuals of Low Socioeconomic Status: Increased Vulnerabilities and Adverse Effects[J]. Journal of Social Issues,73(4):789-804.

American Psychiatric Association D, American Psychiatric Association D S,1994. Diagnostic and statistical manual of mental disorders: DSM-4[M]. Washington DC: American psychiatric association:28-33.

Birch S H, Ladd G W,1997. The teacher-child relationship and children's early school adjustment[J]. Journal of School Psychology,34(1):934-946.

Bjereld Y, Gustafsson, L,2020. Enhancing Community and Neighborhood Relations: Strengthening Social Support Systems to Mitigate the Psychological Impact of Relocation[J]. Journal of Community Psychology,48(5):1227-1243.

Butler E A, Egloff B, Wlhelm F H, et al.,2003. The social consequences of expressive suppression[J]. Emotion,3(1):48-67.

Butler E A, Lee T L, Gross J J,2007. Emotion regulation and culture: Are the social consequences of emotion suppression culture-specific?[J]. Emotion,7(1):30.

Button E, Loan P, Davies J, Sonuga-Barke E,1997.Self-esteem, eating problems, and psychological well-being in a cohort of schoolgirls aged 15-16: A questionnaire and interview study[J]. International Journal of Eating Disorders,21:39-47.

Brown J S L,2018. Student mental health: some answers and more questions[J]. Journal of mental health,27(3):193-196.

Campbell J, Schemer J A, Villani V C, et al.,2009. A behavioral genetic study of the dark triad of personality and moral development[J]. Twin Research and Human Genetics,12(2):13-26.

Carr A,2013. Positive psychology: The science of happiness and human strengths[M]. London: Routledge:143-145.

Chen N, Zhou M, Dong X, et al.,2020. Epidemiological and clinical characteristics of 99

cases of 2019 novel coronavirus pneumonia in Wuhan, China: a descriptive study[J].
The lancet, 395(10223):507–513.

Charles S C, Michael F S, 2014. Dispositional optimism[J].Trends in cognitive sciences,
18(6):293–299.

Chuang Y C, 2006. Massively Multiplayer Online Role–Playing Game–Induced Seizures:
ANeglected Health Problem in Internet Addiction[J]. CyberPsychology & Behavior, 9
(4):451–456.

Cummings J L, Kaczynski A T, 2019. Addressing Relocation Events: The Role of Coping
Strategies as an Important Intervention[J]. Journal of Applied Behavioral Science, 55
(1):85–101.

Evans S W, Owens J S, Wymbs B T, et al., 2018. Evidence–based psychosocial
treatments for children and adolescents with attention deficit/hyperactivity disorder[J].
Journal of Clinical Child & Adolescent Psychology, 47(2):157–198.

Gary, Ladd, Becky, et al., 1997. Classroom Peer Acceptance、Friendship and
Victimization: Destinct Relation Systems That Contribute Uniquely to Children's
School Adjustment[J]. Child Development, 68(6):1181–1197.

Gonzalez–Bernal J J, Rodríguez–Fernández P, Santamaría–Peláez M, et al., 2021. Life
satisfaction during forced social distancing and home confinement derived from the
COVID–19 pandemic in Spain[J]. International Journal of Environmental Research
and Public Health, 18(4):1474.

Gross J J, 1998. Antecedent–and response–focused emotion regulation: divergent
consequences for experience, expression, and physiology[J].Journal of personality
and social psychology, 74(1):224–237.

Gross J J, John O P, 1995. Facets of emotional Expressivity: Three self–report factors
and their correlates[J]. Personality and Individual Differences, 19(4):555–568.

Gross J J, John O P, 1997. Revealing feelings: facets of emotional expressivity in self–
reports, peer ratings, and behavior[J].Journal of personality and social psychology, 72
(2):345–350.

Harris L R, Brown G T L, 2019. Mixing interview and questionnaire methods: Practical
problems in aligning data[J]. Practical assessment, research, and evaluation, 15(1):1.

Harter S, 1982.The perceived competence scale for children[J].Child development, 53:
87–97.

Hinde Robert A,1985. Was The expression of the emotions a misleading phrase?[J]. Academic Behaviour,33(3):985–992.

Holt–Lunstad J,2018. Why social relationships are important for physical health: A systems approach to understanding and modifying risk and protection[J]. Annual review of psychology,69(1):437–458.

Isaacowitz D M,2005. Correlates of well–being in adulthood and old age: A tale of two optimisms[J]. Journal of Research in Personality,39(2):224–244.

James W,1983. The principles of psychology[M].Cambridge, MA: Harvard University Press(Original work published 1890):79–80.

Jones, Brown, 2020. Improving Results for Digital Therapeutics[J].Society for the Advancement of Psychotherapy,11(2),201–213.

Ladd G W, Kochenderfer B J, Coleman C C. Classroom peer acceptance, friendship, and victimization: Distinct relational systems that contribute uniquely to children's school adjustment?[J]. Child development,1997:1181–1197.

Lee A C, David W, Jay L,1989. Diurnal variation in the Positive Affects[J]. Motivation and Emotion,13(3):205–234.

Levitt J M, Saunders, R A,2020. The Psychological Impact of Relocation: Stability, Belonging, and Mental Health Risks[J]. Journal of Environmental Psychology,70(3): 101–113.

Li Y, Guo K,2023. Research on the relationship between physical activity, sleep quality, psychological resilience, and social adaptation among Chinese college students: A cross–sectional study[J]. Frontiers in psychology,14:1104897.

Lohn L S,2004. Flow and Media Enjoyment[J].Communication Theory,14(14):328–347.

Mancini A D, Bonanno G A,2021. Differentiating Psychological Stress from Relocation Due to Work and Family Changes: Comparative Impacts and Outcomes[J]. Journal of Applied Psychology,106(2):345–359.

McMahon R J, Wells K C, Kotler J S,1998. Conduct problems[J]. Treatment of childhood disorders,3:137–268.

Mila G L, JuhaniJulkunen, Paivihietanen,2007.Quality of life in cancer patients: The role of optimism,hopelessness,and partner support[J].Quality of life Research,16(1):

75–87.

Milam A J, Furr–Holden C D, Leaf P, et al.,2018. Managing conflicts in urban communities: youth attitudes regarding gun violence[J]. Journal of interpersonal violence,33(24):3815–3828.

Miller S, Smith M,2021. Ethics, public health and technology responses to COVID-19[J]. Bioethics,35(4):366–371.

Nigam A, Johnson R A, Wang D, et al.,2019. Characterizing online health and wellness information consumption: A study[J]. Information Fusion,46:33–43.

Pekrun R, Goetz T, Titz W, et al.,2002. Academic emotions in students' self–regulated learning and achievement: A program of qualitative and quantitative research[J]. Educational psychologist,37(2):91–105.

Riggio Ronald E,1986. Assessment of basic social skills.[J].Journal of Personality and Social Psychology,51(3):649–660.

Robinson R W, Traey J L, Trzesniewski K, et al.,2001. Personality correlates of self–esteem. Journal of research in Personality,35:463–482.

Robu V,2013. Perceived social support, school engagement, and school adjustment among adolescents: Testing a structural model of relationships[J]. Romanian Journal of School Psychology,6(11):7–29.

Rodríguez–Fernández P, González–Santos J, Santamaría–Peláez M, et al.,2021. Psychological effects of home confinement and social distancing derived from COVID–19 in the general population—A systematic review[J]. International Journal of Environmental Research and Public Health,18(12):6528.

Rueger S Y, Malecki C K, Demaray M K, et al.,2010. Relationship between multiple sources of perceived social support and psychological and academic adjustment in early adolescence: comparisons across gender.[J]. Journal of youth and adolescence, 39(1):47–61.

Schlauch R C, Gwynn–Shapiro D, Stasiewicz P R, et al.,2013. Affect and craving: Positive and negative affect are differentially associated with approach and avoidance inclinations[J]. Addictive Behaviors,38(4):1970–1979.

Smith E N, Romero C, Donovan B, et al.,2018. Emotion theories and adolescent well–being: Results of an online intervention[J]. Emotion,18(6):781.

Wang Y, Ollendick T,2001. A Cross-Cultural and Developmental Analysis of Self-Esteem in Chinese and Western Children[J]. Clinical Child and Family Psychology Review,4(3):253-271.

Watson J C, Bedard D,2006. Clients' emotional processing in psychotherapy: A comparison between cognitive-behavioral and process-experiential psychotherapy[J]. Journal of Consulting and Clinical Psychology,74:152-159.

部分问卷与量表

一、基本信息

序号	题目	选项
1	您的性别	①男　②女
2	您的年龄	＿＿＿＿＿＿＿岁
3	您的年级	①四年级　②五年级　③六年级　④七年级　⑤八年级　⑥九年级　⑦高一　⑧高二　⑨高三
4	您是不是独生子女	①是　②否
5	您的民族	①汉族　②苗族　③布依族　④白族　⑤回族　⑥彝族　⑦水族　⑧侗族　⑨其他民族：＿＿＿＿＿＿＿
6	您的成绩在班上所处水平	①较差　②中下　③中等　④中上　⑤优等
7	您是否为班干部	①是　②否
8	您父亲的文化程度	①初中及以下　②高中及中专　③大专　④本科及以上
9	您母亲的文化程度	①初中及以下　②高中及中专　③大专　④本科及以上
10	您的父母外出工作情况	①父母都在家工作或务农　②父母双方在外打工或经商　③父亲在外面打工或经商　④母亲在外面打工或经商
11	目前是谁照顾你们的生活	①爸爸和妈妈　②爸爸或妈妈　③爷爷和/或奶奶　④其他亲戚，如姑姑、舅舅等
12	您在这所学校的学习时间	①不到1年　②1~2年　③3~4年　④5年及以上

续表

序号	题目	选项
13	您的学校的学习氛围与秩序	①很好　②较好　③一般　④较差　⑤很差
14	您与学校老师的关系	①很好　②较好　③一般　④较差　⑤很差
15	您与班里同学的关系	①很好　②较好　③一般　④较差　⑤很差

二、青少年品行问题行为倾向问卷

序号	题　目	从不这样	很少这样	有时这样	经常这样	总是这样
1	同学们在课堂上打闹是因为课程没有意义。	1	2	3	4	5
2	和朋友们一起喝酒，醉了才痛快。	1	2	3	4	5
3	吸烟让我交到很多朋友。	1	2	3	4	5
4	我认为情绪不好时摔东西完全没有错误。	1	2	3	4	5
5	学校管得越严，我就越不愿遵守学校纪律。	1	2	3	4	5
6	老师们经常无缘无故地批评人。	1	2	3	4	5
7	在情绪不好时，我以伤害自己的方式解脱。	1	2	3	4	5
8	人在课堂上，我却总想出去上网。	1	2	3	4	5
9	我不愿意去干涉别人，别人也不要来干涉我。	1	2	3	4	5
10	吸烟只是我发泄无聊的一种方式而已。	1	2	3	4	5
11	我烦闷时常去打墙或类似的东西。	1	2	3	4	5
12	我烟瘾很大。	1	2	3	4	5
13	烦躁起来总会做一些出格的事。	1	2	3	4	5
14	大多数校规校纪对学生不公平。	1	2	3	4	5

三、学习沉醉感量表

序号	当投入你最擅长科目的学习中时：	从未体验过	很少体验到	有时体验到	经常体验到	总是体验到
1	这种体验让我感到欣喜。	1	2	3	4	5
2	我清楚自己要做什么。	1	2	3	4	5

续表

序号	当投入你最擅长科目的学习中时:	从未体验过	很少体验到	有时体验到	经常体验到	总是体验到
3	我不关心别人可能会怎样看待自己。	1	2	3	4	5
4	我感觉到时间比平时过得快。	1	2	3	4	5
5	我知道自己该如何表现。	1	2	3	4	5
6	对我来说,这种体验是一种最好的奖励。	1	2	3	4	5
7	我喜欢这种全身心学习的感受,想再次体验它。	1	2	3	4	5
8	我很清楚自己的表现如何。	1	2	3	4	5
9	我不关心别人可能会如何评价自己。	1	2	3	4	5
10	我不担心别人会如何看待我。	1	2	3	4	5
11	时间过得和平常不一样。	1	2	3	4	5
12	我沉醉于投入学习中的感觉。	1	2	3	4	5

四、心理健康量表

序号	题目	具体情况			
1	在做事情的时候,能集中精神吗?	1 能集中	2 和平时一样	3 不能集中	4 完全不能集中
2	有由于过分担心而失眠的情况吗?	1 没有过	2 和平时一样	3 有过	4 总这样
3	觉得自己是有用的人吗?	1 有用	2 和平时一样	3 没用	4 完全没有用
4	觉得自己有决断力吗?	1 有	2 和平时一样	3 没有	4 完全没有
5	总是处于紧张状态吗?	1 不紧张	2 和平时一样	3 紧张	非常紧张
6	觉得自己不能解决问题吗?	1 能	2 和平时一样	3 不能	4 完全不能
7	能享受日常活动吗?	1 能	2 和平时一样	3 不能	4 完全不能
8	能够面对你所面临的问题吗?	1 能	2 和平时一样	3 不能	4 完全不能
9	感到痛苦、忧虑吗?	1 不觉得	2 和平时一样	3 觉得	4 总是觉得
10	失去自信了吗?	1 没有	2 和平时一样	3 失去	4 完全失去
11	觉得自己是没有价值的人吗?	1 没有觉得	2 和平时一样	3 觉得	4 总是觉得
12	觉得所有的事情都顺利吗?	1 顺利	2 和平时一样	3 不顺利	4 完全不顺利

五、积极学业情绪量表

序号	题　目	完全不符合	比较不符合	不清楚	比较符合	完全符合
1	学习带给我很多快乐。	1	2	3	4	5
2	我觉得学习很有趣。	1	2	3	4	5
3	我觉得自己并不比别人差。	1	2	3	4	5
4	我很骄傲我比别的同学做题快。	1	2	3	4	5
5	我很高兴学习一些自己感兴趣的课程。	1	2	3	4	5
6	在学习上我经常受到别人的夸奖和赞扬。	1	2	3	4	5
7	我的成绩比较稳定，因此我感到自在与轻松。	1	2	3	4	5
8	我有时学习情绪很高。	1	2	3	4	5
9	我总希望自己能学得更好一些。	1	2	3	4	5
10	当我取得好成绩时，我会心潮澎湃。	1	2	3	4	5
11	我能安心学习。	1	2	3	4	5
12	有时学习会给我带来意外的惊喜。	1	2	3	4	5
13	我很高兴能把题目都做对。	1	2	3	4	5
14	我学习时心情很宁静。	1	2	3	4	5
15	适当的放松会更有助于学习。	1	2	3	4	5
16	当我在课堂上表现好时，我会很骄傲。	1	2	3	4	5
17	我能心平气和地对待我的成绩。	1	2	3	4	5
18	在学习上，我比别人进步快。	1	2	3	4	5
19	能够独立解出一道难题，我会很高兴。	1	2	3	4	5
20	我能轻松自如地应付学习。	1	2	3	4	5
21	在上课时我心情一般比较放松。	1	2	3	4	5
22	我能轻松地面对考试。	1	2	3	4	5
23	在学习中，我经常感到自己很聪明。	1	2	3	4	5
24	家人和朋友的鼓励使我对学习充满希望。	1	2	3	4	5
25	当我的成绩比别人好的时候，我会很自豪。	1	2	3	4	5
26	我希望能够实现自己的学习目标。	1	2	3	4	5
27	我很满意我的学习成绩。	1	2	3	4	5

续表

序号	题　目	完全不符合	比较不符合	不清楚	比较符合	完全符合
28	我能轻松地完成学习任务。	1	2	3	4	5
29	我做作业的时候心情很放松。	1	2	3	4	5
30	由于取得了好成绩我感到自豪。	1	2	3	4	5

六、乐商量表

序号	题　目	非常不像我	不太像我	比较像我	非常像我
1	我不会纠结于一些小事，而使得自己闷闷不乐。	1	2	3	4
2	我总是面带笑容。	1	2	3	4
3	我喜欢帮助他人解决问题。	1	2	3	4
4	我是一个开心、快乐的人。	1	2	3	4
5	我认为在自己成功之后给自己一些奖励，这样可以让我更快乐。	1	2	3	4
6	我能通过回味过去的快乐经历让自己再次变得快乐。	1	2	3	4
7	一件快乐的事要发生的时候，想象这件事可以让我变开心。	1	2	3	4
8	我很少会讲笑话给别人听。	1	2	3	4
9	给他人带来快乐，对我来说是一件难事。	1	2	3	4
10	我不喜欢把快乐的事情和别人分享。	1	2	3	4
11	我不善于开导、鼓励别人。	1	2	3	4
12	挫折可以让我变得更加坚强。	1	2	3	4
13	我能够勇敢面对困难。	1	2	3	4
14	困难，有时候反而能让我更好地认识自己和世界。	1	2	3	4
15	遇到困难时，我总能想到解决的方法。	1	2	3	4

七、自尊量表

序号	题　目	很不符合	不符合	符合	非常符合
1	我感到我是一个有价值的人，至少与其他人在同一水平上。	1	2	3	4

续表

序号	题　目	很不符合	不符合	符合	非常符合
2	我感到我有许多好的品质。	1	2	3	4
3	归根到底，我倾向于觉得自己是一个失败者。	1	2	3	4
4	我能像大多数人一样把事情做好。	1	2	3	4
5	我感到自己值得自豪的地方不多。	1	2	3	4
6	我对自己持肯定的态度。	1	2	3	4
7	总的来说，我对自己是满意的。	1	2	3	4
8	我要是能看得起自己就好了。	1	2	3	4
9	我确实时常感到自己毫无用处。	1	2	3	4
10	我时常认为自己一无是处。	1	2	3	4

八、情绪表达问卷

序号	题　目	完全不符合	不太符合	有点符合	比较符合	完全符合
1	愉快时我的感受会表现出来。	1	2	3	4	5
2	我心情不好时，别人会看到我的感受。	1	2	3	4	5
3	我的笑特别多。	1	2	3	4	5
4	我生气时周围的人会感觉到。	1	2	3	4	5
5	我心情很好时，这种好心情会很快转变为快乐。	1	2	3	4	5
6	别人容易知道我心情郁闷。	1	2	3	4	5
7	我心情舒畅时我会兴高采烈。	1	2	3	4	5
8	事与愿违时我总会表现出失望。	1	2	3	4	5
9	别人给我讲一个笑话时我会笑出声来。	1	2	3	4	5
10	我要隐藏我的害怕是非常困难的。	1	2	3	4	5
11	我愉快的心情如此强烈以至于我觉得我生活在天堂。	1	2	3	4	5
12	别人容易从我的面部表情看到我失落的心情。	1	2	3	4	5
13	我常常笑得流出眼泪或肚子疼。	1	2	3	4	5
14	我的痛苦总是写在脸上。	1	2	3	4	5
15	看电视或读书的时候我会因为有趣的内容乐出声来。	1	2	3	4	5

续表

序号	题　目	完全不符合	不太符合	有点符合	比较符合	完全符合
16	我烦躁时很容易表现出来。	1	2	3	4	5
17	想起过去高兴的事情我会笑出声来。	1	2	3	4	5
18	如果讨厌某种事情，我会在脸上表现出来。	1	2	3	4	5

九、学校适应问卷

序号	题　目	很不符合	不太符合	不确定	比较符合	非常符合
1	我每次都会按时完成作业，不拖沓。	1	2	3	4	5
2	我的学习目的很明确。	1	2	3	4	5
3	没有别人的督促，我也会努力学习。	1	2	3	4	5
4	我会自觉制订学习计划和规定学习时间。	1	2	3	4	5
5	老师讲新课之前，我会提前预习。	1	2	3	4	5
6	老师讲过的知识，我会及时复习。	1	2	3	4	5
7	在学习过程中，对于需要重点记忆的知识点，我有记笔记的习惯。	1	2	3	4	5
8	我有自己单独的、不受他人打扰的学习房间。	1	2	3	4	5
9	家长非常关心我的考试成绩。	1	2	3	4	5
10	在完成家庭作业的过程中，有家长的辅导或监督。	1	2	3	4	5
11	目前我的学习总成绩在班级属于中等。	1	2	3	4	5
12	在课堂上，老师经常提问我。	1	2	3	4	5
13	我会主动帮助老师做事情。	1	2	3	4	5
14	老师非常关心我。	1	2	3	4	5
15	如果单独和老师在一起，我会感觉到不自在。	1	2	3	4	5
16	当我遇到问题或一些困难的时候，我会主动寻求老师帮助。	1	2	3	4	5
17	我觉得老师非常喜欢我。	1	2	3	4	5
18	在学校时我会感到孤单。	1	2	3	4	5
19	在学校我很容易交到朋友。	1	2	3	4	5

续表

序号	题　目	很不符合	不太符合	不确定	比较符合	非常符合
20	我会主动和同学们一起学习、一起游戏。	1	2	3	4	5
21	在班上，我能很容易加入同学们的谈话或者活动。	1	2	3	4	5
22	在班上，跟我要好的朋友多。	1	2	3	4	5
23	关于自己的烦恼有口难言、无人倾诉的时候多。	1	2	3	4	5
24	上课时我能够按照老师的要求做。	1	2	3	4	5
25	上课时我会精神不集中、做小动作或小声讲话而不听老师讲课。	1	2	3	4	5
26	上课时我经常跟老师互动、积极举手发言。	1	2	3	4	5
27	在上课过程中，我做到了坐姿端正、桌面整洁。	1	2	3	4	5
28	我上学会迟到。	1	2	3	4	5
29	在考试或者写作业的过程中，我有过抄写他人答案的行为。	1	2	3	4	5
30	课间休息我会在走廊里跑跳、大声喧哗。	1	2	3	4	5
31	我会很认真地打扫班级卫生。	1	2	3	4	5